À Pierre Bellemare

Nous avons eu la même surprise
au même moment ; Bonne lecture,
avec mes Amitiés et en solidarité

Antoine Ouellette

17 Sep. 2012

Musique autiste

Vivre et composer avec le syndrome d'Asperger

essai / témoignage

Catalogage avant publication de BAnQ et Bibliothèque et Archives Canada

Ouellette, Antoine, 1960-
    Musique autiste : vivre et composer avec le syndrome d'Asperger
    Comprend des réf. bibliogr. et un index.
    ISBN 978-2-89031-729-1
    1. Ouellette, Antoine, 1960- . 2. Autistes - Conditions sociales. 3. Asperger,
Syndrome d' - Patients - Québec (Province) - Biographies. I. Titre.

RC553.A88O93 2011   616.85'88320092   C2011-941753-7

Nous remercions le Conseil des arts du Canada ainsi que la Société de développement des entreprises culturelles du Québec de l'aide apportée à notre programme de publication. Nous reconnaissons également l'aide financière du gouvernement du Canada par l'entremise du Programme d'aide au développement de l'industrie de l'édition (PADIÉ) pour nos activités d'édition.
Gouvernement du Québec – Programme de crédit d'impôt pour l'édition de livres – Gestion SODEC.
L'auteur remercie le Conseil des arts et des lettres du Québec de son appui financier qui a rendu possible la rédaction de cet ouvrage.

Mise en pages : Julia Marinescu
Maquette de la couverture : Raymond Martin
Illustration couverture : Vittore Carpaccio, *Présentation au temple*, XVe siècle, détail
En pages de garde : Antoine Ouellette, *Sonate liturgique*. Pour violoncelle et piano. Fragment de la partition manuscrite.

Distribution :
Canada
Dimedia
539, boul. Lebeau
Saint-Laurent (Québec)
H4N 1S2
Tél. : (514) 336-3941
Téléc. : (514) 331-3916
general@dimedia.qc.ca

Europe francophone
D.N.M. (Distribution du Nouveau Monde)
30, rue Gay Lussac
F-75005 Paris
France
Tél. : 01 43 54 50 24
Téléc. : 01 43 54 39 15
www.librairieduquebec.fr

Dépôt légal : BAnQ et B.N.C., 4e trimestre 2011
Imprimé au Canada

Dans les accolades le piano joue hors tempo
et librement par rapport au violoncelle

À la main gauche à la m.D.

Antoine Ouellette

Musique autiste
Vivre et composer avec le syndrome d'Asperger

essai / témoignage

Triptyque

Rien de plus connu,
Rien de plus familier,
Et pourtant, cela même se dérobe :
Un pays neuf à découvrir.

Saint Augustin
Les confessions, livre XI

PRÉFACE

Le livre d'Antoine Ouellette, compositeur et musicologue, mérite une place singulière dans les nombreux ouvrages maintenant disponibles écrits par des personnes appartenant au spectre autistique. Présenté d'abord comme une autobiographie, l'ouvrage dépasse amplement ce genre pour devenir essai critique sur la place de l'autisme dans le monde contemporain, ouvrage d'enseignement de nature encyclopédique sur l'autisme et le syndrome d'Asperger, réflexion sur la création intellectuelle, particulièrement musicale, et s'achève en essai d'éthique sociale.

L'ouvrage peut être lu à plusieurs niveaux, pour l'information qu'il contient sur l'autisme – tellement plus authentique que celle des digests écholaliques auxquels nous sommes habitués –, comme un exemple de la rhétorique autistique – mais ce serait là lui ôter son universalité –, comme un ouvrage de philosophie traitant sciences, éthique et création, ou comme une autobiographie, donnant un aperçu circulaire sur un univers raffiné, aux valeurs d'un autre monde. La variété des disciplines, des genres et des sujets décloisonnés dans l'ouvrage est à l'image de leur auteur, à la double formation scientifique et musicale. L'ouvrage se lit facilement, malgré l'aspect technique des sujets abordés. Il réussit dans tous ces genres, avec intelligence et originalité, associant une culture de centenaire au ton souvent candide de l'enfant, comme suspendu dans le temps – en fait, sans âge spécifique, selon nos références neurotypiques.

Avec une ironie dénuée de méchanceté, l'auteur stigmatise pourtant avec une violente douceur les clichés scientifiques, aussi bien que ceux de la culture populaire sur l'autisme, autant par le contenu du livre que par la manière de traiter ses thèmes.

Sa présentation du prince Mychkine, toute en sympathie, est pour qui connaît Antoine Ouellette personnellement, bien éclairante sur ceux à qui il s'identifie, et à qui il ressemble effectivement. Qu'on ne se méprenne pas toutefois sur la gentillesse qui émane de cet ouvrage, elle est alliée à une lucidité dont tous les coups portent. J'ai été particulièrement sensible à son ode à la désobéissance civile, son scepticisme à l'égard des États, comme à son absence de timidité à juger le monde. Subversion délicieusement calme, posée, étrangère au monde dominant, où la subversion est immanquablement entachée de cruauté. Et pourtant, le fascisme ordinaire des persécutions scolaires qu'il a subies aurait pu faire de lui un loup.

Mais le plus grand intérêt de cet ouvrage est pour moi de développer, et même d'incarner, le thème de l'influence des autistes sur la marche du monde. J'avais vu avec admiration Michelle Dawson influer durablement sur la science de l'autisme, regardons maintenant aller Antoine Ouellette, le musicien qui rêvait enfant de devenir innocent, notre Mychkine à nous, quand il nous propose quelques rectifications aux usages moraux en vigueur.

Laurent Mottron, M.D., Ph. D.
Titulaire de la Chaire de recherche Marcel et Rolande Gosselin en neurosciences cognitives fondamentales et appliquées du spectre autistique de l'Université de Montréal

Avant-propos

Ce livre raconte ce que j'ai vu, vécu et réalisé, mais surtout comment je l'ai perçu à travers les particularités de ma personne. Connaître la musique n'est pas nécessaire pour suivre mon propos, car mon but est de témoigner, de sensibiliser, de dénoncer préjugés et discrimination, de montrer aussi ce que les autistes sont capables de faire. Le livre contient des éléments troublants. Par conséquent, j'ai modifié certaines données contextuelles, j'ai changé quelques noms de personnes et en ai passé d'autres sous silence.

Ce livre est une réflexion personnelle, une intervention artistique, où j'aborde la folie de l'intérieur. Des chapitres autobiographiques alternent avec des chapitres visant à informer. Ces derniers offrent un contenu plus objectif étayé par de nombreuses sources. Mais à titre d'autiste Asperger, je prendrai moi-même position par rapport à ce qui se dit sur l'autisme, je donnerai ma version des choses et discuterai de ma perception de cette condition qui est mienne. Si je ne suis ni psychologue ni psychiatre, je suis néanmoins scientifique de formation et, donc, compétent pour prendre une distance critique. Il y a tant d'écoles de pensée sur l'autisme qu'il se peut que certains chercheurs, professionnels de la santé, parents ou organismes soient en désaccord avec mes propos. Une qualité des Aspergers est la franchise, et la franchise peut froisser.

Une précision pour guider les lecteurs français. Au Québec, la scolarité va ainsi: primaire (six ans), secondaire (cinq ans), collégial (deux ou trois ans). Notre diplôme d'études collégiales (DEC) est l'équivalent de votre baccalauréat. Vient ensuite le niveau universitaire avec le premier cycle qui est notre baccalauréat; puis les cycles supérieurs de maîtrise et de doctorat.

Novembre 2007

Au bout d'une longue route, le verdict est enfin tombé. À quarante-sept ans, en ce beau 6 novembre 2007, je viens d'apprendre que je suis *fou*. Médicalement parlant. Je découvre ainsi la grande pièce qui me manquait pour bien me connaître. Mieux vaut tard que jamais. C'est la pierre angulaire : celle autour de laquelle toutes les autres s'articulent. Dès lors, les morceaux du casse-tête s'emboîtent pour former enfin une image complète. Des tas de choses curieuses s'expliquent, à commencer par un cheminement de vie franchement atypique.

Un petit quelque chose de diffus

Ma *folie* se caractérise par un certain malaise social. J'ai toujours ressenti un malaise, même en famille. Généralement, il n'est ni intense ni réellement inconfortable, juste un petit quelque chose de diffus, mais chronique. J'enseigne dans une université : je ressens un peu de stress social, surtout au moment de la première rencontre de la session avec les étudiants. Une part de ce stress est normale : parler en public est exigeant, même pour des gens qui en ont l'habitude. Pourtant, je suis à l'aise une fois le cours commencé, car je parle alors de mes passions, et ce dans un cadre formel. Mais lorsque je vais à un dîner informel avec des amis ou des collègues, je me sens beaucoup moins à l'aise. Je parviens à m'intégrer aux conversations, même si je suis souvent déboussolé par leur manque de suivi et leur teneur légère. Je me rends compte que des gens que je croyais connaître changent de personnalité dans ce contexte, chose qui me fait un peu peur. Au bout d'un moment, j'ai de plus en plus de difficulté à converser, je décroche, me retire dans un univers parallèle. Mais mon malaise tient surtout aux mots et aux sons qui s'entrechoquent dans mes oreilles et ma pensée. C'est encore pire s'il y a de la musique de fond. En certaines occasions, mon ventre se noue, mes mains deviennent un peu moites, ma nuque et mes épaules se raidissent. Quelquefois, je dois carrément quitter, n'en pouvant plus. Il m'est arrivé, expérience atroce, de vouloir partir sans être capable de le faire, comme si mon corps restait cloué sur place. En m'exposant volontairement à ces situations de la vie courante, j'ai réussi à augmenter ma tolérance. Mais j'avoue qu'encore maintenant, après une heure ou une heure et demie, j'ai de la difficulté à demeurer présent en esprit.

L'intensité de mon malaise social varie selon plusieurs facteurs. Elle augmente selon le nombre de personnes présentes. Elle est plus prononcée avec des personnes que je ne connais pas, ou lorsque je me trouve dans un environnement nouveau. Dans ces cas, mon temps d'adaptation est plus long que pour la moyenne des gens, mais je finis par m'y faire. Par contre, je supporte bien d'être dans une foule et ne cherche pas à éviter de telles situations. Ainsi, mon malaise est faible lorsque je marche dans une rue achalandée, que je prends le métro ou l'autobus. Il augmente dès qu'il y a une interaction, même sans obligation de parler. Quelqu'un me disait adorer faire le Tour de l'île, qui réunit annuellement des milliers de cyclistes, parce qu'« on se serre les coudes » : trouver du bonheur là m'est complètement incompréhensible ! Même assister à un concert me tend un peu. Je ne suis pas une personne évitante et encore moins asociale. Je ne m'imagine pas du tout vivant en reclus, barricadé dans un appartement en ville ou isolé dans une maison à la campagne. Je ne m'imagine toutefois pas davantage vivre en contact constant et intense avec mes semblables : cela drainerait toute mon énergie. J'apprécie la compagnie humaine, mais avec une certaine distance qui constitue pour moi une zone de confort. Je ne pense pas que j'aurais fait un bon politicien ! J'ai aussi quotidiennement besoin de moments de solitude et de silence. Moyennant ces conditions, je fonctionne plutôt bien en société.

L'impossible identification

« Connais-toi toi-même », enseignait Socrate. Facile à dire ! Enfin, c'est peut-être facile à faire pour bien des gens. Mais ce ne le fut pas pour moi. Je suis tout de même perplexe. Aujourd'hui, la mode n'est pas tant à se connaître soi-même qu'à se « construire » et, au cours des derniers temps, la société québécoise a tenu des débats passionnés sur la « construction » de son identité. Un département universitaire offre maintenant un cours intitulé Construction identitaire. Finalement, il n'est peut-être pas si facile de se connaître soi-même : l'identité collective offre une solution plus commode.

Or, j'ai beau essayer, je n'arrive pas à me construire une telle identité. Jamais je n'ai eu cette tendance ou ressenti ce besoin. Bien sûr, je reconnais qu'une partie de mon identité m'a été donnée par ma famille, mon milieu, la culture de mon temps et de mon pays. Sur le plan spirituel, je peux certainement me dire catholique. Mais être catholique pratiquant dans le Québec contemporain, c'est déjà une excentricité. Autrement, mon identité « construite » est plutôt éthérée. Ma *folie* se manifeste donc en ce que je me sens presque toujours mal à l'aise dans ce qui est collectif, comme si je n'arrivais pas à trouver une maison pour moi dans la société... Avec ce qui suit, je ne veux offusquer personne, juste préciser ce sentiment personnel.

Autant j'adore les élections, autant il m'est difficile de m'identifier à un mouvement politique. La question environnementale est pour moi un enjeu essentiel. J'accorde aussi beaucoup d'importance à la justice et à l'équité entre citoyens, alors que l'économie ne compte pas puisque tous les partis promettent la prospérité. J'ai toujours exercé mon droit de vote mais, pour être franc, j'ai souvent annulé. Je le fais en écrivant un mot gentil sur mon bulletin, comme : « Je vous souhaite une belle journée. » Lorsque j'annule, je n'ai pas l'impression de perdre mon vote : j'exprime ma position car, si pour moi la politique est d'abord la recherche du bien commun, j'entends trop rarement ces mots dans la bouche des politiciens. J'éprouve néanmoins de la sympathie pour quelques partis mais, puisque je suis souvent déphasé en société, ce sont ceux qui ne prendront pas le pouvoir de sitôt. Mais sait-on jamais ?

Je suis Blanc. Trop. Enfant et adolescent, la blancheur de ma peau laiteuse m'a valu bien des moqueries. La marge de confort social en matière de couleur de peau semble restreinte. Je ne suis cependant pas tout à fait québécois « pure laine » : la mère de mon père, Laura Morrin, était irlandaise. Je n'ai aucune réticence à me dire citoyen canadien ; par contre, lors des deux référendums sur la souveraineté du Québec, j'ai voté « oui ». Ma position est sans doute bien théorique, mais je pense que le continent nord-américain est trop vaste, trop diversifié et aujourd'hui trop peuplé pour ne compter que trois pays (Canada, États-Unis et Mexique). Je verrais bien un redécoupage de sa carte en six, huit ou dix pays distincts, dont le Québec, qui a tout pour réussir en tant que pays souverain. Cela dit, le « non » a gagné les deux référendums (le second dans des circonstances un peu louches) et, dans les deux cas, j'ai accepté le résultat sans blues post-référendaire. Cela n'a pas une si grande importance à mes yeux, car je n'ai jamais été porté à célébrer ma dite appartenance à une communauté nationale : la Saint-Jean-Baptiste comme la fête du Canada me laissent indifférent.

Je n'éprouve pas d'attachement particulier pour l'époque où je vis. Je suis toujours étonné d'entendre des choses telles : « Il faut vivre avec son temps. » On n'en a pas le choix, mais faut-il aller jusqu'à « vivre l'époque » plutôt qu'assumer sa personne ? Pour moi, être né le 29 octobre 1960 est un fait temporel qui tient du pur hasard et n'a d'importance que pour servir à remplir des cases dans des formulaires, comme mon genre en fait, autre hasard de naissance. Je serais né en 895, en 1450 ou en 2376 que ça ne me ferait ni chaud ni froid. J'avoue n'avoir ressenti aucune émotion particulière lors du passage à l'an 2000. Néanmoins, je n'ai rien contre l'époque présente : comme toutes les autres, elle a ses bons et ses mauvais côtés. Je profite des bons et tente de demeurer lucide quant aux mauvais. Même le fait d'être un humain tient du hasard et je n'en éprouve pas de fierté particulière : je suis ainsi, c'est tout ! On ne m'a pas demandé mon avis et je n'ai aucun mérite. Si j'avais le choix d'une nouvelle vie, il n'est pas certain que je choisirais d'être un homme. Peut-être aurais-je plutôt envie d'expérimenter le fait d'être une femme ou un chat, un oiseau, une baleine, un arbre ou un plant de trèfle.

Autre écart: l'automne est ma saison préférée (suivie de près par l'hiver), peut-être parce que je suis né en octobre. Alors que tous s'en réjouissent, l'arrivée de la chaleur abaisse mon énergie. Curieusement, ce beau monde qui dit tant aimer la chaleur estivale la vit avec la climatisation: à la maison, en auto, au travail, dans les commerces. Non, pour moi, octobre est le plus beau mois de l'année, avec les coloris flamboyants des arbres et l'air frais. C'est une pure merveille que la chute des feuilles au vent. J'aime presque autant novembre, ce mois décrié et posé en symbole de dépression saisonnière. Les arbres dénudés sont magnifiques, et plus encore lorsque leur écorce est mouillée par la pluie. Le ciel d'automne est incomparable, avec ses humeurs changeantes et la gamme infinie de nuances dans la forme et la densité des nuages. J'ai toujours trouvé les couleurs plus belles lorsqu'il fait nuageux. En décembre, un lyrisme éploré cherche à nous convaincre que les journées déclinantes ou la chute de la température sont des symboles de la mort. Par sa verdure persistante, le sapin de Noël prétend nous rappeler que la vie reviendra. Mais quelle idée incongrue que de tuer un arbre pour simuler la vie! La nature ne meurt pas à l'automne: elle se met en repos bien mérité. Elle est toujours là, toujours aussi vivante. En prônant le repos, l'automne donne le mauvais exemple dans une société productiviste...

Je ne m'identifie pas plus à une équipe sportive, à telle ou telle vedette de l'heure. Aucune «grande personnalité» vivante n'étant pour moi un maître à penser, je ne m'identifie à aucun courant philosophique, mis à part le fait d'être catholique. Je ne ressens pas le besoin d'avoir de héros. En général, les institutions me font un peu peur car, au-delà de leurs nobles missions, il arrive qu'elles considèrent les gens qu'elles servent comme des abstractions et les personnes qui y œuvrent comme des pions interchangeables... La guerre m'horrifie. Je sais toutefois qu'en certaines circonstances elle est inévitable. Comment faire la paix lorsqu'une partie désire exterminer l'autre ou l'asservir? La guerre ne devrait être qu'une option de dernier recours; je suis troublé par le fait que l'humanité s'y soit livrée avec tant de légèreté au fil des âges. On affirme que la guerre est inhumaine, bestiale: à l'évidence, c'est faux. Elle est tragiquement humaine: les nations entretiennent avec fierté le mémorial de leurs exploits guerriers et, encore aujourd'hui, les défilés militaires font partie des célébrations nationales. Lorsque survient un incident guerrier, des voix s'indignent de ce qu'il y ait eu tant de victimes, « dont des femmes et des enfants ». Mais c'est ça, la guerre! Pourquoi s'en surprendre? J'ai participé à toutes les marches contre l'invasion de l'Irak par les États-Unis avant que celle-ci ne s'accomplisse. Pourtant, j'ai ressenti un malaise, car il y avait là des gens qui criaient des slogans agressifs peu compatibles avec la recherche de la paix. En dépit de mes convictions, je me sentais un peu en marge des manifestations.

Comme musicien et compositeur, je n'arrive pas davantage à m'identifier à un courant, à un style. Depuis longtemps, les compositeurs sont regroupés sous deux bannières: les *traditionnalistes* et les *modernistes* ou *avant-gardistes*, comme s'il s'agissait là de deux partis politiques. Une infinité de textes musicologiques participe de ce débat qui semble passionnant mais qui, à mon avis, constitue une suite de variations stériles sur le thème conventionnel de l'affrontement entre Anciens et Modernes. Ma musique n'est ni traditionnelle ni avant-gardiste. Tout ce que je peux avancer à ce sujet est qu'une courte pièce entendue alors que j'avais vingt ans m'a fait discerner plus clairement ce vers quoi je voulais tendre pour réaliser la musique que je porte en moi. Mais quelle pièce! Anonyme, elle date du XIIe siècle et ne dure pas deux minutes! Rien pour m'identifier à quoi que ce soit.

La personne en premier

Il n'y a aucune différence entre ma *personne privée* et ma *personne publique*. En toute circonstance, je suis moi-même. Il me semble que cette authenticité, cette transparence naïve constitue une qualité. Pourtant, elle fait partie de ma *folie*, peut-être parce que je m'attends à la même transparence chez les autres et que, là, je fais erreur. Je suis une personne humaine et j'ai tendance à considérer les autres comme des personnes plutôt que comme les représentants d'un groupe, quel qu'il soit. Pas plus qu'en ce qui me concerne, je n'identifie les gens à leur origine ethnique, à leur culture, à leurs convictions, à leur profession ou à leur mode de vie. Ce que j'entends par *personne* se situe au-delà de toutes ces considérations, au-delà donc de ce qui est construit par l'identité collective. Au risque de choquer, j'avoue considérer mes chats comme des personnes, des *personnes félines* si l'on veut. Fruit de ma *folie*, ma vision est résolument personnaliste.

Je prends le temps de réfléchir avant de me décider et n'agis pas de façon impulsive. Je soupèse longuement le pour et le contre d'une idée, souvent en soliloquant à voix haute ou en m'adressant à mes chats (qui adorent ça). Mais lorsque ma décision est prise, elle est claire. Un ami me le reprochait presque : « Avec toi, quand tu dis non, on sait que c'est non ! » Et mon oui est également un oui. Je suis une personne des plus fiable, honnête, qui tient sa parole et ses engagements. À nouveau, je m'attends naïvement qu'il en aille ainsi des autres. Mais bien des gens sont incapables de dire non, comme si c'était indécent ou grossier. Ils disent oui à tout, jamais de problème, toujours partants, quitte à se dédire à la dernière minute, ce que je trouve beaucoup plus grossier qu'un non franc. Une parole donnée devrait être sacrée. L'expérience de la vie m'a montré que ce n'est pas toujours le cas, sans qu'il y ait nécessairement de mauvaises intentions.

Au bout du compte, ma *folie* fait que non seulement j'éprouve peu d'« émotions sociales », mais que je n'en ressens pas de manque pour autant. D'autres choses me comblent, et c'est très bien ainsi. Je ne suis pas un rebelle : tant de conformistes aiment se dire « rebelles » que le mot même est devenu vide de sens ! Il ne m'importe pas d'être ou non dans le rang. J'ai une « bulle » forte et, pourtant, je suis compatissant. Pendant quatre ans, j'ai travaillé comme préposé aux bénéficiaires dans un hôpital pour «malades chroniques» (aujourd'hui, le jargon bureaucratique parle plutôt de centre hospitalier de soins de longue durée). Des cas lourds, de la solitude, de la misère humaine. Oui, j'ai exercé ce travail, alors que des gens sociables, altruistes et dévoués ne supportent même pas de mettre les pieds dans un hôpital! Plus tard, j'ai accompagné un ami homosexuel dans ses derniers moments alors qu'il se mourait du sida, à une époque où cette maladie encore mal connue générait toutes sortes de peurs. Cet ami était pour moi une personne, une personne souffrante, pas un gay. Je ne raconte pas cela pour me glorifier, mais pour me présenter.

Un long chemin vers une étrange lumière

Que s'est-il passé pour que tombe le verdict de novembre 2007 ? Ce que je vais raconter m'est personnel, mais a au moins un point commun avec ce que vivent beaucoup de gens dans le domaine de la santé mentale, à savoir que ce fut une route longue et tortueuse. Pourquoi est-ce souvent si long avant d'atteindre le but ? De nombreuses personnes choisissent de nier ou d'endurer leurs malaises des années durant; faute de temps, des diagnostics rendus en première ligne sont insuffisamment approfondis; à moins d'une crise nécessitant une hospitalisation d'urgence, l'attente pour être vu en psychiatrie peut être longue, alors que les psychothérapies peuvent être très et trop coûteuses... Bref, la route est parsemée d'embûches, donc de délais. Je voudrais témoigner de la patience qu'exige cette démarche et des malaises qui l'accompagnent. Alors, que s'est-il passé ?

En février 2006, j'ai soutenu ma thèse de doctorat au programme de Ph. D. en Étude et pratique des arts de l'Université du Québec à Montréal. J'ai réalisé cette thèse en moins de quatre ans, alors qu'en parallèle j'enseignais et travaillais à d'autres projets personnels. Le jury me décerna à l'unanimité une mention d'excellence et, chose rarissime, n'exigea à la thèse aucune modification ou correction (même d'orthographe). Cette thèse comportait deux volets: un volet théorique sur la musique et les chants d'oiseaux, et un volet création, une œuvre symphonique intitulée *Joie des Grives*, basée sur les chants de onze espèces d'oiseaux du Québec. Tout cela a été passé au peigne fin au cours d'une soutenance publique qui dura environ trois heures. Ce fut un interrogatoire serré mais, selon les témoins, je semblais d'un calme olympien et répondais avec assurance. Pourtant, dans les mois qui ont précédé, j'avais fondu de quelques kilos à cause de l'anxiété.

Il faut dire une chose. Quelque temps avant ma soutenance, quelqu'un avait fait courir le bruit que je souhaitais nommer des «amis» dans mon jury. C'était une calomnie totale à mon endroit, et aussi la négation du professionnalisme de mon directeur de thèse. Inspiré par le démon de l'envie, ce *quelqu'un* avait si bien intrigué que la directrice du programme elle-même a cru bon de modifier le jury. À la suggestion de ce *quelqu'un*, elle y nomma Bruce Mather, compositeur et professeur à l'Université McGill. Monsieur Mather a, comme on dit, une réputation : celle d'être un juge impitoyable, capable de décerner un échec. Cette réputation de «tueur» n'est peut-être pas juste ; tout de même, lorsque j'ai fait part de sa nomination à une personne qui le connaît bien, celle-ci est demeurée pétrifiée. Il y eut un long, un très long silence. Rien pour me rassurer ! Peu importe : j'ai réussi haut la main, avec la pleine bénédiction même de monsieur Mather. Comme d'autres avant lui, ce *quelqu'un* avait repéré ma «différence» et jugé que je constituais une cible parfaite pour se soulager de je ne sais trop quoi.

Les études doctorales constituent une épreuve extrêmement exigeante, et la soutenance, un stress gigantesque pour tous les candidats. On dit que plusieurs tombent malades peu après. Tout au long de ce marathon intellectuel, il est difficile de maintenir un équilibre de vie. Souvent, les activités physiques ou de détente sont délaissées. Ce fut mon cas. De plus, ma soutenance avait lieu en février, au beau milieu de la session universitaire. Comme j'enseignais, les vacances allaient devoir attendre à la fin d'avril.

D'autres stress ont ponctué cette période. En 2002, une douloureuse tendinite au pied droit a limité mes déplacements.

Après un long délai, un médecin spécialiste visiblement excédé par sa journée de travail m'a fait un examen sommaire et a décrété : « C'est de la dégénérescence. Il n'y a absolument rien à faire. » Ce fut un choc : allais-je être obligé de marcher avec une canne ? Désespéré, je suis passé d'une clinique de médecine sportive à une clinique orthopédique. Le spécialiste, un homme complètement désabusé, m'a dit, sur le ton mécanique d'un discours trop souvent répété, que mon mal se voyait fréquemment « chez les femmes portant des souliers à talons hauts ». Je lui ai gentiment assuré que je n'en portais jamais ! On m'a fait des semelles adaptées et, grâce à elles, mes maux se sont peu à peu dissipés, après beaucoup d'angoisses.

À l'automne 2003, mon épouse Louise a frôlé la mort en contractant la souche virulente du *Clostridium difficile*. C'était avant que les problèmes causés par cette bactérie dans les hôpitaux ne soient portés à l'attention du public. Lorsque Louise s'est rendue une première fois à l'hôpital à cause de violentes diarrhées, les soignants se sont moqués d'elle en disant qu'il ne s'agissait que d'une banale gastro-entérite ! Son état s'est ensuite sérieusement aggravé : perte importante de poids, fièvre élevée, accélération du rythme cardiaque. Elle fut alors hospitalisée et traitée d'urgence avec de puissants antibiotiques. Elle s'en est sortie, mais la pente fut longue à remonter. De mon côté, j'ai appris que la première de *Joie des Grives*, prévue pour l'été 2004, était remise. Pendant plusieurs semaines, j'ai été dans la plus totale incertitude : un jour, on me disait que ça marcherait et, le lendemain, que de nouvelles difficultés obligeaient à reporter l'événement. J'ai ressenti une énorme tension parce que, théoriquement, il fallait que le volet création d'une thèse soit présenté en public avant la soutenance. Heureusement, la direction du programme se montra compréhensive : l'expérience lui avait enseigné que mon cas n'était pas exceptionnel. Le scénario se répéta en 2005, en 2006 et en 2007. *Joie des Grives* a finalement été jouée en juillet 2008, mais quelle attente pénible et que d'incertitudes anxiogènes ! À tout cela s'ajoutait le stress professionnel inhérent à ma condition d'éternel contractuel. Je n'ai jamais occupé d'emploi permanent. D'année en année, je ne suis jamais assuré d'avoir des revenus. Cette situation, où rien n'est jamais acquis, a pesé sur moi de plus en plus lourdement.

Au début de 2006, j'avais accumulé un stress considérable, et j'allais involontairement en rajouter! Depuis une quinzaine d'années, je souffrais d'insomnies. Je dormais peu, mal, et encore, grâce à la prise régulière de somnifères. La chambre à coucher était devenue une véritable salle de torture, et j'étais convaincu que jamais plus je ne dormirais d'un sommeil normal. Désireux de régler ce problème, je me suis adressé à la Clinique du sommeil de l'hôpital Sacré-Cœur. J'ai tout d'abord rempli des questionnaires d'évaluation. L'un d'eux portait sur l'anxiété : on m'a dit qu'il indiquait un degré «très élevé». J'ai été appelé à passer une nuit en laboratoire, branché à une quantité d'électrodes, histoire de déterminer mon profil de sommeil. Ce fut une nuit d'enfer. Bien entendu, je ne devais pas prendre de somnifère mais, en plus, une lumière verte éclairait la chambre : j'avais beau fermer les yeux, je sentais sa présence dérangeante. En outre, une bouche d'aération crachait un vent glacial juste au-dessus du lit. Bref, mon profil de sommeil a été épouvantable. Peu après, une secrétaire m'a téléphoné pour m'offrir de participer à une thérapie en petit groupe. Je lui ai dit que les dates proposées chevauchaient ma soutenance. Elle m'a répondu que, justement, c'était le bon moment et que je devrais en profiter. J'ai insisté et elle m'a offert de participer à la session suivante.

Que j'ai eu raison! Cette thérapie en était une de cheval. Son principe était de combattre le feu par le feu, autrement dit de combattre l'insomnie par la privation de sommeil. Pendant quelques semaines, nous n'avons eu le droit de passer que six heures au lit par nuit – tant mieux si nous les dormions. Nous devions aussi diminuer somnifères et autres calmants pour cesser d'en consommer à la fin du processus. Les participants se réunissaient pour discuter de leurs nuits. Si la psychologue responsable de la thérapie jugeait que nous avions fait du progrès, elle nous permettait de rester au lit une demi-heure de plus pour une semaine, après quoi les résultats étaient réévalués. Ce régime radical dura environ huit semaines. Au cours des premières semaines, je dormais un peu mieux : pas surprenant avec une telle privation. Mais ensuite, j'ai senti mon sommeil redevenir léger et mes nuits se trouer. Mon anxiété a augmenté jusqu'à un niveau que je n'avais jamais connu et je maigrissais encore ! Mon épouse, infirmière, m'a conseillé d'arrêter tout ça. Mais puisque la psychologue nous assurait que sa méthode était « infaillible », j'ai poursuivi.

À la fin de cette session, j'étais dans un état second. Je me suis rendu à une soirée où se trouvaient surtout des gens que je ne connaissais pas. J'ai été incapable de parler à qui que ce soit ; mon anxiété a atteint une telle intensité que j'ai quitté au bout de quarante minutes. Sorti au grand air, j'ai marché plus d'une heure sans réussir à me calmer. Je me sentais tout à l'envers : bouche sèche, gorge serrée, cœur qui bat fort, envie de fuir, panique, essoufflement, chaleurs, sueurs, fortes tensions musculaires. Il ne s'était pourtant rien passé qui puisse justifier un tel état ! Je n'ai pas dormi de la nuit malgré un somnifère et, le lendemain, j'étais si mal que j'ai dû consulter mon médecin de famille. Voyant ma mine défaite, celui-ci m'a prescrit un antidépresseur (une petite dose à prendre le matin) et un calmant à prendre au besoin. Je me suis procuré l'antidépresseur, mais je n'ai pas pris l'autre substance, effrayé par l'interminable liste d'effets secondaires et le risque très élevé d'accoutumance. L'antidépresseur m'a fait du bien et j'ai complètement abandonné le traitement de la Clinique du sommeil. Je me suis mis à faire davantage d'exercice physique et, peu à peu, j'ai repris du mieux.

Depuis quelques années, il était devenu évident que mes insomnies n'étaient qu'un symptôme parmi d'autres d'un trouble d'anxiété plus vaste. Vers 2002, après une psychothérapie individuelle sans résultat, j'ai découvert l'organisme La clé des champs, réseau d'entraide pour personnes avec troubles anxieux. Après une entrevue, on m'a accepté comme participant aux ateliers. La clé des champs propose un cheminement cognitivo-comportemental en cinq sessions de dix semaines, chaque session portant sur un thème particulier lié à la gestion de l'anxiété. J'ai acquis là des outils que j'ai appris à mettre en œuvre. Le fait de rencontrer des personnes qui sont dans la même situation que nous aide à dédramatiser, à briser l'isolement, à nous rendre compte que nous ne sommes pas seuls. Je peux recommander ce genre de démarche aux personnes vivant ces problèmes.

Ma participation aux sessions de La clé des champs m'a appris autre chose. Au cours des discussions, je constatais les points communs de mes troubles anxieux avec ceux de mes compagnons et compagnes. Mais j'ai aussi noté une différence. L'anxiété de plusieurs partait d'une dépression, d'un épuisement professionnel, de problématiques familiales, de phobies, d'un accident, d'un manque de confiance ou d'estime personnelle. Or tel n'était pas mon cas. Autre surprise : on nous demanda de penser à des situations anxiogènes, puis de verbaliser ce qu'on ressentait. Pour nous aider, nous avions un tableau énumérant soixante-quatre émotions et états psychologiques. Loin de me soutenir, ce tableau me donnait carrément le vertige : comment distinguer ces émotions qui, classées par ordre alphabétique, allaient de l'*abattement* à la *vexation*? Je sais faire la différence entre le fait d'être bien et celui d'être moins bien ; je sais quand je suis heureux ou malheureux, mais cet exercice m'a fait prendre conscience du fait que verbaliser mes émotions exigeait un sérieux effort de réflexion ainsi que beaucoup de temps. Cela m'a rappelé mon peu d'intérêt pour les émissions télévisées où les gens s'épanchent en public sur leurs problèmes personnels avec les larmes aux yeux. Cela me donne souvent envie de rire. Ce n'est pas de la méchanceté, plutôt un malaise diffus. Bref, j'éprouve une grande difficulté à verbaliser mes émotions. À première vue, cela fait très « gars », mais en ce qui me concerne, la psychologie propose un terme pour nommer ce déficit : l'alexithymie. J'ai donc appris que j'étais alexithymique.

La même chose s'applique aux émotions positives. Un jour, quelqu'un m'a demandé ce que je faisais quand j'étais très heureux. Je devais vraiment intriguer cette personne pour qu'elle me pose pareille question ! Je suis resté sans voix au point d'en être moi-même étonné. Je me rappelle avoir bafouillé quelque chose qui n'a pas eu l'air de convaincre mon interlocutrice.

J'ai par la suite repensé à cette question qui m'avait paru si énigmatique et force m'a été de constater que je n'avais toujours aucune réponse précise. Qu'est-ce que je fais quand je suis très heureux? Est-ce que seulement je fais quelque chose de spécial? Pas vraiment. Je n'en parle pas, je ne partage pas verbalement cet état. Je me sens tout simplement heureux. Cela peut sembler bizarre et laisser croire que je n'ai pas d'émotions. Mais non. Sur ce plan, je suis comme tout le monde, peut-être même suis-je hypersensible : j'ai des émotions et des sentiments, y compris des émotions violentes, positives comme négatives. Par exemple, j'ai été transporté d'émerveillement lorsque j'ai vu et entendu chanter un Tohi à flancs roux dans ma cour, un oiseau rare à Montréal. Je sais aussi que je réagis à mes émotions, même si je me suis aperçu que c'est souvent avec un délai plutôt qu'à l'instant même.

Par contre, j'ai pris conscience de la dimension post-traumatique de mon anxiété. Il s'est effectivement passé quelque chose dans ma vie qui a engendré des cauchemars puissants et récurrents. Lorsqu'on parle de stress post-traumatique à la télévision, c'est à propos de soldats qui ont été témoins d'actes horribles dans l'exercice de leurs fonctions et qui en sont restés profondément marqués. En réalité, pas besoin d'aller à la guerre : toute victime d'agression risque de souffrir de ce syndrome. Ce fut mon cas. Pourtant, il devait y avoir autre chose ; au fil des discussions à La clé des champs, je flairais de plus en plus une différence chez moi, mais masquée par l'anxiété. Qu'y avait-il donc derrière ce masque?

En juin 2006, j'ai frappé un mur et me suis senti dépassé par l'ampleur de la crise. La clé des champs m'a alors suggéré une démarche provisoire pour maîtriser mon état et, à ma demande, mon médecin m'a référé en psychiatrie. Les choses étant ce qu'elles sont, il s'écoulera quelques mois avant que je rencontre une psychiatre qui diagnostiquera un «trouble d'anxiété non spécifique aggravé par un syndrome de stress post-traumatique». C'était comme s'il y avait eu un événement déclencheur dans ma petite enfance et que l'état de veille était demeuré permanent depuis : «Le piton est resté à *on*,

même après coup.» Effectivement, mon corps ?
des réactions de ce type : j'ai commencé très jeur
fortes allergies respiratoires et, vers vingt ans, j'ai cu...
première crise grave de ce qui sera par la suite diagnostiqué
comme le syndrome du côlon irritable. La psychiatre a
suggéré de modifier ma médication avec l'accord de mon
médecin. Sous sa supervision, j'ai ajouté une dose minimale
d'un second antidépresseur, que je prends cette fois au
coucher. L'effet fut immédiat : mes insomnies disparurent
sans effet secondaire. J'ai enfin délaissé les somnifères pour
de bon. La psychiatre m'a dit qu'il serait possible que les
choses rentrent dans l'ordre après deux ans de ce traitement
ou que je doive continuer cette médication à vie.

Avec ce traitement, le sommeil est bon, l'anxiété est maîtrisée, les allergies et les désagréments causés par le syndrome
du côlon irritable ont considérablement diminué. Bref, je vais
beaucoup mieux. Même que je ne fais plus ces cauchemars
terribles qui gâchaient mes nuits et hantaient mes journées
depuis une trentaine d'années. Pour les vaincre, j'ai eu recours à
un truc qui m'a été donné à la Clinique du sommeil (au moins,
j'y ai appris cela !) : «Lorsque vous vous réveillez d'un cauchemar, demeurez couché et, sur le coup, terminez-le mentalement
avec une fin positive.» Cela paraît ridicule, mais ce fut efficace.

Malgré ces améliorations, je restais sur ma faim. Je sais
bien que la psychiatre se servait d'une image, mais je ne
crois pas que notre corps soit un automate biologique avec
un tableau de bord et des boutons qui se mettent à *on* ou à
off. Peu à peu, j'étais arrivé à mettre quelques mots sur ma
différence. Il y avait en moi comme une dissociation. Une
partie de ma personne était souffrante alors qu'une autre
demeurait sereine, même durant les pires moments de crise.
Jamais mon pouvoir de concentration n'a été atteint. De plus,
j'ai toujours eu de la facilité à faire de la méditation : rester
immobile, me concentrer sur ma respiration, laisser passer
les pensées sans m'y attarder ni me laisser distraire. Aussi,
Louise et moi faisions des séjours à l'abbaye bénédictine Saint-
Benoît-du-Lac. Il paraît que beaucoup de personnes anxieuses

n'arrivent pas à supporter la tranquillité du lieu et la règle du silence qui y règne. Pourtant, je ne m'y suis jamais ennuyé une seule seconde, à tel point que nos séjours m'ont toujours semblé trop courts. Curieuse anxiété que celle-là!

Désireux d'éclaircir ce mystère, j'ai entrepris des démarches pour obtenir un second avis. Mon médecin m'a référé à l'hôpital Douglas. J'ai rempli les longs formulaires: histoire personnelle, histoire familiale, etc. En septembre 2007, un psychiatre m'a proposé de passer un test standardisé servant à la recherche en santé mentale sur le territoire montréalais. Quelques semaines plus tard, j'ai été convoqué auprès d'une spécialiste. Ce fut une expérience étonnante. La séance alternait entre des portions de type entrevue et des portions de jeu. Je ne m'y attendais vraiment pas. Moi, détenteur d'un Ph. D., me voilà en train d'assembler des morceaux de bois colorés pour constituer un carré! Puis, je parcours un livre d'images qui semble destiné aux enfants: je dois ensuite décrire le contenu des images et raconter l'histoire à ma manière. Ensuite, je pige de petits objets dans un sac: à partir d'eux, je dois inventer une histoire. Et d'autres choses du genre. Je suis revenu chez moi amusé et de bonne humeur! Deux semaines ont passé et l'hôpital Douglas m'a rappelé: «Le docteur veut vous revoir.» C'est rarement bon signe lorsqu'on nous rappelle si tôt après un examen médical.

Un diagnostic apaisant

Je rencontre le docteur Jean-Marc Bourque pour la deuxième fois. Il me fait la lecture de mon dossier d'évaluation psychiatrique. Il est aimable et calme: il en a vu d'autres. Il commente posément: «Eh bien, les tests se sont révélés positifs. Tu as le syndrome d'Asperger, qui se situe dans la famille autistique. Enfant, tu présentais un trouble envahissant du développement, un TED.» Craignant peut-être ma réaction, il me demande, très zen: «Est-ce que cela t'a empêché de vivre, de faire des choses?» Il trouve que finalement j'ai bien composé avec cet état.

Voilà: à quarante-sept ans, j'apprends que je suis *fou*, que je suis autiste de type Asperger. Beaucoup de ce que j'ai raconté au début de ce chapitre en est typique. J'apprends aussi, chose qui ne manque pas de m'étonner, que ma condition est «sévère, incurable et handicapante», que je suis né ainsi, que j'ai vécu ainsi sans le savoir, que j'ai tout de même accompli de belles choses, et que je serai ainsi jusqu'à la fin de mes jours. Toute ma vie, j'ai tenté de faire mon chemin dans un monde *normal* qui n'est pas le mien, d'où cette impression diffuse d'étrangeté face à la vie. Mais est-ce la folie qui induit une distorsion face à la réalité? Ne serait-ce pas plutôt que la folie rend lucide quant à l'étrangeté réelle de la vie? Ne serait-ce pas qu'elle inhibe des mécanismes portant les gens normaux à idéaliser la vie? Je l'ignore. Cependant, ma différence m'a confronté à des tas d'épreuves: discrimination, jugements mauvais, abus et sévices en tous genres, précarité professionnelle. Pourtant, j'ai persévéré. Comment ai-je donc fait, moi qui ne me suis jamais vu comme un héros? Heureusement, j'ai aussi eu la chance de rencontrer de bonnes personnes qui ont collaboré avec moi, même pour des projets qui semblaient complètement fous, et je leur en suis reconnaissant.

Quelle a été ma réaction à ce diagnostic? Un grand apaisement. Une longue quête venait de trouver son terme. Une pièce capitale qui manquait à la connaissance de ma personne était découverte. Plusieurs pièces du casse-tête se mettaient en place, formant enfin une image que je pouvais saisir. J'accepte cette image qui ne me trouble pas du tout: je suis ainsi, et c'est très bien. J'en éprouve même de la fierté. Pour l'une des rares fois de ma vie, je ressens un sentiment d'appartenance à un groupe autre que la famille. Je suis fier de ce que j'ai réussi à accomplir en dépit de ce qui est considéré comme un «handicap sévère et permanent». Mais est-ce bien *en dépit* de ce handicap, ou plutôt *grâce* à lui, dans une certaine mesure?

Michelle chantait dans mon chœur grégorien. Elle est psychologue. Je lui ai dit que je venais de recevoir un diagnostic assez particulier. Avant même que je ne lui en révèle la teneur, elle me devance: «Tu es Asperger.» Étonné, je lui demande: «Ça paraît donc?» Elle me répond: «Mon métier est d'observer les gens, alors oui, je l'avais remarqué.» Elle me donne les coordonnées d'une collègue qui travaille avec les Aspergers. Après avoir pris connaissance de mon dossier et discuté avec moi une première fois, Chantal Belhumeur me dit que si j'avais été enfant aujourd'hui, j'aurais été diagnostiqué rapidement. Elle aime les Aspergers et les trouve *très intéressants*. Je la rencontrerai au besoin, et ces rencontres m'aideront à mieux me connaître, à mieux me comprendre. Je suis donc bel et bien un Asperger « certifié ».

Pourquoi ce livre ?

Ce livre raconte ce que j'ai vu, vécu et réalisé, mais surtout comment j'ai perçu tout cela à travers les particularités de mon esprit. Ma personne n'est pas plus intéressante qu'une autre, et chaque autiste possède sa propre expérience de vie. Mais dans ses grandes lignes, mon cas illustre bien ce que signifie vivre l'autisme au quotidien. Par ailleurs, c'est celui que je connais le mieux... Aussi, je parlerai de ma démarche de compositeur, non parce que ma musique serait « meilleure » mais parce que, je le réalise maintenant, elle porte des traits autistiques et revêt par conséquent une signification toute particulière, peut-être même unique. Cela dit, au-delà du cas personnel, mon but est d'informer, de sensibiliser à une réalité de la condition humaine ; j'espère aussi contribuer à briser les préjugés qui l'entourent, combattre la discrimination encore trop souvent exercée à l'égard des gens différents. Le livre fera donc alterner des chapitres d'information (portant le titre *Le monde Asperger*) avec des chapitres autobiographiques (plus thématiques que chronologiques). À la lecture, les uns éclaireront les autres.

Pourquoi ai-je écrit ce livre ? Pour moi, homme secret et discret, c'est un exercice contre-nature que j'avoue avoir trouvé très difficile. Il ne s'agissait pas d'une forme de thérapie : je ne ressens aucun soulagement à écrire. Ce n'est pas non plus pour satisfaire une sorte de besoin narcissique car, si je déteste la fausse modestie, je ne suis pas orgueilleux. J'ai écrit ce livre par compassion pour une humanité qui souffre et dont je fais partie. J'écris pour Chloé, David, Julien et les autres, des Aspergers ayant d'immenses talents mais qui doutent d'eux, afin qu'ils se comprennent mieux et réalisent qu'ils ne sont pas seuls. J'écris parce que je suis en mesure de le faire, parce que j'en ai les moyens et que cela me semble une œuvre utile.

Mais de quoi souffrent les personnes autistes ? D'abord et avant tout d'être considérées comme des *malades*, voire comme des *maladies*, plutôt que comme des personnes. Le fait d'avoir reçu mon diagnostic tardivement m'a donné une perspective spéciale que je développerai ici. Dès le commencement, le discours sur l'autisme a été entaché de distorsions, le liant faussement à la schizophrénie ou à la déficience intellectuelle. Cela se comprend d'un point de vue historique, car l'autisme était jadis étudié presque uniquement à partir de cas «spectaculaires». Le problème est qu'aujourd'hui encore ces distorsions perdurent, ce qui a pour conséquence que l'autisme est souvent considéré comme très grave. Dans la littérature, les mêmes idées, voire les mêmes cas particuliers, peuvent revenir d'un ouvrage à un autre. Quelquefois, les informations scientifiques sont partielles et anciennes. Le livre de Uta Frith *L'énigme de l'autisme* vient d'être réédité en France ; il est présenté comme un classique, sans mise à jour. Or ce livre date de 1989, alors que le syndrome d'Asperger était si peu connu qu'il ne figurait même pas dans le DSM, la première référence médicale en santé mentale... Ce discours catastrophiste condamne les personnes autistes à la désespérance, à la dépression, à une très faible estime de soi, voire au suicide, et passe sous silence leurs qualités et leurs capacités réelles. Il est donc légitime de se demander quelles sont les raisons de cet acharnement à entretenir un tel discours. Cette attitude qui confine à l'obscurantisme – sinon au sadisme – constitue pour la personne autiste le premier vrai handicap, bien davantage que le fait d'être autiste !

À cela s'ajoute la propension révoltante de certains médias à employer le terme «autiste» pour ridiculiser et dévaloriser, comme autrefois «mongol», «juif», «nègre» ou «homo». Des exemples ? Le 11 juillet 2010, un critique en musique classique québécois écrivait: «Zubin Mehta impuissant face à un organiste autiste» (enquête faite, l'organiste en question n'est pas autiste). En août 2010, un critique de cinéma démolissait le film *The Expandables* de Sylvester Stallone en ces termes spirituels : « Stallone se rappelle à notre bon souvenir au moyen de ce gros badaboum au scénario d'analphabète et à la mise en scène autiste. » Ma foi, comparé à cela, monsieur Stallone est un modèle de subtilité ! Porté par un élan de progressisme social, ce journal a repris cette phrase très comique dans ses résumés de critiques durant plusieurs semaines. Non seulement ce détournement injurieux d'un mot est inacceptable dans une société visant à être inclusive, mais il contribue à véhiculer des stéréotypes au sujet des autistes, à les dévaloriser en bloc et, au bout du compte, à accroître leurs difficultés de vie en les faisant passer pour des nuls ou des incapables.

J'ironisais lorsque je parlais de ma *folie* : aujourd'hui, plus personne ne parle ouvertement de *folie* à propos de l'autisme. Et pourtant, l'autisme relève toujours de la psychiatrie... Il s'est tout de même accompli des progrès, mais ils sont récents. Au début des années 1980, il y avait encore au Québec des personnes autistes enfermées dans des institutions, lourdement médicamentées, souvent maintenues sous contention physique et sans aucune activité intéressante pour elles. Ainsi réduites à l'état de légumes ou de morts vivants, comment croire qu'elles possédaient un esprit, des talents, des rêves au même titre que n'importe qui ? L'autisme demeure une tare dont il faut absolument guérir. Or, des réalisations importantes de l'humanité prennent leur source directe dans la pensée autiste !

Il s'agit donc de dépasser les préjugés et le diagnostic. Alors, je vous invite à explorer avec moi l'univers autiste, à me suivre dans cette visite guidée d'une autre manière d'être humain.

LE MONDE ASPERGER (I)
CE QU'EST LE SYNDROME D'ASPERGER

Portrait clinique de l'autisme Asperger

Le mot « autisme » dérive du grec *autos* : soi-même. Les mots « autisme » et « schizophrénie » auraient été inventés par le psychiatre suisse Eugen Bleuler (1857-1939). Ce médecin aurait utilisé le mot « autisme » pour la première fois en 1911, afin de décrire l'évasion hors de la réalité et le repliement sur le monde intérieur observé chez les patients adultes atteints de schizophrénie[1]. Cette origine explique pourquoi l'autisme sera souvent associé à la schizophrénie au cours des décennies suivantes. Établi aux États-Unis en 1924, le pédopsychiatre autrichien Leo Kanner (1894-1981) a travaillé à la fois sur l'autisme et la schizophrénie chez les enfants. Dans un article publié en 1943, Kanner a distingué les deux conditions en notant que l'autisme est « présent d'emblée » à la naissance, contrairement à la schizophrénie, qui se développe plus tard[2]. À peu près au même moment, soit en 1944, un pédiatre viennois, Hans Asperger (1906-1980), a décrit dans sa thèse doctorale les cas de garçons aux compétences sociales, linguistiques et cognitives inhabituelles. Il utilisa à leur sujet l'expression « psychopathie autiste » et les qualifia d'autistes. Comme ceux de Kanner, les enfants examinés par Asperger présentaient une interaction sociale médiocre et étrange, un mode de communication atypique, ainsi que des intérêts particuliers et répétitifs. Mais, détachés et silencieux, les enfants de Kanner semblaient posséder moins de capacités que ceux d'Asperger. Publiés en anglais, les travaux de Kanner ont eu une diffusion beaucoup plus grande et rapide que ceux d'Asperger, publiés en allemand. Ce fut la faute originelle du discours sur l'autisme, un vice de forme initial qui a eu des conséquences importantes pour les personnes autistes. Car dès lors, le terme «autisme» a eu tendance à désigner un trouble très lourd dans l'imaginaire des gens.

Le docteur Asperger consacra une partie de son temps à suivre et à aider les enfants du type qu'il avait décrit. En apprenant à les connaître, il en était venu à avoir de l'autisme une conception humaniste et visionnaire, bien différente de celle, médicaliste, qui s'était imposée depuis Kanner. J'y reviendrai. En 1981, un an après le décès d'Asperger, Lorna Wing utilisa pour la première fois l'expression «syndrome d'Asperger» et, en 1983, elle décrivit ses principaux signes cliniques en rendant hommage aux travaux d'Asperger[3]. Quelques années devront toutefois s'écouler avant que le monde médical ne reconnaisse officiellement le syndrome et l'inclue en 1994 dans la famille des troubles autistiques.

Entre-temps, des patients auront reçu des diagnostics de schizophrénie, de personnalité schizoïde, d'«état limite» ou de troubles de comportement. J'ai un vieux dictionnaire *Larousse* de 1972, dans lequel il était encore écrit que «l'autisme est, avec la dissociation, l'un des symptômes de la schizophrénie»! Cette association entre autisme et schizophrénie ne tient plus aujourd'hui. Tout de même, je dois avouer que mon esprit possède une certaine tendance à la dissociation dont je reparlerai, bien que je n'aie jamais éprouvé les hallucinations typiques de ce trouble. Non, pas jamais : j'ai souvenir de quelques flashes hallucinatoires, comme lorsque vers dix ans j'ai aperçu dans le ciel un curieux objet qui faisait du surplace et qui a soudainement fui à une vitesse incroyable. J'ai nettement senti qu'il m'avait observé et avait déguerpi dès qu'il avait été certain d'avoir été vu… En 1960, l'année de ma naissance, l'autisme n'était connu au Québec que de rares spécialistes mais, encore aujourd'hui, des Aspergers ont d'abord été diagnostiqués comme schizophrènes. Heureusement, je m'en suis tiré en ne passant que pour un enfant étrange.

Qu'est-ce qu'est le syndrome d'Asperger ? Son principal signe est une «altération sévère et prolongée» de l'interaction sociale. Selon Tony Attwood, un des grands spécialistes du syndrome, cette condition se caractérise par les traits suivants :

1. Une personne Asperger recherche la solitude. Elle rencontre au moins deux des critères suivants : elle n'a pas d'amis proches, elle évite les autres, elle ne montre pas d'intérêt pour se faire des amis, elle est solitaire.

2. Une personne Asperger est maladroite en société. Elle présente au moins un des critères suivants : elle approche les autres surtout pour satisfaire un besoin, son approche d'autrui est maladroite, elle a de la difficulté à déchiffrer les sentiments d'autrui, elle est détachée des sentiments d'autrui. Elle peine à saisir les règles informelles de la vie sociale et à capter les ambiances.

3. Une personne Asperger montre une altération de la communication non verbale. Elle rencontre au moins un des critères suivants : sa mimique faciale est limitée, son visage exprime peu (ou pas) ses émotions (les Aspergers ont peu de rides d'expression), elle est difficilement capable d'émettre des messages visuels, elle ne regarde pas les autres dans les yeux, elle s'exprime peu ou pas avec les mains, ses gestes sont étranges (retard moteur et maladresse motrice).

4. Une personne Asperger ne montre pas de retard signifi-catif dans l'acquisition du langage, mais elle présente au moins deux des critères suivants : son langage possède des intonations inhabituelles, elle parle trop peu ou trop si le sujet l'intéresse particulièrement, elle a tendance à prendre les expressions ima-gées au pied de la lettre.

Finalement, ces signes doivent entraîner une altération clini-quement significative du fonctionnement social, professionnel ou d'autres domaines importants. Par contre, il n'y a pas de retard significatif sur le plan clinique dans le développement de la pensée, des capacités d'autonomie ou du comportement adaptatif (sauf dans l'interaction sociale)[4].

Des oursons !

Aujourd'hui, les différents types d'autisme sont regroupés sous la bannière de «troubles envahissants du développement», ou TED. Cela montre que le diagnostic est désormais posé tôt dans la vie, et que les groupes de soutien s'adressent d'abord aux enfants autistes ainsi qu'à leurs parents. Le terme « TED » a le mérite d'englober toutes les formes d'autisme et d'être « charmant » : ces enfants sont des Teddy, des ours en peluche. Cela me fait penser à la chanson *Ready Teddy*, interprétée par Elvis Presley ! Peut-être cela aide-t-il à dédramatiser, car presque tout ce qui entoure les TED est dramatique dès le départ, puisqu'il s'agit d'un *diagnostic médical*, en l'occurrence *psychiatrique*, donc d'une *maladie*, d'une *maladie très grave* exigeant de la *réadaptation* et, au Québec, le secours *précoce* d'une « intervention comportementale *intensive* ». Assez paniquant ! Alors, relaxons un peu : la vérité est qu'à moins d'être particulièrement prononcé (ce qui est loin d'être la majorité des cas), un TED ne nécessite pas de soins intensifs, peut-être même pas de soins…

Cela dit, le terme « TED » tend aussi à désigner les adultes. Après la dramatisation, l'infantilisation. Mieux valent les vrais termes pour les adultes : je suis Asperger et jamais je ne me désignerais comme un Teddy ou un TEDSDI (c'est-à-dire sans déficience intellectuelle) à l'âge que j'ai… Les anglophones appellent quelquefois « Aspi » une personne Asperger ; j'aime bien ! En fait, l'étiquette « troubles envahissants du développement » pose problème car, à nouveau, les mots « troubles » et « envahissants » orientent vers une conception pathologique et terrible de l'autisme. Pour un enfant, l'idée de souffrir d'un trouble, de surcroît envahissant, est inutilement lourde à porter, tandis que les mots « autisme » ou « Asperger » sont plus neutres en eux-mêmes.

Ouvrage de référence sur les troubles mentaux, le DSM-IV distingue cinq types de TED : le *trouble autistique* proprement dit (quelquefois aussi nommé « autisme classique » ou « autisme Kanner »), le *syndrome d'Asperger* (quelquefois aussi nommé « autisme social »), le *trouble envahissant du développement non spécifié, le syndrome de Rett* (qui ne touche que les filles) et le *trouble désintégratif de l'enfance*[5]. Plusieurs auteurs parlent aussi d'autisme de haut niveau pour qualifier les cas d'enfants se comportant d'abord comme des autistes Kanner, mais qui acquièrent par la suite de meilleures compétences de communication et de socialisation. En fait, la distinction fine entre les trois premiers types n'est pas toujours évidente, et Tony Attwood rapporte qu'«un enfant peut recevoir un diagnostic d'autisme de haut niveau dans un hôpital et celui de syndrome d'Asperger dans un autre»[6]. Cette inconstance du diagnostic a mené certains à vouloir substituer l'expression «troubles du spectre autistique» (TSA) à TED, à y inclure sans distinction formelle les trois premiers types et à en éliminer le syndrome de Rett et le trouble désintégratif. C'est en cette voie que semble aller le DSM-V, à paraître vers 2013. Déjà, l'ouvrage est vertement critiqué ; on y ajouterait tant de nouveaux diagnostics que «presque tout le monde pourrait se voir attribuer une étiquette·de trouble mental» : «On réduit la piscine de ce qui est normal à une flaque d'eau![7]» C'est un signe des temps : la tendance est forte qui médicalise, «pathologise» la moindre divergence d'avec la norme, une norme très étroite.

Selon le *Larousse*, un syndrome est «un ensemble de signes, de symptômes, de troubles dont les causes sont inconnues ou multiples (par opposition à maladie)». En général, c'est l'expression «syndrome d'Asperger» qui est aujourd'hui utilisée. À strictement parler, l'autisme, incluant le type Kanner, est un syndrome. Pour rendre égal crédit aux pionniers de l'étude de l'autisme qui ont tous deux utilisé le mot «autisme», je parlerai dorénavant de «l'autisme Kanner» et de «l'autisme Asperger». À partir de maintenant, le terme «autiste» désignera l'ensemble des personnes autistes (ou TED), peu importe leur type. De plus, pour alléger le texte, j'utiliserai désormais «Asperger» comme nom pour parler des personnes ayant cette condition et comme qualificatif, en ajoutant un «s» final lorsque employé au pluriel ; puisque Asperger est un nom propre, je conserverai la majuscule. J'emploierai l'expression «syndrome d'Asperger» surtout dans les citations textuelles où elle apparaît. Pour désigner les personnes non autistes et la condition de ces personnes, j'utiliserai l'expression «neurotypique», de plus en plus répandue.

Autisme et quotient intellectuel

Un jour, je discutais avec un intervenant en santé mentale qui ne savait pas que j'étais Asperger. En répétant ce que plusieurs tiennent pour acquis, cette personne m'a affirmé que «les autistes ont une forte déficience intellectuelle». Sur ce, je lui ai appris que j'étais moi-même Asperger. Il m'a alors dit: «Ça ne paraît pas! Tu ne dois pas être très autiste!» Je dois donc détruire un mythe. La grande majorité des autistes, soit plus de 80 % d'entre eux, possède une intelligence parfaitement normale ou supérieure à la moyenne[8]. Chez les Aspergers, il n'y a pas plus de déficience intellectuelle que dans la population neurotypique.

Qu'en est-il des autistes Kanner? Ce type est celui où la communication est le plus difficile et où d'autres problématiques ont tendance à être plus fréquentes, l'épilepsie par exemple, et ce davantage chez les filles que chez les garçons[9]. Il semble qu'il en aille de même pour la déficience intellectuelle. Par contre, il est possible que la fréquence de cette dernière soit surestimée, de même que sa force. Des chercheurs ont soupçonné que les tests traditionnels d'évaluation du quotient intellectuel seraient inadaptés pour les autistes et rendraient mal leur niveau réel d'intelligence[10]. Ce soupçon a été confirmé en 2009 par l'équipe du docteur Laurent Mottron (hôpital Rivière-des-Prairies et Université de Montréal), qui a démontré que les tests usuels de mesure du QI ont tendance à sous-évaluer le niveau d'intelligence des autistes. Les chercheurs ont mis en évidence le fait que le test Raven, un autre test d'intelligence mesurant plus particulièrement l'intelligence non verbale, se révélait plus adéquat. Mieux encore: ils ont découvert que certains autistes diagnostiqués comme «déficients intellectuels modérés» atteignaient des résultats exceptionnels à ce test, et que leur niveau correspondait en fait à une intelligence supérieure. En plus de réussir les épreuves les plus difficiles du test, les autistes parvenaient souvent à trouver la solution beaucoup plus rapidement que les personnes normales: «Plus les épreuves devenaient difficiles, plus ils avaient un avantage sur nous au niveau de leur temps de réponse», affirme la chercheuse Isabelle

Soulières[11]. Les connaissances à ce sujet risquent donc d'évoluer au cours des prochaines années.

C'est encore l'histoire qui explique cette distorsion. Lorsqu'on a commencé à s'intéresser à l'autisme, plusieurs chercheurs ont appuyé leurs observations sur des cas où l'autisme se doublait de déficience intellectuelle. Il n'est donc pas surprenant que les études soient alors parvenues à la conclusion qu'environ 70 % des autistes étaient déficients intellectuels[12]. Depuis, avec l'augmentation du nombre de cas diagnostiqués, cette proportion s'est réduite à environ 20 %. Cette valeur pourrait descendre à 15 %, et encore, ce chiffre pourrait inclure aussi bien les cas de quotient intellectuel simplement faible que ceux de véritable déficience. Pour bien mettre les choses en perspective, il faut voir ce qu'il en est dans la population neurotypique : 68 % des gens possèdent un QI *normal* (valeur entre 85 et 114), 14 % ont un QI *supérieur* (de 115 à 129) et 2 % sont *surdoués* (QI de 130 et plus). De l'autre côté, 14 % ont un QI *faible* (entre 70 et 84) et 2 % sont *déficients* (QI de moins de 70)[13] : 16 % ont donc un QI inférieur à celui du niveau d'intelligence *normal,* un pourcentage semblable à celui des autistes. Autrement dit, la recherche tend à ramener la répartition des valeurs de QI chez les autistes à celle de la population neurotypique.

Associer autisme et déficience intellectuelle est donc une erreur grave. Le faire revient à entretenir et à véhiculer des préjugés qui contribuent pour beaucoup aux difficultés de vie rencontrées par les personnes autistes. Cette association n'est ni malintentionnée ni même consciente. À Montréal, par exemple, les enfants TED sont adressés à un CRDITED (Centre de réadaptation en déficience intellectuelle et en troubles envahissants du développement). Évidemment, ces organismes s'occupent de deux clientèles distinctes. Néanmoins, ce voisinage terminologique crée une confusion qui éloigne de la réalité. Ainsi, dans une série d'articles parue dans *La Presse* en février 2011, un CRDITED est devenu d'un coup de baguette magique un Centre de réadaptation en déficience intellectuelle. Point. Le TED a disparu : on venait d'assimiler l'autisme à la déficience intellectuelle et de contribuer à l'entretien d'un préjugé dramatisant la condition autistique. Qu'il est difficile de changer les mentalités !

Cela dit, oui, il y a des autistes qui ne peuvent pas suivre la scolarité régulière. Mais il faut être juste : une proportion comparable d'enfants neurotypiques n'y arrivent pas davantage (ce dont témoigne le taux de décrochage scolaire), et la majorité des autistes n'éprouve pas de difficultés majeures à l'école.

On peut être autiste et surdoué !

Mon diagnostic m'avait permis de rassembler les pièces du casse-tête. En réalité, je n'étais pas au bout de mes peines. Il restait une pièce à placer, que je n'avais jamais vue. Au cours de nos rencontres, Chantal Belhumeur me disait que j'étais vraiment « spécial », en laissant entendre qu'il n'y avait pas que l'Asperger. Je pense qu'elle s'est rendu compte que je n'étais aucunement conscient d'un autre aspect de ma personne et qu'elle a orienté les choses pour m'y mener, mine de rien. Elle m'a demandé si j'avais déjà passé un test d'intelligence. Non. Alors, elle m'a proposé de m'en faire passer un : le WAIS-III, un test standardisé reconnu pour sa validité scientifique. Je l'ai donc passé avec elle en juin 2009. À nouveau, je me suis soumis à une série de jeux : questions générales, suites de chiffres, blocs à mettre en forme, associations d'images, etc. Il y en avait de toutes sortes. J'anticipais les résultats : des expériences de vie pénibles m'avaient souvent porté à me croire peu intelligent, du moins pas assez pour bien comprendre le monde et m'y intégrer convenablement. J'étais nerveux, pas toujours certain d'avoir compris les consignes des tests.

En août, elle me communiqua les résultats. Ce fut une véritable surprise, un choc plus grand encore que celui donné par le diagnostic d'Asperger. Le test démontrait que j'étais surdoué, que mon intelligence était « exceptionnellement élevée ». Plus encore, mon QI verbal se situait au-delà de ce que le test pouvait mesurer, donc un QI supérieur à 150, ce qui est le fait de moins d'une personne sur mille. J'étais abasourdi, déconcerté, déstabilisé. Je ne blague pas du tout, je joue encore moins la carte de la fausse modestie – chose dont les Aspergers sont d'ailleurs incapables. Malgré ma facilité à l'école (du primaire au doctorat) et mes réalisations, jamais je n'avais pensé être surdoué.

Je marche sur des œufs. Dire de soi-même que l'on est surdoué peut sembler prétentieux, même avec un diagnostic en bonne et due forme! La surdouance est encore entourée d'un tabou, d'un tabou peut-être plus puissant que celui relatif à la *folie*. J'ai entendu plusieurs fois des choses du genre: «L'intelligence, ce n'est pas une valeur.» Il faut donc replacer les choses dans leur contexte. En 1981, le Conseil mondial des enfants doués et talentueux avait tenu un important congrès à Montréal. Tous les espoirs étaient permis quant à la mise en place de modalités d'accompagnement appropriées pour les enfants présentant cette condition. Mais le vent a tourné en 1987 avec la publication de l'essai *Une école de son rang* rédigé par un responsable de la Centrale des enseignants du Québec. On y lit que «le drame des élèves doués est monté de toutes pièces», que des programmes de douance sont à proscrire parce qu'«ils préparent à une société plus hiérarchisée et plus inégalitaire». Tirer pareille conclusion tient d'un raisonnement confus et erroné; pourtant, cet essai a trouvé bon accueil au ministère de l'Éducation, d'autant plus que la peur de l'élitisme est profondément ancrée dans la culture québécoise. «Après la publication de ce livre, s'occuper d'un enfant surdoué est devenu un péché mortel!» affirme Suzanne Tremblay, directrice de l'école des Rapides-de-Lachine et l'une des rares pédagogues québécoises à continuer à s'intéresser à la douance. Malgré les études qui s'accumulent pour montrer que les enfants surdoués sont susceptibles de décrocher de l'école (parce qu'ils s'y ennuient souvent) et que, devenus adultes, ils sont sujets à divers troubles, les projets d'aide pédagogique conçus pour eux demeurent modestes et limités encore aujourd'hui. «Si je voulais donner un cours sur la douance, j'aurais peu d'étudiants et je susciterais de l'opposition parmi mes collègues!» disait en 2009 Jean Bélanger, professeur au département de l'éducation de l'UQÀM. Résultat: les cours sur la douance ont pratiquement disparu des programmes de formation des futurs enseignants; ces derniers sont dépourvus face à ces enfants et les écoles peinent à répondre à leurs besoins. Suzanne Tremblay raconte : « Des gens m'appellent pour me dire : "J'ai un problème, mon enfant est un surdoué." Pourtant, personne ne va m'appeler pour se plaindre que son enfant excelle en musique ou dans les sports[14]. » S'occuper adéquatement des enfants surdoués n'a rien à voir avec de l'élitisme : il s'agit d'accueillir la diversité des enfants et de composer avec elle, par simple respect humain et pour le bien-être des enfants. Est-ce trop demander ?

D'autre part, certains remettent en question la validité des tests d'intelligence, y compris celle du WAIS, pourtant solidement établie. On prétend que ces tests ne mesurent qu'une « forme » d'intelligence alors qu'il en existerait d'autres : intelligence émotionnelle, culturelle, interpersonnelle, etc. Or, un test comme le WAIS est multidimensionnel : il tient compte du contexte culturel, de l'intelligence verbale (ou « intelligence cristallisée », fruit de la curiosité intellectuelle, de la culture, de l'apprentissage et de l'expérience), du raisonnement logico-mathématique, des habiletés visuospatiales, etc. Les études attestent de l'excellente corrélation du WAIS avec d'autres tests d'intelligence basés sur des critères différents. En d'autres mots : « Quand on a un QI élevé au WAIS, cela signifie que l'on obtiendrait un résultat élevé dans d'autres tests d'intelligence. C'est cela que l'on appelle la validité d'un test et c'est cela qui fait la différence entre un test standardisé et un test hors validation scientifique[15]. » Cela dit, le WAIS présente quelques fragilités. Notamment, l'anxiété peut biaiser les résultats, surtout que « l'anxiété des adultes au cours de la passation du test est toujours importante ». C'était mon cas, et la chose a été consignée dans le rapport écrit, qui précisait que cette anxiété avait dû abaisser mon score. Le test WAIS est précisément du type ayant tendance à sous-évaluer l'intelligence des autistes.

Mon cas a le mérite de démontrer ce que j'écrivais plus haut : il n'y a absolument aucune corrélation entre le syndrome d'Asperger et le quotient intellectuel, et l'on peut être à la fois autiste et surdoué. Je sais que je ne suis pas le seul dans ce cas, et je sais aussi que, pour des raisons pareilles aux miennes, ces gens doutent souvent de leur intelligence, persuadés qu'ils n'ont que des capacités ordinaires, voire qu'ils sont un peu idiots. J'insiste donc : associer autisme et déficience intellectuelle est un préjugé qui ne concorde pas avec la réalité. Alors, autistes du monde entier, courage, ne nous laissons pas intimider par ces idées fausses!

De la surdouance

Certains diront: «Ouellette se vante!» Allons donc, je ne me vante de rien. Je suis fier de mes réalisations, mais je ne retire aucune fierté du fait d'être surdoué. Je suis ainsi, c'est une donnée de la nature, un hasard de naissance. Encore faut-il savoir ce qu'est la surdouance: être surdoué est une richesse, non un avantage en soi. D'autant plus que cette condition, tout comme celle d'Asperger, peut induire des difficultés importantes.

Être surdoué n'implique pas nécessairement qu'on est performant ou efficace. Cela ne garantit en rien la réussite. Cela ne signifie pas non plus qu'on a une intelligence adaptée aux normes et aux exigences sociales. Être surdoué ne consiste pas à être plus intelligent, mais plutôt à «disposer d'une intelligence qualitativement différente (...), d'un mode atypique de fonctionnement intellectuel, d'une activation des ressources cognitives dont les bases cérébrales diffèrent et dont l'organisation montre des singularités inattendues[16].» Le cerveau normal procède en bloquant pensées, idées, hypothèses venant perturber la résolution d'un problème précis: il trie efficacement ce qui prime et ce qui est secondaire. Au contraire, le cerveau surdoué ne trie pas: il tend plutôt à établir de vastes réseaux d'associations à partir d'un seul stimulus, d'une seule pensée, d'une seule idée, et cela à une vitesse si grande qu'elle dépasse celle de la logique consciente et du langage. Ce tourbillon rend difficile de s'exprimer clairement par les mots, ce qui peut créer des problèmes de communication et de relations humaines. C'est une des raisons pour lesquelles je parle souvent en ellipses et en métaphores, pour cela aussi que j'arrive difficilement à mettre des mots sur mes émotions et que je réagis avec un délai: les mots sont en retard, très en retard sur ma pensée.

Chez les surdoués, «le flux cérébral est ininterrompu. Le niveau d'activation est très élevé et l'intensité est difficile à faire baisser[17].» Les surdoués pensent sans arrêt, même jusqu'à l'épuisement physique. Il ne sert à rien de leur dire de se relaxer ou, comme c'est la mode aujourd'hui, de lâcher prise : cela leur est impossible. J'ai comme un carrousel fou qui tourne sans cesse dans ma tête. J'ai même déjà dit à Louise que j'aimerais me faire lobotomiser pour que cela s'arrête ! Cette pensée sans repos, cette intelligence en arborescences induit une autre caractéristique des surdoués :

> « Être surdoué associe un très haut niveau de ressources intel-lectuelles, une intelligence hors normes, d'immenses capacités de compréhension, d'analyse, de mémorisation ET une sensibilité, une émotivité, une réceptivité affective, une perception des cinq sens, une clairvoyance dont l'ampleur et l'intensité envahis-sent le champ de la pensée. Les deux facettes sont TOUJOURS intriquées[18]. »

Autrement dit, être surdoué ce n'est pas fonctionner de manière intellectuelle et désincarnée. Au contraire, « un surdoué pense d'abord avec son cœur (...), l'extrême intelligence est indissociable de l'extrême sensibilité, de l'extrême réceptivité émotionnelle : être surdoué, c'est l'émotion au bord des lèvres, toujours, et la pensée aux frontières de l'infini, tout le temps ». Or, « l'hyperintelligence et l'hypersensibilité vulnérabilisent et fragilisent en générant une réactivité émotionnelle constante, source d'anxiété diffuse[19] ». Il n'est donc pas surprenant que presque tous les surdoués souffrent d'anxiété, comme moi.

Je suis à la fois Asperger et surdoué. C'est peut-être tant mieux, car je crois que ces deux conditions peuvent jouer le rôle de paratonnerre l'une pour l'autre. Être surdoué m'a sans doute aidé à composer avec des traits autistiques qui auraient autrement pu être plus marqués (et qui l'étaient en effet à l'en-fance et à l'adolescence), cela sans diagnostic ni suivi. En retour, être Asperger m'a quelque peu protégé de la fragilité émotion-nelle provoquée par la surdouance. Peut-être ne pourrais-je pas supporter de vivre si je n'étais que surdoué. De plus, les gens surdoués ont tendance à être excessivement critiques, jusqu'à la révolte permanente contre tout. Être Asperger m'a aidé à ce que cette tendance ne soit pas destructrice, les Aspergers ayant plutôt tendance à accepter les autres comme ils sont. Mon livre semblera probablement critique (mon côté surdoué), mais cela aurait pu être bien pire n'eut été mon côté Asperger!

La pratique clinique semble indiquer qu'être Asperger augmente la possibilité d'être surdoué. Ce serait à vérifier. J'y reviendrai : les points communs sont nombreux entre surdouance et syndrome d'Asperger. Chose certaine, on naît surdoué tout comme on naît Asperger, et on le demeure à vie. Un enfant surdoué sera un adulte surdoué ; même chose pour un enfant Asperger. Bref, un enfant atypique sera un adulte singulier. Deux fois plutôt qu'une dans mon cas.

Notes

1. Ferrari, P. (2007). *L'autisme infantile*. Paris : Presses universitaires de France, collection Que sais-je ?, numéro 3508, p. 3.

2. Article sur Leo Kanner, dans *Wikipédia* (consulté en mars 2010). Il est aussi dit que la schizophrénie se caractérise par la perte de l'unité de la personnalité, le délire, les hallucinations, toutes choses qui n'appartiennent pas à l'autisme.

3. Soit dit en passant, comme ce médecin était autrichien, il faudrait prononcer son nom « Asse-père-guère », et non « aspergé » à la française !

4. Attwood, T. (2003). *Le syndrome d'Asperger et l'autisme de haut niveau*. Paris : Dunod. Le livre est d'abord paru en anglais en 1999.

5. American Psychiatric Association (1996). DSM-IV. *Manuel diagnostique et statistique des troubles mentaux*. Paris : Masson.

6. À la page 117.

7. « Nouveaux diagnostics psychiatriques du DSM-V : restera-t-il des gens normaux ? s'inquiètent des experts », site Internet *Psychomédia*, article du 29 juillet 2010.

8. « La nouvelle bataille de l'autisme », *La Presse*, 14 décembre 2008. Les informations médicales de ce dossier proviennent du docteur Laurent Mottron et de Brigitte Harrisson de Concept ConsulTED, elle-même autiste.

9. Bernadette Rogé rapporte que « le tableau clinique est généralement plus lourd chez les filles, l'autisme étant dans ce cas plus souvent massif et associé à des troubles neurologiques et à des retards mentaux graves » (p. 46) ; et que « 25 % des autistes Kanner développent une épilepsie à l'adolescence ou à l'âge adulte » (p. 58). En considérant les recherches récentes, il y a lieu de penser que tout cela est surestimé. Voir Rogé, B. (2003). *Autisme, comprendre et agir. Santé, éducation, insertion*. Paris : Dunod.

10. Voir Laurent Mottron (2004). *L'autisme: une autre intelligence*. Spimont: Mardaga.

11. Rioux-Soucy, L.-M. et Gravel, P. «Bienvenue à Autismapolis. Voyage intérieur au cœur d'une autre intelligence», dossier sur l'autisme paru dans *Le Devoir*, le samedi 10 octobre 2009, p. A6.

12. Frith, U. (1992). *L'énigme de l'autisme*. Paris: Odile Jacob, p. 93.

13. Siaud-Facchin, J. (2008). *Trop intelligent pour être heureux? L'adulte surdoué*. Paris: Odile Jacob, p. 117.

14. Toutes les informations et les citations de ce paragraphe sont tirées du dossier «Surdoués dans le désert», publié dans *La Presse* du samedi 21 novembre 2009.

15. Siaud-Facchin, J. (2008). *Trop intelligent pour être heureux? L'adulte surdoué*. Paris: Odile Jacob, p. 121.

16. Op. cit., p. 18.

17. Op. cit., p. 30.

18. Op. cit., p. 18.

19. Op. cit., p. 45, 18-19.

L'ENFANT IMPRÉVISIBLE

C'est à l'enfance et à l'adolescence que l'autisme est le plus apparent. Alors, voici mon enfance. Je vous invite à en détecter les traits autistiques à partir des éléments discutés au chapitre précédent. Bien sûr, chaque enfant est différent, et chez un autre, ces traits s'exprimeront autrement. Néanmoins, il y aura aussi des recoupements, notamment en ce qui concerne le goût de la solitude et le monde des perceptions.

Violon et chanson

J'ai passé ma petite enfance à Outremont, rue McDougall, dans une grande maison unifamiliale en brique, avec une belle cour arrière paysagée. Je suis l'aîné de la famille. Ma sœur Geneviève est née en 1963 et, l'année suivante, mes parents ont adopté deux jumeaux nés le 2 octobre : Catherine et Philippe. Mon grand-père paternel, Philias (nom qu'il détestait !), a vécu avec nous jusqu'à son décès subit, par rupture de l'œsophage, le 25 septembre 1964. Grand-papa occupait ses propres appartements dans la maison, mais était bien présent dans notre vie. Maison intergénérationnelle, adoption d'enfants : notre famille était très moderne.

Grand-papa avait bien connu le saint Frère André, fondateur de l'oratoire Saint-Joseph. Possédant une automobile, il l'avait régulièrement conduit auprès des malades et, après, tous deux revenaient à la maison pour le souper. Le Frère André le rassura au sujet de la santé capricieuse de son fils, mon père : « Ne vous inquiétez pas, Robert vivra vieux ! » Il avait vu juste. Françoise Michaud et Robert Ouellette, mes parents, se sont mariés en janvier 1960. Alors tous deux dans la trentaine, c'était un mariage plutôt tardif selon les us de l'époque. Mon père a d'abord travaillé comme couvreur dans la petite entreprise de son père. Ce sont d'ailleurs eux qui ont bâti la maison de mon enfance. Puis, il est devenu courtier d'assurances. Même si Outremont était reconnu comme un quartier cossu, ma famille se situait dans la classe moyenne. Mon père n'a pu prendre ses premières vacances qu'après huit ans de mariage.

Mon arrière-grand-père, Narcisse Ouellette, était un excellent violoneux, capable de faire swinguer la compagnie toute la nuit avec des *reels*, gigues et autres danses carrées. La mère de mon père avait une sœur très talentueuse qui a causé un fameux scandale : à dix-huit ans, elle est partie au bras d'un imprésario faire carrière de chanteuse populaire en France puis au Brésil sous le nom de Stella DeGrandPré. Mes parents fréquentaient le compositeur Gilles Tremblay, presque un voisin. Son épouse était peintre, et ma mère a suivi des cours avec elle. Ma mère possédait un véritable talent, mais elle le sacrifia au profit de ses enfants. Elle réalisa des huiles et des aquarelles, tantôt figuratives, tantôt abstraites. Elle en a vendu quelques-unes, dont une œuvre abstraite dans laquelle plusieurs voyaient le visage d'un démon, d'où son titre, *Méphisto*, qui fut achetée par un collectionneur. Mon père aussi avait un talent artistique. Passionné d'histoire et de littérature, il avait suivi des cours en ces domaines à l'Université de Montréal, et il écrivait des poèmes dont certains ont été lus à la radio par des artistes bien connus, tel Raymond Lévesque. Mais lui aussi a délaissé cette activité. Jamais mes parents n'ont poussé leurs enfants vers les arts : jamais ils n'ont projeté leurs rêves inaccomplis sur nous. Ils voulaient que nous trouvions notre propre voie.

Une enfance qui tourne et scintille

Comment étais-je enfant ? Sans être vraiment sauvage, je me sentais bien dans mon monde à moi. Je m'occupais facilement tout seul, sans jamais m'ennuyer ni rien demander à personne, et ma sœur Geneviève devait me brusquer pour que je joue avec elle ! Les trois autres enfants jouaient ensemble, sans moi. Ils faisaient des jeux de rôles qui ne m'attiraient pas : faire semblant d'être docteur, prêtre, professeur, etc. J'avais des amis (du moins, je le crois), mais à l'école seulement : tant au primaire qu'au secondaire, il était rare que j'en invite à la maison ou que j'aille chez eux.

Lorsque j'ai fait appel aux souvenirs de mes parents, le qualificatif « imprévisible » est revenu souvent. Imprévisible ? J'avais pourtant de véritables rituels. Mon préféré : aller allumer des lampions. Presque tous les jours, Philias me promenait dans les petites rues d'Outremont, en carrosse ou en traîneau selon les saisons. Une fois, il m'amena visiter la chapelle des Clercs de Saint-Viateur et me fit allumer des lampions. Quelle joie intense ! À ma demande insistante, cette pause lampions est devenue quasi obligatoire ; mon grand-père devait me retenir, car tous les lampions y seraient passés, et son argent aussi. Je me rappelle lui en avoir longtemps voulu parce qu'il avait dû s'absenter quelques jours hors de la famille, et donc interrompre le rituel. L'hiver, mon grand-père me faisait apprendre lettres et chiffres en les traçant dans la neige avec une branche. À trois ans, je les mémorisais sans problème : c'était un jeu, et la neige scintillait autour d'eux. Lorsque j'ai commencé l'école, je les connaissais donc déjà ; j'aimerai toujours apprendre. Son décès alors que je n'avais pas quatre ans fut pour moi une grande perte, un grand vide, comme un abandon. Je ne comprenais pas qu'il puisse être parti pour toujours.

Autre rituel : la musique. Tout petit, j'ai découvert les disques (en vinyle à l'époque) de mes parents avec beaucoup d'enthousiasme. Je pouvais passer des heures à les faire jouer, et juste les regarder tourner me transportait de bonheur. J'aimais tout particulièrement ceux d'Elvis Presley. J'écoutais la même chanson des dizaines et des dizaines de fois de suite. Dans une chanson, un passage de quelques secondes pouvait tant m'exciter que je le refaisais jouer jusqu'à rendre mes parents fous. Ils devaient mettre un holà, changer de disque ou carrément fermer l'appareil. C'est bien beau *Money Honey*, mais l'écouter soixante fois en boucle exaspérerait même Elvis Wong ! Mes parents m'ont offert mon premier disque : *L'enfant et les sortilèges*, de Maurice Ravel. Ce fut mon premier vrai contact avec la musique classique. Cette musique me fascinait même si, par moments, elle m'effrayait. Mais j'aimais jusqu'à cette frayeur ! Tous les jours, vraiment tous les jours, le disque tournait. C'était devenu une obsession, au point que ma mère s'en est inquiétée : « Trop de musique te rend nerveux ; il serait bon de faire une pause pour quelque temps. » La pause fut de très courte durée, et les disques ont continué à tourner, tourner, tourner. Cela ne me suffisait pas. Je prenais du carton, le découpais en forme de rond de la grandeur d'un disque, je dessinais des sillons, imaginais une étiquette avec le titre d'une nouvelle chanson : je faisais tourner ce disque en inventant la musique. Je me suis constitué une collection de tels disques.

Encore aujourd'hui, la musique tourne en boucle dans ma tête. Il y a des pièces que je ne dois écouter qu'en prenant de sérieuses précautions, ou même m'abstenir d'écouter, parce qu'elles lancent mon carrousel fou. Pendant des jours, elles tourneraient sans cesse dans ma tête, m'empêcheraient de dormir et me créeraient beaucoup d'anxiété. Encore maintenant, j'ai tendance à explorer le répertoire musical de façon systématique. Je consacre plusieurs semaines à un seul compositeur en m'immergeant dans son univers. À chaque occasion, j'écoute plusieurs fois les mêmes œuvres et me mets à la recherche du maximum d'informations sur leur compositeur. Cette préoccupation envahissante peut me rendre fébrile jusqu'à ce que je ressente une grande fatigue nerveuse. Il en va de même de la composition.

Innocence et inquiétude

Malgré ces rituels, on me considérait donc comme surprenant et imprévisible. Cette réputation se renforça à mon entrée à la maternelle. Dès la première entrevue, l'éducatrice avertit mes parents : « Avec Antoine, je suis certaine que ce sera difficile et qu'il y aura des pleurs. » Pourtant, lorsque l'autobus scolaire est venu me prendre à la maison le premier matin, je suis parti bien décidé, sans aucune larme. J'étais sage, attentif et solitaire. L'après-midi, je demandais souvent si on allait venir me chercher et si on ne m'oublierait pas. Le conducteur de l'autobus se nommait Saulnier, mais je l'avais renommé Soulier. Tous les matins, je le saluais : « Bonjour, monsieur Soulier ! »

L'enfant sage pouvait aussi se mettre en colère : des colères terribles. Mes parents m'ont même dit que j'étais « possédé ». Vers quatre ans, j'ai commencé à souffrir d'allergies respiratoires. Ma mère m'a conduit chez un allergologue, le docteur John Weisnagel, pour subir des tests. Mais il était totalement hors de question qu'un inconnu me touche ! Dès que le médecin a commencé son examen, j'ai protesté, me suis débattu puis j'ai crié et hurlé ! On m'entendait de la rue. Découragé, le médecin n'a pu compléter son travail. Le docteur et ma mère se sont souhaités bonne chance pour la prochaine fois. Honteuse, ma mère m'a pris par la main et a traversé la salle d'attente très rapidement, sans regarder personne. Quelques mois plus tard, je revenais sur les lieux de mon crime. Ma mère n'a pas eu besoin de donner mon nom : j'étais célèbre dans ce cabinet, et tous étaient inquiets. Pourtant, rien ne s'est produit : pas un mot, et un beau sourire pour le départ. Vers quinze ou seize ans, mes allergies ayant repris de plus belle, je désirai suivre un nouveau traitement. Les allergologues n'étant pas légion, le plus proche de chez nous était le… docteur Weisnagel, qui pratiquait toujours. Évidemment, il se souvenait très bien de moi, sa secrétaire aussi : « Ah oui ! Antoine… »

Certaines expressions me rendaient anxieux. La pire était : « gagner sa vie ». Je ne comprenais absolument pas ce que cela voulait dire. Pourquoi gagner sa vie puisque la vie nous est donnée ? Faut-il donc payer pour avoir le droit de vivre ? Je réalisais que les gens avaient des occupations, mais je n'arrivais pas à établir de lien entre le fait d'avoir une occupation et celui de devoir gagner sa vie. En réalité, je ne comprends toujours pas vraiment même si, à l'évidence, je dois moi aussi le faire. Je ne peux concevoir la vie en termes de « gain ». En deuxième position : ce « la vie est un combat » que j'entendais quelquefois dans les conversations des adultes et qui me jetait dans un abîme de désarroi. Si la vie est un combat, comment peut-on vivre en paix ? La guerre ne tue-t-elle pas des gens ? Une autre : « avoir mal au cœur ». J'avais compris qu'on pouvait mourir d'une maladie du cœur, alors avoir mal au cœur était très dangereux. Je ressentais donc beaucoup d'inquiétude lorsque je faisais une indigestion ou lorsqu'un membre de la famille en faisait une. La mort rôdait! Dans le même registre, une émission télévisée pour enfants m'avait terrorisé. Un personnage s'était aperçu à son lever que ses oreilles étaient devenues gigantesques. Évidemment, c'était pour rire et les grosses oreilles en question n'étaient qu'en caoutchouc. Mais cette vision m'avait fortement impressionné: pendant plusieurs semaines, je me suis palpé les oreilles pour vérifier leur dimension. Oh! celle de droite n'est-elle pas un peu plus longue que celle de gauche? Va-t-elle se mettre à grandir? Je montrais donc une tendance à prendre naïvement les choses au pied de la lettre.

Certains soirs, mon père réunissait les enfants dans une chambre pour nous raconter des histoires. Celle que je préférais était l'histoire de madame la Lune, qui descendait parfois sur Terre pendant la nuit pour récompenser les enfants sages. Les soirs de pleine lune, je la regardais et lui parlais: «Tu viendras cette nuit?» Certains matins, je trouvais un petit livre sous mon oreiller. C'était assez pour y croire. Par contre, je n'ai jamais cru au père Noël. La première fois que mes parents me l'ont fait rencontrer, j'ai aussitôt ressenti pour lui la plus vive antipathie! Je ne voulais pas l'approcher et ne lui ai pas adressé la parole.

J'ai souvenir d'un terrible moment de frayeur. J'allais à l'école à pied en prenant toujours le même chemin. Pour revenir à la maison, le trottoir faisait une petite montée à un certain endroit et, ce jour-là d'hiver, il était très glissant. Je dérapais et tombais sur la glace sans parvenir à gravir la pente. Je me réessayais, chutant plusieurs fois, me faisant mal et salissant mes habits. Désemparé, l'anxiété me gagnait: j'avais vraiment peur de ne pas pouvoir revenir chez moi. Au bout de ce qui m'a paru une éternité, j'ai enfin réussi à surmonter l'obstacle. Je suis arrivé à la maison dans tous mes états. Inquiets, mes parents m'ont demandé ce qui s'était passé. Je leur ai raconté ma mésaventure et, étonnés, ils m'ont dit: «Tu aurais pu passer par l'autre rue.» Je connaissais cet autre chemin, je savais qu'il était possible de passer par là, mais jamais l'idée ne m'était venue de déroger à mon itinéraire immuable. Je ne pouvais pas dire pourquoi.

La vie quotidienne me paraissait étrange ; ma maladresse motrice compliquait les petites tâches anodines, et les objets me semblaient rétifs. À la longue, tout cela me frustrait. Après avoir accumulé de la tension, je pouvais soudainement exploser de colère pour une banalité. Ces éclats m'apaisaient ; je retrouvais aussitôt mon humeur normale, comme si rien ne s'était passé, alors que mon entourage demeurait perturbé. Ajourd'hui encore, mes réactions émotionnelles se font avec un certain délai. Sur le coup d'un événement, il m'arrive de demeurer sans réaction. Ce n'est que quelques heures après que je saisis enfin mes émotions, et encore, de façon floue et confuse. Il en va de même pour comprendre les émotions des autres, particulièrement pour décoder le non-verbal, les gestes, les regards. Cela m'a joué quelques mauvais tours mais, avec le temps, je me suis amélioré. C'est aussi vrai sur le plan physique. Après un effort, ce n'est pas le lendemain que je me sens fourbu, mais le surlendemain. Bref, ce délai de réaction explique, je crois, l'intensité de mes colères, qui étaient par ailleurs rares et brèves.

Dès l'école primaire, les enseignants posent des questions très curieuses aux enfants. Mes réponses ne ressemblaient pas à celles de mes compagnons. On nous demandait : « Plus tard, allez-vous vous marier ? » Je répondais par l'évidence, en peu de mots comme toujours : « Je ne sais pas. » « Aurez-vous des enfants ? » À nouveau : « Je ne sais pas. » Que pouvais-je donc répondre d'autre ? J'étais surpris que les autres élèves puissent répondre oui ; possédaient-ils des dons de divination ? Une question semblait particulièrement importante, car elle revenait souvent : « Que feras-tu plus tard ? » Qu'en sait-on à cet âge où tout est encore possible ? On devait s'attendre à quelque chose comme médecin, policier, pompier, inventeur, etc. À la surprise générale, je répondais : « Innocent. Je veux être un innocent. ». Mon oncle Jean aimait me poser la question afin d'entendre ma réponse et, je l'ai compris plus tard, de rire de moi. Je n'ai aucune idée de la raison pour laquelle ce mot s'était imposé à moi, mais il me plaisait et signifiait quelque chose de paisible, de noble. Peut-être est-ce ce que je suis devenu ?

Nouveau quartier

En 1968, nous avons déménagé dans le quartier de Bordeaux, boulevard de l'Acadie, où mes parents avaient fait construire une maison. Je quittais mon environnement familier pour un nouveau monde, et ce changement ne fut pas facile. J'étais en troisième année du primaire à l'école François-de-Laval. Après les classes, je revenais à la maison malheureux. Ma différence avait rapidement été repérée, et j'étais la cible de camarades qui me tiraient des toques, ces petites boules piquantes produites par la bardane, une «mauvaise herbe». Quelques semaines plus tard, je ne me plaignais plus de rien. Mes parents s'informaient et je répondais que tout allait bien. Durant les récréations, nous jouions au ballon-chasseur et au drapeau. Malhabile, j'étais toujours le dernier choisi lorsque nous nous divisions en équipes. Je prétendais aussi m'être fait des amis. C'était bien relatif. Il y avait Richard, dont le grand plaisir était de me donner des «bines». Nicolas, lui aussi premier de classe, me considérait comme son rival et ne ratait aucune occasion de proclamer sa supériorité, alors que je ne me suis jamais senti en compétition avec qui que ce soit.

Là encore, les enseignants me trouvaient étrange, et je crois même que je leur faisais un peu peur. Un jour, l'enseignante a brusquement arrêté son explication pour me regarder d'un air inquiet: «Ça va, Antoine¿» Tout surpris, je lui ai dit que oui. Je ne sais pas pourquoi elle s'était alarmée à mon sujet! En sixième année, nous avons eu un enseignant français, monsieur Jean-Pierre Patras. En bon républicain, il «oubliait» de nous donner les cours de catéchèse, qui faisaient alors partie du programme obligatoire. C'était un costaud qui portait une barbe, fumait des gitanes aux pauses et lisait des livres qui m'intriguaient – un, surtout, qui s'intitulait *Les faits maudits*, illustré de photos stupéfiantes: extraterrestres, hommes-poissons, mutants, etc. Monsieur Patras m'avait repéré mais, loin de me délaisser, il m'encourageait, me poussait dans mes talents. C'était comme s'il me disait: «Vas-y, Antoine, n'aie pas peur, crois en toi!» Il nous demanda de faire une bande dessinée à partir d'un texte. Enthousiasmé par mon travail, il l'a montré à toute la classe. Un de mes dessins le faisait rire aux larmes. Il m'a décerné la plus haute note, devant Nicolas qui, outragé, m'en a voulu à mort. J'appréciais beaucoup cet enseignant et me surpassais pour lui.

Il était très rare que j'invite des amis à la maison ou que j'aille chez eux. La seule exception fut Alain, que j'avais convaincu de participer à une activité spéciale. Si je ne m'intéressais pas au sport, j'aimais consulter le classement des équipes de la Ligue nationale de hockey. Ce qui me fascinait était l'évolution du classement au fil de la saison, le fait de voir une équipe se détacher, vers la tête ou vers la queue, ou de voir une équipe changer de position de façon imprévisible. Par contre, j'étais choqué des succès constants des Canadiens de Montréal: je trouvais ça injuste pour les autres équipes! Cet attrait pour le mouvement des statistiques m'amena à créer une ligue imaginaire de hockey. Il fallait cependant simuler des matchs et leurs résultats. Je collectionnais les petites autos en les regroupant par couleurs: les autos rouges formaient une équipe, puis les bleues, les vertes, les blanches, etc.; chaque équipe avait son nom et était associée à une ville. Je m'installais sur le sol, choisissais deux équipes et plaçais deux filets de hockey miniatures. J'animais alors les autos à la manière de joueurs, une petite boule en papier aluminium servant de rondelle. Lorsqu'une auto marquait un but, je faisais un drôle de bruit avec ma voix: c'était les applaudissements de la foule. Je notais les résultats de ces parties et tenais scrupuleusement le classement. J'avais persuadé Alain de venir à la maison pour faire lui aussi des parties, mais de son côté, et je notais ses résultats. Telle était notre amitié. J'ai joué ces parties de hockey imaginaires de la troisième à la sixième année du primaire. J'avais même commencé une nouvelle saison en secondaire 1, mais à ce moment, Alain, considérant que ça suffisait, a mis fin à sa participation, trouvant très bizarre que j'aie le goût de poursuivre cette activité. Notre amitié a brutalement pris fin alors; je me suis dit qu'il avait peut-être raison et j'ai cessé à mon tour. Du moins en apparence! Mon jeu avait gagné la clandestinité. Presque tous les jours, avant d'aller à l'école, je tenais encore des parties, des statistiques et un classement d'équipes imaginaires. Aux automobiles, j'avais substitué un jeu de cartes. J'utilisais un jeu de patience pour lequel j'avais créé un système sophistiqué qui me donnait des «résultats sportifs». J'ai continué ainsi tout au long de mon secondaire et même au collégial. Si j'ai finalement cessé, ce ne fut pas par désintérêt mais par manque de temps! Autrement, Dieu seul sait jusqu'à quel âge j'aurais pu poursuivre.

Je conserve quelques traces de ce comportement. Lorsque je monte un escalier, je compte souvent les marches, quelquefois en multipliant par deux ou cinq. En marchant, je pose le pied sur les dalles pleines et non sur les espaces entre elles. Des manies ? Plutôt une forme de jeu! J'aime aussi faire des sudokus : chaque fois que je prends le métro, je fais celui du journal et le réussis habituellement avant d'arriver à destination. Je me suis donné pour règle de ne jamais écrire de notes pour m'aider. J'ai dû apprendre à faire attention, car j'avais acheté un gros cahier de sudokus et cela me rendait très anxieux. J'en faisais un, puis un autre encore, jusqu'à épuisement nerveux... J'ai donc décidé de ne plus en acheter.

C'est à l'école François-de-Laval que j'ai eu mes premières leçons de musique et que, comme mes camarades, j'ai commencé à jouer de la flûte à bec. Pour m'encourager, mon père a appris lui aussi et nous jouions des duos. Ma curiosité pour la musique se développait. Lorsque j'en écoutais, je demandais à mes parents de me parler du compositeur et de m'expliquer pourquoi il avait composé cette pièce. Leurs connaissances en musique étant limitées, ils ne pouvaient pas répondre à toutes mes questions.

La ronde des sens

Mes sens me font tourner la tête. Mon sens le plus «normal» est peut-être le goût. Petit, je raffolais des épinards en conserve. Mon grand-père ne comprenait pas que je puisse aimer autant ces légumes fades. Je n'ai jamais été difficile sur le plan alimentaire, mais j'ai toujours trouvé étrange de devoir manger pour vivre. À vrai dire, c'est une des rares choses de la vie qui me fait presque douter de l'existence de Dieu. Pour être tout à fait franc, je mange pour combler mes besoins. Si c'était possible, je m'en passerais. Je n'ai jamais aimé le *fast food*. Je préfère la nourriture maison et les aliments peu transformés, apprêtés avec simplicité. Mon grand regret alimentaire : ne pas arriver à être végétarien. Ma tendance aux troubles digestifs m'empêche de consommer régulièrement des légumineuses, base de ce régime. À défaut de l'idéal, je suis donc végétarien à temps partiel, mangeant peu de viande. Enfant, je buvais beaucoup de lait ; aujourd'hui, je bois surtout de l'eau (à la température ambiante, jamais froide) et des jus de fruits ou de légumes. J'aime peu les boissons alcoolisées : je m'en passe aisément et ne me suis jamais saoulé. Je prends rarement un café, un thé ou une tisane, et je déteste tant les boissons gazeuses que je n'ai jamais goûté ni au Pepsi ni au Coke.

Ma myopie s'est manifestée vers la cinquième année. Je porte des lunettes depuis. Je n'ai jamais été tenté par les lentilles de contact : la seule idée de les mettre sur l'œil du bout du doigt me soulève le cœur. Il y a peu, je me suis informé à propos des opérations de la vue au laser, mais la grande irrégularité de ma cornée rend impossible ce traitement. Mes deux yeux sont extrêmement asymétriques. Un spécialiste de la vision m'a dit qu'habituellement, lorsqu'il y a tant de différence, le cerveau se sert de l'image d'un seul œil, l'autre devenant passif. Mais ce n'est pas mon cas, et le spécialiste a été étonné que mon cerveau puisse arriver à fusionner deux images aussi dissemblables.

J'ai un rapport étrange avec le regard. Je suis allé voir à quelques reprises l'exposition de crèches du monde à l'oratoire Saint-Joseph. Dans l'une des grandes crèches, il y a un ange dont les yeux me terrorisent. Je peux à peine le regarder. Vers quarante-cinq ans, je me suis rendu compte que le regard des gens me faisait un effet semblable. J'ai pris conscience que, lorsque quelqu'un me parle en se tenant tout près (chose qui m'indispose), je ne regarde pas ses yeux mais plutôt sa bouche, une joue ou son menton. Regarder dans les yeux de quelqu'un m'est vraiment très pénible. J'ai l'impression de fixer une ampoule électrique allumée : c'est comme si cela me brûlait les yeux. Les autres sont peut-être trop brillants. Si, de plus, je parle avec une personne dehors, au soleil ou dans un environnement suréclairé, je peux me mettre à larmoyer, ce qui est très gênant. Depuis que je m'en suis rendu compte, je fais l'effort de regarder davantage les yeux. Mais c'est un effort réel. Et encore: j'ai opté pour le balayage visuel. Je regarde un peu les yeux, un peu le visage à droite, à gauche, je reviens aux yeux un instant, puis je baisse légèrement le regard, etc. Je serais incapable de toujours regarder dans les yeux. Est-ce lié à ma difficulté de reconnaître les visages? Même une personne de ma famille, je pourrais ne pas la reconnaître en la croisant dans la rue ou dans un contexte différent de celui où je la vois habituellement. Cette prosopagnosie (quel mot!) est fréquente chez les autistes et peut malencontreusement les faire passer pour «bêtes» parce qu'ils ne rendent pas les saluts qu'on leur adresse. Ne vous fâchez pas! Je ne vous ai pas reconnu, c'est tout.

Je déteste m'exposer au soleil. Il m'est peut-être arrivé une ou deux fois de prendre un bain de soleil, mais j'ai trouvé ça désagréable. Je n'aime pas plus manger au soleil, même sur une terrasse. Lorsque j'ai terminé ma baignade dans un lac, je me sèche rapidement, puis vais à l'ombre des arbres. S'il n'y a pas d'arbres, je me recouvre en entier d'une serviette de plage et porte un grand chapeau. Et ce n'est pas long que je m'en vais. Je supporte mal la lumière, surtout la nuit. Dans la chambre à coucher, je mets chaque soir de grands cartons opaques entre les fenêtres. Je baisse la toile et, pour empêcher la lumière d'entrer par le haut, je roule un long foulard épais et le glisse entre la toile et le mur. Rien ne m'est plus difficile en vacances que les nuits éclairées artificiellement. Il y a souvent des lampes fortes à la porte extérieure des chambres d'hôtel: il m'arrive d'enlever les ampoules (je les remets au matin). Même dans les chambres, il y a presque toujours un réveille-matin numérique avec de brillants chiffres rouges. Je le débranche ou le cache dans le tiroir de chevet. Il y a aussi souvent une télévision avec un point vert lumineux même lorsqu'elle est éteinte, ou encore un détecteur de fumée juste au-dessus du lit avec, à nouveau, un point vert lumineux. J'ai pris l'habitude d'apporter en voyage non seulement mon foulard mais aussi du ruban adhésif épais pour masquer ces sources lumineuses indésirables. Une année où j'étais allé au camp musical du domaine Forget (dans Charlevoix), on nous a fait étrenner les «condos» récemment construits. La direction en était très fière, et les participants très heureux de ce luxe. Mais, à la tombée de la nuit, des lampadaires extérieurs s'allumaient un peu partout à proximité des fenêtres des chambres qui, de plus, n'étaient munies que de petites toiles translucides. Après une nuit, j'ai levé le camp. Renonçant au luxe, j'ai pris toutes mes affaires, monté la colline et me suis installé dans la vieille grange qui avait jusqu'alors servi de dortoir. Elle sentait encore un peu le cheval, elle n'était pas du tout isolée, et il y avait de vieux sommiers grinçants en guise de lits pour y installer un sac de couchage (j'avais heureusement apporté le mien). C'est là que j'ai passé mes nuits et, curieusement, quelques autres campeurs ont trouvé l'idée bonne et sont venus me rejoindre. La merveille était que, de là, on voyait bien les étoiles et les aurores boréales.

Je suis tout aussi sensible au bruit, au point de toujours dormir avec des bouchons dans les oreilles. J'apprécie quand il n'y a pas de musique dans les restaurants et les lieux publics. La présence non sollicitée de musique m'agace rapidement. Même dans les films, je la trouve trop souvent envahissante.

Mon père fumait la pipe et cela me fascinait. Pour moi, il y a une extraordinaire poésie dans la fumée de tabac, ses volutes gracieuses et ses formes éphémères. J'aimais aussi ce parfum chaleureux portant des arômes profonds et boisés. Je me fabriquais des pipes en carton. Je prenais les boîtes de tabac métalliques vides de mon père et y mettais du papier de soie blanc qui s'imprégnait de l'odeur. Puis, j'en déchirais des morceaux, les tassais dans ma pipe et faisais semblant de fumer. J'ai dit à ma mère qu'un jour je m'achèterais une vraie pipe. Elle s'est moquée de moi et cela m'en a dissuadé. Lorsque j'étais seul à la maison, je prenais une des pipes de mon père et faisais semblant de fumer. Il m'est arrivé de pousser l'audace jusqu'à y mettre une pincée de vrai tabac et de fumer pour vrai. Je faisais très attention. Il y avait deux foyers chez nous. J'ouvrais la grille et la clé de celui du sous-sol, puis je m'installais en passant la tête dans l'antre pour tirer quelques bouffées. À l'adolescence, il m'est arrivé d'acheter un paquet de cigarettes. Lorsque je faisais seul une promenade en bicyclette, je m'arrêtais dans un parc pour en fumer une. C'était un moment de magie! Cela faisait partie de mon monde strictement privé : je fumais en cachette. J'ai continué à faire ainsi au collégial et même à l'université, toujours seul et à l'abri de tout regard. Il n'était pas question que je fume devant d'autres personnes, surtout pas devant ma famille! Les fumeurs allaient bientôt être frappés d'ostracisme, les fumeurs de tabac, on s'entend, parce que j'ai remarqué au même moment que fumer du pot semblait plus acceptable, chose vraiment saugrenue! Comme j'étais déjà la cible de moqueries, je ne voulais pas fournir un autre prétexte à taquinerie.

Par contre, les parfums m'incommodent : ils agressent et irritent mon nez. Lorsque la puberté est arrivée et que j'ai commencé à me raser, ma mère a insisté pour que je mette une lotion après-rasage. Une année, j'en ai trouvé une bouteille dans mon bas de Noël. J'ai tellement eu honte que je me suis hâté de la dissimuler pour que personne ne la remarque. Mais ma mère n'a pas désarmé. Devant tout le monde, elle m'a demandé ce que j'avais trouvé dans mon bas et, vraiment à contrecœur, j'ai dû sortir cette maudite bouteille allongée avec capuchon rouge. Et l'odeur! Épouvantable. J'en ai mis quelques fois, pour faire plaisir à ma mère, puis je n'y ai plus retouché même si elle continuait à insister. Évidemment, je n'en ai jamais racheté. Depuis ce temps, je me rase uniquement avec de l'eau et du savon ordinaire. Plus tard, j'ai appris que presque toutes les compagnies fabriquant ces produits les testent, ou testent leurs composantes, sur des animaux : autre raison pour moi de ne pas en consommer.

Je ne suis pas un « tactile ». Au cours d'une discussion, lorsque quelqu'un me touche pour attirer mon attention, j'ai comme une bouffée de chaleur. Même donner la main m'est plutôt désagréable. La dose de toucher qui me suffit est plus faible que pour la moyenne des gens, et un simple sourire suffit à faire le bonheur de ma journée. Les modes vestimentaires me laissent froid. Mes choix de vêtements répondent à un seul critère : être confortable et à l'aise. Je n'aime pas porter le veston. Quant aux cravates, cette chose qui pendouille, je n'en mets pour ainsi dire jamais. Je compte sur les doigts d'une main le nombre de jeans que j'ai achetés dans ma vie. La plupart ont servi pour les travaux de jardinage. Jamais je ne donnerais un cours avec ça, ni une conférence, ni toute autre prestation publique. Ces pantalons sont souvent trop chauds, trop pesants à mon goût, et tant pis s'ils sont comme une sorte d'uniforme dans notre société.

Je suis pudique. Lorsque je vais à la piscine, il y a toujours des hommes qui se mettent à poil dans le vestiaire pour enfiler ou enlever leur maillot. Il arrive même qu'ils discutent ainsi entre eux. J'en suis totalement incapable. Je drape une serviette de plage autour de ma taille pour me changer. Lorsque j'allais dans des camps de vacances, tous les garçons s'habillaient devant les autres au lever, sans aucune gêne; tous sauf moi, qui allais me changer dans les toilettes. On rira de moi en m'appelant Superman parce que lui se changeait dans des cabines téléphoniques! Au cinéma, j'ai toujours été choqué par les scènes où un personnage urine. Je suis peut-être mal tombé, mais un nombre étonnant des films que j'ai vus le montrent. J'aimerais qu'on m'explique l'intérêt de ces scènes si fréquentes. Procurent-elles un plaisir de voyeur à certains spectateurs? Ma pudeur est peut-être excessive. Lorsqu'on me complimente, je me sens vite gêné: je détourne alors la conversation ou je dis des choses curieuses. À un monsieur qui m'honorait comme un «grand compositeur», j'ai répondu: «Oui, deux mètres...»

Toutes ces sensations peuvent provoquer un véritable tourbillon. Enfant, je ne voulais pas prendre les ascenseurs à cause de l'intensité de mes sensations. Je suis allé une fois dans des montagnes russes et cela m'a suffi à vie! J'ai aussi terriblement peur de prendre l'avion et m'étais juré de ne jamais embarquer dans ces cigares volants. J'ai surmonté ma peur un jour, mais je conserve un grand inconfort diffus, difficile à préciser en mots. Même si je sais que l'avion est un moyen de transport sécuritaire, je crains que l'appareil n'explose ou ne se fende en deux. Dans notre paroisse, un couple qui faisait du bénévolat a péri dans un accident d'avion. Cela m'a marqué. De plus, ma grande taille m'est pénible dans les sièges serrés des avions.

Mais mon malaise est plutôt causé par les sensations complexes, simultanées et soutenues que je peine à traiter sereinement: panorama immense, films sur écrans, va-et-vient des hôtesses et des passagers, bruit des moteurs, conversations, odeurs de nourriture, sensations provoquées par l'envol, la descente, les turbulences et les virages de l'avion, etc. Cela dit, je n'ai jamais éprouvé de panique en avion ni souffert du mal de l'air.

La parole glissante

Quel lien avais-je avec la parole? En général, je parlais peu et n'arrivais pas à entretenir les conversations, mais je pouvais devenir intarissable sur mes sujets d'intérêt particuliers. Encore aujourd'hui, il m'arrive de trop peu ou de trop parler mais, l'expérience aidant, j'ai appris à mieux doser. Je n'ai jamais pris un accent affecté en parlant, et pourtant, je me suis quelquefois fait demander si j'étais français ou si mes parents l'étaient. Chose rare: je ne sacre pas, même quand je suis fâché. Là, j'ai manqué quelque chose parce que réclamer en sacrant fait plus d'effet. Ajouter un sacre donne aussi plus de force à une blague. En spectacle, un humoriste n'a qu'à lâcher un « Câlisse ! » pour que le public se torde de rire, je ne sais trop pourquoi. Spontanément, je vouvoie les personnes que je ne connais pas ou qui sont plus âgées que moi. Je suis lent à en venir au « tu », si ce n'est avec les gens de mon âge. Je ne suis pas à l'aise lorsque des inconnus s'adressent à moi en me tutoyant d'emblée. Mais je vis dans une société qui a le « tu » facile et qui considère le « vous » comme distant, voire impoli. « Vous ou tu? » Cela reste pour moi une question épineuse.

Il m'arrivait de dire des choses « qui ne se disent pas », des vérités que je proférais comme ça, sans aucune méchanceté, mais qui pouvaient faire mal aux autres. La professeure nous demanda de nous mettre à deux pour faire un exercice. Ma voisine étant Dominique, j'ai dit tout haut: «Je ne veux pas être avec Dominique: elle a mauvaise haleine. » J'ai tendance à être franc, trop même; j'ai appris à être davantage diplomate avec le temps… Je pouvais aussi dire la chose qu'il ne fallait pas dire dans un contexte donné, comme en témoigne cette anecdote relative à la crise d'Octobre 1970. Je percevais qu'il régnait une atmosphère tendue. Un jour, nous avons pris le taxi. Dans la voiture, inquiet, j'ai demandé à mes parents : « C'est vrai que les chauffeurs de taxi sont des bandits ? » Mes parents m'ont sèchement dit de me taire.

Enfant, je renommais les choses ou même les gens à ma manière, et je faisais des associations insolites avec les mots, les tournures de phrases, les idées. Nouvelle anecdote : mon frère avait l'art de me faire passer sur le dos ses mauvais coups, et mes parents mordaient souvent à l'hameçon. J'étais puni à sa place et souffrais de ces injustices. Ulcéré, j'écrivais à mes parents des billets pour leur reprocher leur incompréhension. Mon frère avait vite compris l'intérêt de son manège, et la manière dont je réagissais l'emplissait de contentement ; il y voyait une invitation à récidiver, ce dont il ne se privait pas. Je lisais beaucoup *Tintin* à l'époque et m'amusais à employer certains mots du capitaine Haddock. Un jour, je me suis fâché contre mon frère. J'aurais pu le traiter de « moule à gaufres » ou de « bachi-bouzouk », mais cette fois-là, c'est « faux frère » qui m'est sorti de la bouche. Mon père, qui avait entendu, a été bouleversé par le double sens de cette expression appliquée à mon frère. Il m'a pris à part pour me dire que je disais des paroles vraiment méchantes. Sur le coup, je n'ai pas saisi ce qu'il y avait de mal à parler comme le capitaine Haddock et il m'a fallu plusieurs jours pour comprendre.

Récemment, j'ai réalisé que je faisais beaucoup d'ellipses en parlant. L'enchaînement des idées est bien présent et complet dans ma tête mais, la vitesse de ma pensée dépassant celle de ma parole, je les télescope quand je parle, comme si je pliais les phrases en une sorte d'origami verbal. Ce n'est ni délibéré ni conscient et, généralement, ça ne porte pas à conséquence. Lors d'un camp musical, je discutais avec Bernard et, à la fin, je lui ai dit : « Tu as plus d'imagination que moi ; enfin, j'imagine. » Il éclata de rire : « Tu dis vraiment des choses drôles ! » Ça n'a pas dû être la seule… En certaines occasions, j'ai passé (involontairement) pour un humoriste fin et subtil. À l'université, mes étudiants aiment mon humour, qu'ils disent « particulier ». J'espère seulement qu'ils trouvent amusant ce que je veux qu'ils trouvent drôle, et non pas autre chose! En d'autres circonstances (et tout aussi involontairement), je passe pour idiot ou arrogant. Me serais-je fait des ennemis de cette façon? L'impression que je laisse est peut-être à nouveau que je suis imprévisible. J'ai dû apprendre à me méfier de moi, et j'ai conçu des stratégies pour arriver à me tirer d'embarras si besoin est. Quand je constate que mes interlocuteurs sont désarçonnés par mes propos, je me reprends et « déplie » mes idées. La parole m'est glissante.

Lectures

J'ai toujours aimé lire et je le fais tous les jours. Je ne peux concevoir que quelqu'un ne lise jamais! Enfant, les ouvrages « sérieux » ne me faisaient pas peur, telle cette vieille encyclopédie illustrée en plusieurs volumes de mes parents, que j'adorais. Je ne comprenais pas tout, mais elle m'a beaucoup aidé à apprendre à lire. Mes parents nous ont offert l'encyclopédie *Tout connaître*, que j'ai dévorée à son tour. À vrai dire, je lisais tout ce qui me tombait sous la main: des bandes dessinées, la série des Bob Morane et une autre série de science-fiction qui me faisait rêver, des romans policiers, en commençant par ceux, machiavéliques, d'Agatha Christie.

À mes yeux, les personnages fictifs sont si réels que je déteste les adaptations en dessins animés de *Tintin*: les voix des personnages ne sont pas du tout les mêmes que dans les livres! Où est l'accent *british* du capitaine Haddock, citoyen britannique? Mon épouse trouve amusant que je puisse lui parler d'Hercule Poirot comme s'il avait vraiment vécu et, gentiment, elle me rappelle que c'est une créature imaginaire. Au secondaire, j'ai eu un grand choc lorsqu'un prof analysa *La peste* d'Albert Camus en montrant que l'auteur utilisait personnages et situations pour mousser des idées en manipulant le lecteur. Quelle hypocrisie déloyale! Finalement, peu de romans m'ont vraiment ému. Peut-être est-ce parce que je saisis mal leurs sous-entendus, tels les intentions satiriques chez Jane Austen (auteure que je ne trouve pas satirique du tout). Rares exceptions: j'aime particulièrement Tolkien (*Le Silmarillion*) et

Dostoïevski, écrivain quasi psychotique pour lequel j'
coup de cœur avec *Crime et châtiment*.

Vu ma tendance à prendre les expressions imagées au pied
de la lettre, vu celle, aussi, à faire des associations insolites
avec les mots, je n'apprécie pas beaucoup la poésie. J'ai souffert au secondaire lorsqu'on nous faisait lire *Les fleurs du mal*
de Charles Baudelaire. Je voyais là toutes sortes de choses qui
n'y étaient pas et ne saisissais pas la signification de ce qui y
était. Comment les départager, d'ailleurs, lorsque le professeur
nous précisait que, dans la poésie, les images de l'auteur
se prolongent chez le lecteur? Cela devenait un charabia
impénétrable pour moi. C'est peut-être pourquoi, plus tard,
comme compositeur, je n'ai pas trouvé de textes me convenant
pour les mettre en musique. Mes efforts sont demeurés vains
à ce jour. Quand j'écoute un opéra ou des lieder, je ne me sens
pas porté vers les paroles, et je n'ai jamais appris par cœur
celles d'une chanson. Je préfère même les pièces en langues
étrangères que je ne comprends pas : les paroles n'interfèrent
pas avec mon audition musicale.

Au fond, j'ai souvent le sentiment d'être étranger à ce que
portent les univers littéraires. J'aimais et aime toujours les livres «sérieux». Selon moi, la *Flore laurentienne* du frère Marie-
Victorin est une des plus belles œuvres jamais écrites au Québec.
Les ouvrages scientifiques parlent eux aussi de l'être humain; ils
parlent de nos compagnons de route : les plantes, les oiseaux, les
animaux; ils parlent de l'aventure du cosmos; bref, ils parlent
de la «vraie vie» tout autant que la littérature, et discutent tout
autant qu'elle de questions philosophiques, métaphysiques et
existentielles. Ces ouvrages me procurent souvent un puissant
sentiment de beauté et, je l'admets, des émotions plus fortes
encore que celles que me procurent des œuvres artistiques de
mon temps.

Ce rapport aux mots ne m'a pas nui à l'école, pour les travaux et les examens. Il ne me nuit pas non plus lorsque j'écris.
Par contre, j'ai la hantise des formulaires à utilité sociale, même
les plus simples. Remplir une demande d'assurance-emploi
est une épreuve : je suis obligé de poser plusieurs questions

aux préposés. Un jour, un préposé qui savait que je faisais des études supérieures m'a dit: «C'est bien plus facile qu'un doctorat!» Désolé, pas pour moi. Répondre à un sondage m'est également pénible: souvent ma pensée n'entre pas dans les choix de réponses proposés, ou alors, je me demande ce que la question signifie réellement. J'ai donc décidé de ne pas répondre aux sondages. Lorsque je remplis un formulaire, c'est comme si les mots écrits se mettaient à tournoyer et les cases à valser. Ayant pris conscience de ce problème, j'ai accepté de demander de l'aide pour remplir de tels documents, au moins en certaines occasions.

Jouer dehors

Enfant, je vivais donc dans une sorte d'univers parallèle, avec un goût prononcé pour la solitude et des intérêts particuliers comme la lecture et l'étude. J'étais heureux ainsi. Sans doute cela préoccupait-il mes parents. Vers mes dix ans, ils ont eu l'idée de nous envoyer dans un camp d'été, le camp Marie-Clarac. Geneviève et moi y sommes allés une semaine, puis Catherine et Philippe nous ont rejoints pour la deuxième. C'était un camp très bien organisé, avec des activités variées. Mais moi, je n'avais pas demandé d'aller là-bas: ces lieux m'étaient étrangers et je n'y connaissais pas d'autres enfants que ma sœur. Autant Geneviève s'est amusée joyeusement, autant je me suis ennuyé à mourir. Je ne participais presque à aucune activité et préférais être seul. Mais pour faire quoi? Il n'y avait rien pour moi! Heureusement, il y avait une petite bibliothèque garnie de bandes dessinées. J'en ai lu une seule en quinze jours, mais des dizaines de fois: *Tintin et l'oreille cassée*. Je la connaissais par cœur. J'étais tellement triste que je n'avais même pas envie de changer de livre. Je sentais comme une boule dans ma gorge: je me souviens très clairement de cette sensation oppressante. Un jour, j'ai fait un effort. On nous avait emmenés à la pêche. J'ai attrapé une perchaude, que j'ai mise dans mon seau. Elle nageait tranquillement en rond dans cet espace exigu. Je la regardais, et ma tristesse s'est accentuée. Pourquoi faire ça? Qu'est-ce qu'il y a d'amusant à traiter ainsi un pauvre poisson? L'idée ne m'est pas venue que les poissons capturés allaient être mangés. Peut-être l'ai-je relâchée. Ma partie de pêche a cessé là, je suis retourné à ma solitude : c'était encore mieux que d'attraper des poissons. Ce fut ma seule partie de pêche à vie. Et je n'ai jamais chassé : je ne comprends pas ces activités que je juge barbares.

Nouvel essai : mes parents m'ont inscrit chez les louveteaux. J'ai beaucoup aimé les quelques années que j'y ai passées. Je suis même allé à des camps et j'ai apprécié ces séjours en nature. Mes camarades de meute avaient repéré ma naïveté. Le mari d'une monitrice, surnommé Goofy, faisait la cuisine lors des camps. Mes camarades m'avaient terrorisé en me racontant à quel point sa bouffe était mauvaise. Ils exagéraient sans bon sens, mais je les croyais, ce qui les incitait à en rajouter toujours plus pour rire de moi ! À mesure qu'approchait la date du premier camp, mon anxiété augmentait à l'idée de devoir manger ces gibelottes épouvantables. Je demandais sans cesse à la monitrice si Goofy allait cuisiner les repas. Elle tentait de me rassurer, sans succès, et mes camarades en remettaient tellement qu'un jour elle s'est fâchée pour faire cesser ce jeu.

La folie des lois

Je l'ai dit : j'ai comme un carrousel fou dans la tête. C'est pourquoi j'aime l'ordre extérieur, du moins le mien. Je ne suis pas un maniaque du classement et du rangement. Une sorte de chaos artistique règne sur mon bureau, mais je m'y retrouve parfaitement. À part quelques écarts, je crois avoir été un enfant sage et respectueux. Lorsque mes parents m'expliquaient que telle chose était une règle, je m'y pliais volontiers. Un jour, à l'adolescence, j'étais en auto avec mon père et nous sommes passés sur une petite rue où jouaient plusieurs enfants à proximité de leur école. Mon père était aux aguets. Je lui ai dit : « Si on frappe par accident un enfant qui court dans la rue, on n'est pas en faute. » Mon père, stupéfait, m'a répondu qu'on n'oubliait jamais le fait d'avoir blessé ou tué un enfant, même si c'était un accident, même si l'enfant était en faute. Cela s'appelait : « Répète pas ça ! »

Puis, j'ai découvert que la société humaine était tissée de lois et de règles. Celles-là aussi, je m'y plie. Par exemple, depuis que je sais conduire une automobile, je peux dire en toute honnêteté que je n'ai pas fait d'excès de vitesse, ce qui m'a valu plusieurs bras d'honneur, coups de klaxon et dépassements agressifs. J'aime conduire de façon « éconergétique », faire le plus de kilomètres possible avec un plein d'essence. Mon dossier de conducteur est impeccable et je n'ai jamais mis en danger la sécurité de quiconque. Bref, je suis un conducteur responsable. Mais je ne sais pas trop si je dois en être fier, car j'entends souvent des gens excuser les excès de vitesse de certains jeunes en disant : « C'est normal, tout le monde l'a fait dans sa jeunesse. » Moi, non. Je ne suis pas normal…

Je me plie donc aux lois, mais avec un certain malaise. C'est qu'il y a vraiment beaucoup de lois dans nos sociétés ! À part les avocats et les juges, qui donc peut prétendre les connaître toutes ? J'ai ressenti un puissant sentiment d'étrangeté lorsque j'ai réalisé que beaucoup de règlements n'étaient ni respectés ni même appliqués. Plus angoissant encore : il arrive que soit soudainement appliquée à un individu une loi qui jusque-là était comme en dormance. On décide alors de lui imposer une peine « exemplaire » destinée à dissuader les autres citoyens ; bref, on le fait payer pour plusieurs qui s'en sont tirés sans le moindre avertissement. Est-ce juste ? Encore plus ésotérique : « Les lois sont faites pour être contournées. » J'ai quelquefois l'impression que certaines lois sont formulées expressément pour qu'on puisse les contourner tout en les respectant. On entend même des ministres soutenir que toutes les règles ont été respectées alors que les citoyens, eux, ont précisément l'impression contraire ! Les lois se révèlent d'ailleurs très facilement modifiables pour convenir au parti au pouvoir et à ses amis politiques. Je rêve pour ma part d'un monde où il y aurait moins de lois, mais où elles seraient appliquées ; des lois fermement basées sur des principes de justice et d'équité.

Cela dit, j'apprécie les règles pour les défis qu'elles posent à l'imagination. Par exemple, les nouvelles règles sur les émissions polluantes des automobiles poussent les ingénieurs à inventer des technologies qui les respecteront. Les règles peuvent être de fantastiques outils de progrès. En art, les choses se présentent un peu différemment. Comme compositeur, je ne suis guère de règles, sinon celles que je choisis de me fixer moi-même. Je ne vois d'ailleurs pas comment faire autrement dans une époque d'éclatement des styles. Venues de l'intérieur, ces règles me portent à me surpasser et à me renouveler. Ainsi, chaque pièce que j'entreprends représente pour moi un défi nouveau à relever, ce que j'aime beaucoup.

Il y a les lois, il y a le bien et le mal. Je n'arrive pas toujours à faire le bien que je voudrais faire, il m'arrive de faire du mal sans l'avoir voulu, de faire du mal en ayant voulu faire du bien. C'est vraiment très angoissant! Tout de même, mes convictions morales sont bien définies. Je crois qu'il existe des actes intrinsèquement mauvais, «des actes qui par eux-mêmes et en eux-mêmes, indépendamment des circonstances, sont toujours gravement illicites en raison de leur objet[1]». À mes yeux, aucun argument, pas même de type culturel, ne peut justifier ces actes. Je connais des gens pour lesquels il semble évident que bien et mal sont des concepts relatifs variant selon les époques, les cultures, voire les personnes. Malgré ce flou, ces mêmes gens soutiennent que la supériorité de l'être humain sur les animaux (autre *évidence*) vient du fait qu'il est un être moral, c'est-à-dire capable de distinguer le bien du mal! Ils réussissent à dire cela sans rire. Je n'accepte pas davantage que les actes intrinsèquement mauvais soient minimisés en disant que les dégâts se répareront d'ici quelques générations: c'est considérer les êtres comme de pures abstractions. Une personne à qui on a commis un tort irréparable ne sera plus là dans quelques générations.

Et aujourd'hui...

J'ai beaucoup évolué au fil du temps, tout en restant la même personne. En avril 2001, une douzaine d'étudiants de l'UQÀM m'ont demandé de les initier au chant grégorien. J'ai accepté avec joie et nous avons agrémenté cette expérience en allant passer un samedi à l'abbaye bénédictine Saint-Benoît-du-Lac. Nous avons fait du covoiturage. Au point de rendez-vous où j'allais prendre quelques étudiants en auto, j'ai fait sensation. Comme il faisait beau, je portais des lunettes fumées, à la stupeur de mes étudiants : « Antoine avec des lunettes fumées ! » Cela semblait incroyable et ne concordait pas avec l'image qu'ils avaient de moi, je ne sais vraiment pas pourquoi ! Il m'arrive de surprendre les gens ainsi, par exemple lorsque j'ai dit à des collègues que j'allais m'acheter du matériel informatique. On dirait que certains ne s'attendent pas à ce que je fasse des choses ordinaires. Étrange.

Note

1. Cette définition est tirée de *Réconciliation et pénitence* (1984), du pape Jean-Paul II, et reprise dans son encyclique *La splendeur de la vérité* (1993). Je me suis aussi inspiré du chapitre sur le péché dans le *Catéchisme de l'Église catholique* (1992, Paris : Mame/Plon, p. 388-393). Parmi ces actes horribles : homicide, génocide, torture (physique ou morale, incluant le *bullying* ou l'intimidation), mutilation, emprisonnement arbitraire, esclavage, prostitution, inceste, pédophilie, viol, traite des personnes, fraude, narcotrafic, dilapidation de l'environnement, pollution délibérée, cruauté envers les animaux, etc.

LE MONDE ASPERGER (II)
LE SYNDROME D'ASPERGER : UNE DÉFINITION À PARFAIRE

L'expérience de vie

Les Aspergers sont aussi différents entre eux que le sont les personnes neurotypiques entre elles. Il n'y a probablement aucun Asperger présentant l'ensemble des signes attribués au syndrome. C'est pourquoi, dans l'évaluation du diagnostic, il sera dit que la personne rencontre « au moins un » ou « au moins deux » traits liés à un critère. Par ailleurs, des neurotypiques peuvent rencontrer des traits de la personnalité Asperger, comme une hypersensibilité à un sens ou le goût de la solitude. Pour ma part, je rencontre suffisamment de critères pour avoir été reconnu Asperger, mais je ne les rencontre pas tous, et il en va de même de chaque Asperger.

Il semble exister un décalage entre les critères de diagnostic et l'expérience de vie des Aspergers. Ce décalage vient sans doute de ce que peu d'études ont porté sur le point de vue de ces derniers. Des chercheurs commencent à travailler sur les textes autobiographiques d'Aspergers, et les résultats sont intéressants. Une équipe de l'Université Paris Descartes dirigée par Brigitte Chamak a analysé seize autobiographies écrites par des Aspergers de huit pays, de contextes sociaux et d'âges différents (allant de vingt-deux à soixante-sept ans), en les comparant aux connaissances et aux représentations médicales. Une observation s'est dégagée, qui a frappé les chercheurs : tous les auteurs considéraient les perceptions et le traitement d'information inhabituels ainsi que les problèmes de régulation des émotions comme au cœur du syndrome, alors que les critères psychiatriques actuels n'en parlent pas. Les résultats de cette étude suggèrent donc que ce qui a été choisi comme critères déterminants est plutôt vu, par les personnes qui se sont exprimées, comme des manifestations de particularités perceptives et de fortes réactions émotives. Sur cette base, les chercheurs concluent que ces considérations méritent d'être prises en compte par les professionnels pour mieux comprendre le comportement et les besoins des Aspergers[1]. Cela me semble une évidence : il serait essentiel que les Aspergers soient associés à la recherche sur la condition qui est la leur. Mon ouvrage représente une contribution à cet effet.

Regard et empathie

Tony Attwood mentionne que les enfants autistes ne regardent pas les autres dans les yeux. Selon une recherche publiée en 2005 dans le journal *Nature Neuroscience*, les enfants TED percevraient le contact visuel comme menaçant, même avec des personnes familières. Étudiant la corrélation entre les mouvements des yeux et l'activité du cerveau, les chercheurs ont observé que, chez les enfants TED, le corps amygdaloïde (associé aux émotions négatives) s'active de façon anormale en réaction à un regard direct d'une figure non menaçante[2]. Mais s'agit-il réellement d'une sensation de menace ? Je ne me sens pas menacé lorsque quelqu'un me parle en me regardant dans les yeux : cela me cause plutôt une sensation ressemblant à une brûlure. Ce fait est rapporté par plusieurs autistes. S'agirait-il alors d'une hypersensibilité aux informations visuelles ? L'hypersensibilité sensorielle est fréquente chez les autistes. Cependant, j'ai une vision bien singulière, et les gens très myopes, comme moi, sont plus sensibles à la luminosité. Peut-être ma difficulté à soutenir le regard de l'autre vient-elle de là plutôt que de mon esprit Asperger. Pour sa part, Uta Frith considère comme un « mythe » la croyance voulant que les autistes fuient délibérément le contact visuel en détournant le regard : « Ce n'est pas que l'enfant autistique évite de poser son regard [sur l'autre], mais plutôt qu'il ne l'utilise pas pour communiquer. Il ne détourne pas le regard au bon moment, pas plus qu'il ne soutient le regard des autres lorsqu'il le faudrait[3]. » La question du regard chez les autistes n'est donc pas encore résolue.

Le premier point du portrait tracé par Tony Attwood concerne la recherche de la solitude (voir «Le monde Asperger I»). En mode neurotypique, donc fortement majoritaire dans la population, l'être humain est relationnel : il désire les contacts, se préoccupe de sa position dans la collectivité, s'identifie à une communauté plus ou moins large, adhère à des modes de toutes sortes, à des idées, aux enthousiasmes collectifs du jour. Tout cela est étranger à l'esprit Asperger. Un Asperger ne se soucie pas des modes ou des jugements des autres. Il est lui-même, authentique jusqu'à la naïveté, sans désirer l'approbation d'un groupe ou se conformer aux normes qui lui sont extérieures. Tout ce qu'il fait est d'abord marqué par les exigences de l'honnêteté et de la vérité. Ce qui peut sembler socialement handicapant offre aussi des forces, pour la personne Asperger elle-même comme pour son entourage et pour les gens avec qui elle travaille. J'en reparlerai. Pour l'instant, je note que, si les autistes ne cherchent pas à multiplier les contacts, ils ne sont pas pour autant évitants ou fuyants : « On constata que les enfants autistiques ne cherchaient pas particulièrement à éviter l'autre personne[4]. » Néanmoins, ce goût pour la solitude, qui peut inspirer de la pitié aux neurotypiques qui la côtoie, n'est en aucun cas une source de souffrance pour la personne Asperger. Bien que cela puisse paraître difficile à comprendre, celle-ci se sent bien ainsi, sans éprouver de sentiment de manque.

Le deuxième point de la liste de Attwood recoupe ce que d'autres auteurs ont qualifié de «manque d'empathie» (ou même d'« absence d'empathie »). Peut-être est-ce vrai. J'apporte tout de même une nuance. Qu'est-ce que l'empathie ? C'est la faculté intuitive de se mettre à la place d'autrui, de percevoir ce qu'il ressent. Un Asperger éprouve déjà de la difficulté à mettre des mots précis sur ses propres émotions et il y réagit souvent avec un délai. Alors, les sentiments des autres n'en sont que plus énigmatiques. Mais les Aspergers ressentent des émotions, et celles-ci peuvent être aussi fortes que chez les neurotypiques. La différence réside peut-être dans le traitement de l'information en provenance des émotions. En fait, ces choses sont subtiles. Lorsqu'à La clé des champs on nous demandait de décrire en mots nos émotions, l'exercice m'était difficile. On dira que c'est typique de l'autisme. Pourtant, le même exercice n'était pas si facile pour les participants neurotypiques! J'ai posé cette question à la personne neurotypique qui m'affirmait que les autistes «ne déchiffrent pas les émotions des autres»: «Et vous, neurotypiques, comprenez-vous toujours bien et rapidement toutes les émotions des autres?» Sa réponse: «Non.» Le monde des émotions est compliqué. Une personne peut cacher de la détresse sous un masque de gaieté. Un drame éclate et tout le monde s'étonne: «Je n'aurais jamais pensé ça d'elle.» Une personne peut faire semblant d'être amicale alors qu'elle rumine de la jalousie. Quelqu'un peut dire une chose tout en pensant le contraire. Ayant tendance à être transparents, les Aspergers attendent des autres la même transparence, à tort. Nous avons aussi tendance à être distants vis-à-vis les rites collectifs, et peut-être sommes-nous plus égocentriques. Mais là encore, nous n'avons certainement pas le monopole de l'égocentrisme, et encore moins de l'égoïsme!

Cela dit, si Uta Frith parle aussi de déficience d'empathie chez les autistes, elle relève que ces derniers ont de réelles capacités de sympathie et de compassion[5]. Les mots sont importants. La sympathie est un penchant naturel, spontané, qui porte deux personnes l'une vers l'autre; elle engage la participation à la joie ou à la douleur, ainsi qu'un sentiment de bienveillance. La compassion rend sensible aux souffrances d'autrui. Peu empathiques, les autistes peuvent donc être sympathisants et compatissants. Je parle franchement et sans chercher à faire mon propre éloge. Dans les transports en commun, je cède ma place aux personnes âgées, aux femmes enceintes, aux gens en béquilles, quelquefois à leur grand étonnement. Dans le métro, j'aide les mères à monter ou à descendre leur poussette, et j'agis de même avec les gens traînant des chariots pleins et lourds. Oui, un autiste peut le faire! Compatissants, nous le sommes évidemment à notre manière, qui peut passer pour candide et naïve, «un mélange d'esprit adulte et d'esprit enfantin» selon Uta Frith. Celle-ci rapporte le cas d'un jeune homme qui pouvait «se sentir coupable si, par mégarde, il écrasait un ver de terre[6]».

C'est moi ! Cette candeur fait que les autistes ont tendance à ne pas limiter le concept de *personne* aux seuls êtres humains. Cela ne signifie pas que nous préférons les animaux aux humains : je suis incapable de faire du mal à un humain tout autant qu'à une araignée. C'est plutôt l'expression d'une compassion envers tout être vivant. Serions-nous des bouddhistes qui s'ignorent ?

Pour conclure sur l'empathie, des chercheurs du centre médical Mount Sinai à New York ont administré de l'ocytocine par voie intraveineuse et par vaporisation nasale à des adultes avec troubles du spectre autistique. L'ocytocine, parfois appelée « hormone de l'amour ou de l'attachement social », est liée à la production de lait chez les mères allaitant et est aussi libérée au cours de l'orgasme. Chez les mammifères, elle est impliquée dans la peur, la confiance et les comportements de coopération sociale. Les résultats préliminaires de cette étude semblaient indiquer que les personnes autistes ainsi traitées démontraient « une meilleure habileté à identifier les émotions et avaient réduit des comportements répétitifs caractéristiques de l'autisme[7] ». Espoir de guérison ? L'étude n'a porté que sur quelques personnes et sur une courte période. Au fait, quels seraient les résultats de ce dopage sur des personnes neurotypiques ? Il n'y avait pas de groupe témoin pour comparer. Devrait-on commercialiser ce produit pour créer un monde plus fraternel ?! En passant, est-ce à dire que l'attachement n'est qu'une affaire d'hormone ? Je pousse cette logique jusqu'au bout par plaisir. Nous, Aspergers, qui manquerions pourtant de cette hormone, pouvons réussir à nous attacher et à aimer. Alors, nos attachements, nos affections et notre amour pour d'autres personnes seraient-ils d'une qualité supérieure parce que reposant sur des valeurs humaines plus que sur les effets d'une hormone ?

Répétition et succession

De son côté, le DSM-IV parle du « développement de modes de comportements, d'activités et d'intérêts restreints, répétitifs et stéréotypés ». Cela non plus ne colle pas très bien. Enfant, j'avais en effet des intérêts particuliers marqués qui mobilisaient mes énergies et, oui encore, j'avais des activités répétitives qui exaspéraient mes parents. Adulte, j'aime une certaine routine. Je me lève et me couche à heures fixes (même la fin de semaine); je prends mes repas à heures fixes. Je change les draps de lit le samedi matin, passe le balai le dimanche matin et lave les dents de mes chats le lundi soir. Depuis plus de vingt ans, la crème Budwig est mon unique menu de déjeuner[8]. Je compose assez bien avec une petite marge de changement dans ces habitudes mais, autant que possible, je leur suis fidèle. C'est peut-être la principale raison pour laquelle je sors très peu le soir. Sont-ce là des comportements stéréotypés? Peut-être qu'ils apparaissent tels, mais ces routines m'aident à me sentir *groundé*. Mes pensées n'ont pas de repos. Pensées, sensations et émotions tourbillonnent sans relâche: elles auraient trop de prise sur moi et m'étourdiraient si je ne m'imposais pas une sorte de discipline. Grâce à cette dernière, mon esprit peut se déployer et s'envoler en toute liberté pour créer, écrire, enseigner ou simplement rêvasser. Je montrerai plus loin qu'il en va souvent ainsi pour les surdoués: je ne sais donc pas ce qui est la part de l'Asperger et celle de la surdouance.

Cette discipline peut être perçue comme de la rigidité. Pour mon esprit, c'est une stratégie pertinente pour créer de l'ordre, une stratégie qui m'est essentielle et qui est liée à une autre: traiter le flot d'information en succession plutôt qu'en simultanéité. Contrairement à la personne neurotypique, l'Asperger ne sera jamais parfaitement à l'aise avec la simultanéité; il ne peut bien faire deux ou trois tâches à la fois (lire un roman en écoutant de la musique, par exemple, chose dont je suis difficilement capable, surtout lorsqu'il s'agit de musique chantée). Dès l'enfance, mes intérêts particuliers duraient un temps, puis de nouveaux venaient les remplacer. Je vivais des phases d'intérêts: phase planètes, phase dinosaures, phase insectes, et par-dessus tout, il y avait la musique. Je démontrais une habileté réelle à faire se succéder des intérêts différents. Encore aujourd'hui, que ce soit dans l'exploration de mes intérêts ou simplement dans l'accomplissement des tâches quotidiennes banales, je fonctionne par succession davantage que par simultanéité. Lorsqu'une tâche quelconque m'occupe, j'y suis entièrement. Je crois que c'est aussi là l'origine de ce que je percevrai comme une tendance à la dissociation de mon esprit : je dissocie les choses pour les traiter en succession, avant de les réunir. Ma vie s'est déroulée de cette manière. Même ce livre, je l'ai écrit de façon dissociée ! J'ai commencé par l'ensemble des chapitres autobiographiques, puis j'ai rédigé les chapitres d'information. Cette méthode de travail me convenait.

Ce traitement de l'information en succession présente des inconvénients. Par exemple, il favorise le délai de réaction que je manifeste souvent par rapport aux émotions. Par contre, il peut avoir des avantages sur le long terme : il réduit certaines interférences ; il aide à mettre en lumière des liens inédits, des relations cachées, et à articuler des ensembles de données complexes qui peuvent sembler inconciliables à un mode de fonctionnement plus instantané. Lors de la rédaction des chapitres autobiographiques du présent livre, je n'ai à peu près rien lu sur l'autisme et le syndrome d'Asperger. Ce n'est qu'après les avoir presque terminés que j'ai commencé à me documenter sur le sujet. De cette façon, j'ai réduit la possibilité d'interférences entre les lectures et mon récit, et j'ai ainsi écrit ce dernier avec spontanéité et honnêteté.

Les ouvrages expliquent généralement la façon de procéder des Aspergers en recourant à la « théorie de l'esprit » proposée par Baron-Cohen en 1985 : « Avoir une théorie de l'esprit, c'est être capable d'attribuer des états mentaux indépendants aux autres et à soi-même pour expliquer et prédire le comportement[9]. » Selon cette approche, les Aspergers montreraient un « manque de cohérence centrale », c'est-à-dire « une incapacité à saisir le rapport entre les différentes connaissances pour les adapter à la situation[10] ». En fait, je crois plutôt que c'est parce que l'esprit Asperger traite les informations en succession qu'il fait preuve d'une grande facilité d'immersion (fait souvent rapporté) et porte en premier lieu une attention minutieuse aux détails (autre fait souvent rapporté). Si cela lui cause le désavantage de ne pas saisir rapidement l'ensemble des choses, cela lui donne un bon potentiel pour aller au fond des choses, sans se laisser distraire, avec une détermination, une patience et une persévérance à toute épreuve, jusqu'à devenir un expert réputé ou un collectionneur émérite. Aurait-on tout faux quand on ne décrit l'esprit Asperger qu'en termes de problèmes et de manques?

D'autres particularités

Deux autres éléments sont souvent rapportés par les Aspergers, dont moi-même, mais ils sont habituellement absents des listes de symptômes.

Premier élément: les Aspergers éprouvent de l'anxiété pouvant se traduire en troubles anxieux. Ils ne sont évidemment pas les seuls à en ressentir: nous vivons, paraît-il, en un «âge de l'anxiété[11]»! Le monde regorge de situations anxiogènes et instables, tant sur le plan collectif qu'individuel. Les Aspergers y sont plus sensibles, et ce pourrait être là une des raisons qui expliquent l'augmentation des cas déclarés. En effet, ils ont une relation particulière au stress, qui pourrait même avoir une cause biochimique. Des chercheurs ont associé le cortisol, l'«hormone du stress», à la condition Asperger. Normalement, le niveau de cette hormone augmente peu après le réveil, puis diminue graduellement au cours de la journée. Cette augmentation matinale aurait pour fonction de rendre le cerveau alerte, de préparer l'organisme pour la journée et d'aider à être conscient des changements se produisant autour de soi. Ces chercheurs ont constaté que cette augmentation ne se produit pas chez les enfants Aspergers[12]. Il serait donc possible que certains symptômes du syndrome soient en réalité non pas des problèmes comportementaux, mais des réponses à un stress permanent. On le verra plus loin, ce stress a une source bien plus évidente que le manque d'une hormone. L'apprentissage de la gestion du stress serait donc plus long et ardu pour les Aspergers, mais leur serait d'autant plus nécessaire pour bien fonctionner et pour bénéficier d'une bonne qualité de vie. Ces outils existent et ne sont pas si difficiles à manier. L'une des meilleures façons d'aider une personne Asperger est de lui faire connaître ces outils et de l'aider à apprendre à s'en servir. Un diagnostic précoce permet de commencer tôt ce travail.

Deuxième élément: les Aspergers ont tendance à être hypersensibles aux informations d'un ou de plusieurs sens. Les résultats d'une méta-analyse réalisée à Montréal, parus en avril 2011, montrent que la plupart des autistes perçoivent les informations visuelles avec une acuité exceptionnelle et selon une manière qui leur est propre:

> « Nous avons observé une hyperactivation massive des aires visuelles [situées dans les régions temporale, occipitale et pariétale du cerveau]. Qui plus est, les zones du cerveau que les autistes mobilisent ne sont pas seulement celles dédiées à la perception visuelle de bas niveau, mais plutôt des aires d'expertise qui servent à reconnaître des familles de formes (…). L'autisme n'est pas un déficit, mais une expertise. Au lieu de caractériser l'autisme comme un déficit social, il nous faudrait plutôt le présenter comme un surfonctionnement perceptif[13]. »

De retour chez Hans Asperger

Stimulé par les conseils de Louise, qui s'inquiétait de mes poussées d'anxiété, j'ai décidé de faire appel à une psychologue. J'ai commencé cette thérapie en août 2001, et elle s'est prolongée jusqu'en février de l'année suivante. C'était la démarche classique. Les rendez-vous duraient une heure, cloche à l'appui. Je parlais de moi à la psychologue, qui écoutait et prenait des notes. Lorsqu'elle me demandait: « Quelle émotion as-tu ressenti alors? » la question me prenait au dépourvu. Après un moment de silence, la seule réponse que j'arrivais à formuler était que je ne le savais pas, ce qui au fil du temps a dérouté la thérapeute. Aussi, après quelques mois, elle m'a fait part de sa perplexité. Elle trouvait que je lui racontais mes expériences traumatisantes, surtout celles du secondaire, sans laisser transparaître la moindre émotion, calmement, avec le sourire à l'occasion. Elle a tenté de provoquer une autre réaction de ma part, mais sans succès puisque je conservais une attitude apparemment neutre et distanciée. Elle trouvait cela curieux. Je lui ai dit que je ne me retenais pas, que je ne tentais aucunement de masquer mes émotions. Au bout de six mois, j'ai cessé de la voir. Avec le recul, je suis étonné qu'une professionnelle n'ait pas compris : cette apparente absence d'émotion est un signe typique d'autisme. Les psychologues sont-ils tous suffisamment avertis de cette réalité ? J'ai ensuite découvert La clé des champs et son approche mieux adaptée à ma personnalité.

Bien que le docteur Asperger ait noté les traits problématiques de ses jeunes patients, il était aussi convaincu que beaucoup d'entre eux allaient pouvoir utiliser leurs talents particuliers à l'âge adulte. Il les appelait ses « petits professeurs » en raison de leur capacité à parler de leur sujet favori avec beaucoup de détails. Certains croient qu'Asperger a embelli leurs aptitudes à cause du climat politique de l'époque, en particulier de l'intolérance des nazis envers les handicapés (des « dégénérés » nuisant à la pureté de la race aryenne). Quoi qu'il en soit, sa vision positive de l'autisme « contraste de façon saisissante avec celle de Kanner[14] », au point que Uta Frith la qualifiera de « vision rose[15] » ! Pourtant, Asperger ne s'était pas trompé : par exemple, Fritz, un des enfants qu'il avait suivis, est devenu professeur d'astronomie et a corrigé une erreur dans les travaux de Newton, erreur qu'il avait détectée quand il était enfant.

Hans Asperger avait donc constaté qu'au-delà des difficultés posées par l'autisme, cette condition portait aussi un potentiel positif. Son intérêt scientifique était nourri d'ouverture, de compréhension et de compassion. Il est probable qu'à travers ses enfants, il se comprenait mieux lui-même car, dans sa propre enfance, il présentait les mêmes traits. C'était un garçon lointain, solitaire, qui n'arrivait pas à se faire d'amis. Par contre, très doué pour le langage, il admirait le poète autrichien Franz Grillparzer, « dont il citait fréquemment les poésies à ses camarades de classe, malgré leur indifférence à ce sujet[16] ». Bref, Hans Asperger était lui-même un Aspi ! Et il est néanmoins devenu médecin.

Notes

1. «L'autisme de haut niveau et le syndrome d'Asperger vus de l'intérieur», article publié sur le site Internet *Psychomédia*, le 7 octobre 2008.

2. «Le contact visuel perçu comme menaçant pour les enfants autistiques», article publié sur le site Internet *Psychomédia*, le 22 mars 2005.

3. Frith, U. (1992). *L'énigme de l'autisme*. Paris : Éditions Odile Jacob, p. 236. Fondée sur des recherches, cette observation semble contredire le premier point du portrait tracé par Attwood (voir «Le monde Asperger I»). Peut-être ne s'agit-il que d'une divergence dans l'emploi du mot «évitant», ou d'un flou causé par les traductions.

4. Op. cit., p. 233.

5. Op. cit., p. 254.

6. Op. cit., p. 59.

7. «L'ocytocine, l'hormone de l'attachement social, pourrait améliorer l'autisme», article publié sur le site Internet *Psychomédia*, le 6 mai 2007.

8. Recette de base : une banane écrasée, le jus d'un demi-citron, du sarrasin et de la graine de tournesol moulus, du yogourt nature, de l'huile de lin pressée à froid, le tout mélangé. J'y ajoute de petits fruits : raisins, fraises, framboises, bleuets, etc.

9. Rogé, B. (2003). *Autisme, comprendre et agir. Santé, éducation, insertion.* Paris : Dunod, p. 75.

10. Attwood, T. (2003). *Le syndrome d'Asperger et l'autisme de haut niveau.* Paris : Dunod, p. 86-88.

11. «The Age of Anxiety» est le titre d'un poème de W. H. Auden dont s'est inspiré le compositeur états-unien Leonard Bernstein pour sa *Deuxième Symphonie*, qui porte d'ailleurs précisément ce sous-titre (1947-49, révisée en 1965).

12. «Le syndrome d'Asperger (proche de l'autisme) lié à l'hormone du stress», article publié sur le site Internet *Psychomédia*, le 6 avril 2009.

13. Docteur Laurent Mottron, directeur scientifique du Centre d'excellence en troubles envahissants du développement de l'Université de Montréal, cité par Pauline Gravel dans *Le Devoir*, le lundi 4 avril, p. A1 et A10.

14. Article sur Hans Asperger dans *Wikipédia* (consulté en mars 2010).

15. Frith, U. (1992). *L'énigme de l'autisme*. Paris : Éditions Odile Jacob.

16. Article sur Hans Asperger dans *Wikipédia* (consulté en mars 2010).

Violence secondaire

L'adolescence! S'il est une période de ma vie que je ne voudrais pas revivre, c'est bien celle-là. Elle est difficile pour plusieurs mais, pour les autistes, elle est périlleuse à cause du regard des autres... et pas que de leur regard. Ce que je raconte ici, la grande majorité des autistes le vit, et je reviendrai ultérieurement sur les statistiques.

De Elvis à Leloup

Jusqu'à l'âge de douze ans, c'est surtout la musique populaire qui avait ma prédilection. Je regardais fidèlement une émission télévisée consacrée aux vedettes de la chanson. J'aimais ces mélodies entraînantes. J'étais encore plus fasciné par le classement au palmarès : cette émission présentait les artistes par ordre de ventes de disques, de la dixième position à la première. D'une semaine à l'autre, de nouvelles chansons remplaçaient les anciennes, telle chanson montait ou descendait en grade. J'étais intrigué par ces mouvements et espérais que mes pièces préférées monteraient au sommet puis s'y maintiendraient!

Adolescent durant les années 1970, j'aurais dû souscrire à la musique populaire qui vivait alors une sorte d'âge d'or avec le rock progressif. Ça n'a toutefois pas été le cas. Mes goûts musicaux allaient changer et mon intérêt pour la musique populaire diminuer sans totalement disparaître. Quelques disques me semblent toujours magnifiques, au sommet desquels trône glorieusement *Uncle Meat* de Frank Zappa (1969) : cette œuvre surréaliste, dépourvue de sensiblerie et de grandiloquence, m'émeut profondément, presque jusqu'aux larmes! Aujourd'hui, je suis la carrière de quelques artistes *populaires*, parmi lesquels Jean Leloup. Curieusement, j'accepte chez lui des choses qui m'agacent ou me lassent très vite chez d'autres. Il en va également ainsi pour mon cinéaste préféré, Woody Allen: les deux cas représentent des intérêts particuliers. Ce sont des angoissés: je me retrouve chez eux. En même temps, je les aime parce qu'ils sont différents de moi; mon esprit trouve en eux une complémentarité que j'apprécie[1].

Mais pourquoi me suis-je éloigné de la musique populaire que j'aimais tant enfant? Brutalement et sans nuancer: a) à cause de l'abus du fort volume sonore; je ne suis pas sourd ni ne tient à le devenir; b) à cause de la rythmique systématiquement et lourdement appuyée. J'ai toujours l'impression que quelqu'un fait le compte: un, deux, trois, quatre, un, deux, trois, quatre... Le rythme étant déjà dans la musique, la batterie le dédouble, ce qui me semble superflu. Je sais compter, et au-delà de quatre! Chapeau à Harmonium pour *Si on avait besoin d'une cinquième saison* (1975), où il n'y a pas de batterie dans l'instrumentation; c) à cause de la présence fréquente de la drogue. Je ne crois pas qu'un véritable artiste puisse avoir de meilleures idées en consommant de la drogue. D'ailleurs, Frank Zappa n'y touchait pas ni n'abusait d'alcool. À cet égard, un ange m'a protégé de quelque chose qui aurait pu m'être très néfaste; d) parce que ce monde mise sur une sorte d'unanimité de mouvement à laquelle je me sens étranger. Pour moi, l'horreur totale en musique se trouve dans les produits discographiques du genre *Party Mix*. Finalement, il y a une autre raison, très personnelle celle-là, que je vais exposer peu à peu.

Autonomie et violence

En septembre 1972, je suis entré au secondaire, au collège D... C'était une école privée pour garçons tenue par une communauté religieuse. J'ai fait là mes cinq années de cours secondaire, et ce fut une expérience marquante à plusieurs égards. Je commence par le positif. La pédagogie était originale. C'était une méthode individualisée avec peu de cours magistraux. Nos travaux prenaient la forme de fiches pour lesquelles étaient fixées à l'avance des dates de remise. Nous avions à notre disposition une bibliothèque et une vaste salle d'étude. Pour chaque matière, l'enseignant en charge avait des heures de disponibilité, où nous pouvions aller travailler à son bureau et lui poser des questions. Nous étions donc très libres de notre temps, pour autant que nous remettions les travaux aux dates prévues et réussissions les examens. Je m'y sentais comme un poisson dans l'eau, à tel point que je n'ai jamais travaillé ou étudié à la maison durant ces cinq années. Lorsque je revenais du collège à la fin de la journée, je laissais mon sac d'école dans le portique et ne le reprenais que le lendemain (ou le lundi matin après la fin de semaine). Et mes résultats scolaires étaient excellents. Je profitais au maximum des périodes libres au collège pour faire mes travaux et étudier. De retour à la maison, je me consacrais à mon univers personnel. J'aime être maître de mon temps et m'organise pour l'être autant que possible. Je déteste travailler sous pression. Laissé à mon rythme, je suis toujours à temps, sinon en avance. Comment y parviens-je sans jamais me presser, alors que tant de gens s'agitent, courent et sont toujours en retard? Aucune idée. Ce système pédagogique était idéal pour moi.

Le négatif maintenant. Une école de garçons, dirigée par des hommes et accordant une grande importance aux sports réunit tous les ingrédients pour favoriser le *bullying*[2]. Et de fait, le *bullying* s'y pratiquait à grande échelle. La direction fermait les yeux, alors que même des enseignants le subissaient: une professeure d'anglais a vécu un calvaire parce qu'elle avait un doigt difforme. Avec mes allures curieuses, avec mes comportements solitaires et atypiques, je me suis vite fait repérer. La fin du secondaire 1 marqua les débuts de mon supplice. Un matin, je suis arrivé à mon bureau et ai découvert tous mes cahiers et livres saccagés. Frappé de stupeur, j'ai entendu rire autour de moi. Ce n'était que le prélude.

En secondaire 2, les violences physiques autant que psychologiques à mon endroit ont été quotidiennes et infernales. Un autobus prenait les étudiants sur la route jusqu'au collège. Je me faisais pousser et donner de forts coups. On me lançait toutes sortes d'objets. L'hiver, on volait ma tuque pour la souiller de sloche. Arrivé au collège, dans la section des casiers, je me faisais à nouveau rouer de coups. Mes tortionnaires me poussaient de l'un à l'autre comme si j'étais un ballon. Ils m'ont même enfermé dans ma case. Partout où je passais, je me faisais traiter de « tapette », de « fif », d'idiot. Un jour, durant une période de consultation en histoire, je travaillais seul à une table. Le professeur s'est absenté un instant. Aussitôt, un « camarade » m'a frappé par derrière et m'a plaqué le visage contre la table. Il s'est mis à m'asséner une multitude de coups de poing à la tête : les autres riaient de plus en plus fort, et la cadence des coups augmentait sous les encouragements. J'ai entendu un garçon dire que ça suffisait. L'agression s'est enfin terminée, mais je voyais des étoiles. Je me suis levé en titubant pour sortir du local, sous la risée générale ; j'ai croisé le professeur, qui m'a regardé sans s'arrêter. Je suis allé dans un coin sombre pour pleurer. Lors d'une autre violente séance de *bullying* à grands coups de poing et de pied, j'ai chuté et j'ai été frappé dans les testicules, « par accident » : des veines ont éclaté, laissant de grosses varices proéminentes. Quelques années plus tard, un médecin qui examinera ces stigmates doutera que je puisse avoir des enfants.

Et il y avait les cours d'éducation physique. Personne ne voulait de moi dans son équipe parce que j'étais une « maudite poche ». Nous allions à l'aréna jouer au hockey. Lorsqu'on me laissait jouer (je réchauffais le banc presque tout le temps), les autres me plaquaient avec toute la violence dont ils étaient capables. Un jour, j'ai été très durement sonné et suis péniblement retourné sur le banc en pleurant de douleur alors que tous riaient, même le prof. Personne n'est venu me voir. À l'hiver, nous avons eu une classe de neige. J'ai tout fait pour ne pas y aller, mais la direction fit comprendre à mes parents que c'était obligatoire. Ce fut à nouveau un enfer à plein temps. Je passais les soirées dehors, seul, au grand froid : je préférais cela à ce qu'on me faisait subir à l'intérieur. Cette fois, ô miracle, un professeur a dit au groupe que les choses étaient allées trop loin : j'ai pu bénéficier d'un court répit.

En secondaire 3, dans les cours d'éducation physique, la lutte gréco-romaine s'ajoute au programme! Cette fois, je décide que c'en est assez. Pour la première fois de ma vie, je sèche des cours: trente absences en une année en éducation physique! L'année suivante, j'ai un peu modéré mes absences, et le professeur m'a accordé un 40 % au premier semestre. Je m'en fichais. On n'allait tout de même pas bloquer un élève à cause du sport, alors qu'il réussit très bien partout ailleurs! Je pense que le collège s'est résigné à me considérer comme un cas désespéré. Je faisais tout de même un peu de sport. Je ne me débrouillais pas trop mal en badminton mais, évidemment, c'est un sport de tapette puisqu'il faut faire preuve de «souplesse du poignet» (je n'ai jamais compris le rapport, mais cela semblait très, très drôle). Je faisais aussi un peu de ski de randonnée. Comme cette discipline était matière à évaluation au collège, on nous amenait sur des pistes. Là, une chose très curieuse se produisait. Les skis à peine fixés, c'était le départ d'une course frénétique. Camarades et professeur semblaient avoir le feu au derrière. Bien entendu, j'obtenais le pire temps de la classe, mais cela ne signifiait rien pour moi: j'avais pris le temps d'admirer le paysage, de m'émerveiller de la neige sur les arbres, d'écouter les craquements des branches, les quelques chants d'oiseaux et même le son de mes skis glissant sur la piste. Ça, c'était agréable! Je crois que je n'ai jamais rien compris à la compétition, même sportive. Je m'étonne qu'on dise que le sport, «c'est pour dépasser nos limites», car nous pouvons tout aussi bien nous surpasser en arts, en sciences, bref en n'importe quelle activité. En raison de ces mauvais souvenirs, je n'associe aucune valeur positive à la pratique sportive.

La réalité troublante du *bullying*

Est-on conscient des ravages que peut faire le *bullying*, des séquelles souvent permanentes qu'il laisse? Par choix, j'avais eu jusque-là très peu de véritables amis. Désormais, le choix n'avait plus rien à y faire: j'étais un rejet, un déchet. Les seuls compagnons avec lesquels je pouvais parler un peu étaient les autres victimes de *bullying* au collège, tel Pierre. Premier de classe, extrêmement talentueux en sciences, il se suicidera, à bout de forces, et de nerfs. Pour ma part, je suis marqué en mon corps comme au fer rouge. Pendant de nombreuses années, je ferai régulièrement des cauchemars, plusieurs fois par mois et même quelques nuits de suite à l'occasion. Dans ces cauchemars terrifiants, je suis poursuivi par des groupes enragés. Je fuis de toutes mes forces ; quelquefois, j'arrive à m'envoler. Mais des mains énormes m'attrapent et me font subir des sévices. Je m'éveille alors en sueur et en sursaut, croyant avoir hurlé à pleins poumons. J'apprendrai bien plus tard que je souffrais d'un grave syndrome de stress post-traumatique et que de tels cauchemars récurrents sont réellement dangereux. La tension vécue par les victimes de *bullying* est presque surhumaine, et la douleur, physique comme psychologique, intense, presque intolérable. Ses conséquences sont profondes et durables.

L'extraordinaire dans ces situations réside dans le fait que tous les responsables savent ce qui se passe mais ne réagissent pas. C'était, plus encore qu'aujourd'hui, un tabou total. Je ne suis pas tout à fait juste : au collège, on faisait quelque chose. Un jour, le directeur m'a convoqué à son bureau pour me dire : « Bats-toi ! » Une autre fois, constatant mes mauvaises notes en éducation physique, un responsable pédagogique m'a rencontré pour déplorer ma « mauvaise attitude ». Le plus étrange était de savoir que ce collège était dirigé par une communauté religieuse catholique. Or, qu'enseigne l'Évangile en ce qui a trait à la violence ? Non pas de se battre, mais de « présenter l'autre joue », c'est-à-dire de recourir à des techniques de non-violence. Alors, pourquoi n'était-ce pas cela qu'on enseignait ?

Un autre aspect troublant du *bullying* est que les victimes ne se plaignent généralement pas. Je ne parlais donc pas de cette situation à mes parents. Je ne sais pas comment j'ai pu dissimuler de telles épreuves. Pourtant, une question douloureuse s'est posée : mes parents savaient-ils ? Je ne leur en parlais pas, mais la violence que je subissais me suivait jusqu'à la maison. Le soir, je recevais des coups de téléphone anonymes, injurieux, souvent obscènes. Des « camarades » faisaient venir cinq ou six taxis à la fois à la maison, ou livrer autant de pizzas : « C'est pour Antoine.» Alors, est-il possible que mes parents ne se soient rendu compte de rien? Plusieurs années après, je leur ai finalement raconté quel enfer avait été pour moi le secondaire et ils ont été étonnés: «Tu aurais vraiment dû nous en parler. Nous ne savions pas, sinon nous t'aurions changé d'école. Les enfants devraient se confier à leurs parents.» C'est vrai. Pourtant, il me reste des souvenirs ambigus de l'époque. Ainsi, un jour, mon père était venu me chercher au collège en auto et avait aussi ramené Luc. Au cours du trajet, Luc a dit que je me faisais «écœurer» à l'école. Il y a eu un temps de silence. Peut-être mon père n'avait-il pas entendu?

Il paraît que depuis ce temps les écoles sont moins tolérantes quant à ces abus, et qu'il existe des programmes de prévention et d'aide pour les victimes (mais encore faut-il qu'elles en parlent, ce qui n'est pas évident). Le *bullying* est souvent assimilé au taxage et au problème des gangs de rues. Une tendance récente l'assimile plutôt à l'homophobie. En février 2009, une équipe dirigée par Line Chamberland de l'Institut de recherches et d'études féministes rendait publics les résultats d'une étude sur le *bullying* dans les écoles secondaires. L'équipe a constaté qu'il prend souvent des couleurs homophobes: les mots «gai», «tapette», «fif», «lesbienne», «homosexuel» sont utilisés pour injurier, disqualifier et rabaisser. Mais les chercheurs ont été surpris par un autre constat pourtant prévisible: «Au début, on se disait que ce serait les gais, les lesbiennes et les bisexuels qui souffriraient le plus d'intimidation. Mais à notre grande surprise, ce sont majoritairement des élèves hétérosexuels *différents* ou ne correspondant pas à la norme qui sont les victimes.» Dans une société se targuant d'être pacifiste, l'étude montrait que les garçons qui ne sont «pas assez agressifs» [sic!] constituent des proies faciles. Leur différence serait perçue comme un signe d'homosexualité: «À l'adolescence, à l'époque où l'identité se construit, les gais et les lesbiennes sont des figures de distanciation que l'on dénigre pour mieux se valoriser[3].» L'étude tend donc à faire de la lutte contre le *bullying* une affaire de lutte contre l'homophobie. Or la violence conjugale existe chez les couples de même sexe, et les conjoints ont alors souvent recours à des insultes homophobes[4]!

Réduire le *bullying* à l'homophobie ou au taxage ne réglera donc rien. Le *bullying* est de la violence ordinaire. N'importe quel prétexte, même le plus saugrenu, le justifie. Tel jeune se fera abuser par ses camarades parce qu'il a un nez comme ci, une oreille comme ça. Une jeune fille a été persécutée parce qu'elle était belle : ses compagnes l'appelaient toujours «la putain». En réalité, la violence et le mal n'ont ni visage ni cause. Qu'un prétexte devienne socialement inacceptable, un autre s'offrira rapidement.

Ce sadisme est cautionné par la loi du silence qui l'entoure : «Ça va lui apprendre à se défendre; ça va le renforcer, lui former le caractère.» Quant aux abuseurs, «ce n'est pas grave, c'est juste la testostérone». Lorsque des cas de *bullying* à l'école transpirent dans les médias, la première réaction des autorités est de nier : «De la violence ici ? Jamais! C'est tolérance zéro.» Ou de minimiser la situation : «Ce sont des enfantillages.» J'espère que cela changera : il s'agit de crimes contre la personne qui touchent entre 10 et 15 % des jeunes. L'école devrait être un lieu où l'on apprend le respect des autres, pas une sorte de tamis où les enfants sont triés en fonction de leur conformité sociale et où ceux qui sont «différents» sont exécutés, mis au ban de la collectivité, rejetés comme en une sorte de sélection darwinienne. Car, pratiqué impunément à l'école, le *bullying* s'infiltre ensuite jusque dans le monde des adultes, qui le transposent dans leurs comportements. Il empoisonne alors les liens sociaux, les milieux de travail, les institutions, la politique et les médias (où le couvre le prétexte de l'«humour») selon un scénario qui se répète sans surprise : victimes laissées pour compte, loi du silence à l'interne, déni face au public; jusqu'à ce que l'évidence éclate, ou un drame. Oui, les institutions me font un peu peur...

La plupart des survivants au *bullying* se transforment pour se rendre plus conformes à la dictature de la meute. Certains se mettent à la musculation pour compenser leur petite taille, qui leur valait des moqueries, d'autres se font refaire le nez. Certains subliment leur épreuve en épousant une cause sociale, mais d'autres deviennent asociaux, révoltés, voire violents à leur tour. Et moi, que pouvais-je faire ? J'étais différent, mais je n'avais pas de mots pour nommer ma différence. De toute façon, je n'avais d'autre volonté que de demeurer moi-même et de pratiquer la non-violence jusqu'à ce que mes tortionnaires se lassent.

Mais quelle différence ?

À la fin du secondaire 2, j'ai croisé mon bourreau en chef. Il sortait du bureau de la direction et, venant d'apprendre son renvoi, il pleurait de rage. Heureusement qu'il ne m'a pas vu! Je l'ai regardé s'en aller en me disant que j'avais obtenu une victoire. Sans leur grand leader, mes moutons de camarades ont un peu relâché leur *bullying* à mon endroit. Cela a continué, mais en s'atténuant peu à peu jusqu'à la fin du secondaire. Je n'étais pas mieux accepté pour autant. En secondaire 3, le professeur de biologie m'a désigné à la classe comme un exemple de *crossing-over* génétique parce que j'avais, selon lui, certains traits physiques de ma mère. C'était «subtil» de sa part et les rires ont accompagné sa «démonstration». À une pause, il discutait avec des élèves lorsque je suis passé près d'eux. Il m'a fixé et, même si j'ai continué mon chemin, j'ai pu l'entendre dire : «Il faut respecter les homosexuels. Il y a des gens comme ça, c'est la diversité humaine.» C'était se montrer ouvert, mais j'ai eu très mal. Je ne suis pas homosexuel, je n'ai jamais été attiré sexuellement par les hommes. Je me sentais totalement incompris. Mais pouvais-je en vouloir à ce professeur ? Je ne savais pas moi-même en quoi consistait ma différence.

J'ai souvent été insulté par des gens qui me croyaient homosexuel. Cela a rapidement débordé du cadre de l'école. Plusieurs fois, je me suis fait siffler dans la rue ou crier des bêtises : «Hé, le grand fif!» Une fois, adolescent, j'attendais le métro. Sur le quai opposé, il y avait deux jeunes gars. L'un m'a vu et a dit très fort à son ami en me pointant : «Heille, regarde de l'autre bord! Que c'est ça ?!» Puis, ils se sont mis à me crier des obscénités jusqu'à ce que l'arrivée de la rame de métro mette enfin un terme à mon supplice. À peu près à la même époque, alors que j'étais dans un camp musical, un moniteur m'a approché lors d'un feu de camp. Il parlait tout doucement et m'a dit des choses comme : «Toi et moi, nous sommes des personnes différentes, n'est-ce pas ?» Je ne lui ai rien répondu;

par instinct, je m'en suis aussitôt éloigné et j'ai tout fait pour l'éviter par la suite. Vers vingt ans, lorsque je travaillais comme préposé dans un l'hôpital, un visiteur m'a pincé les fesses pendant que je faisais manger un patient. À Poitiers, en France, je marchais avec deux compagnes au cours d'un stage d'études. Un homme nous a croisés dans sa voiture de luxe ; il a ralenti et m'a envoyé un énorme crachat en plein visage avant de s'enfuir. À Paris, une prostituée m'a accosté alors que je regardais la vitrine d'un magasin : « Veux-tu faire l'amour ? » Je lui ai souri en disant que non. Déconcertée, elle m'a demandé si j'étais « homo ». Plus tard, j'ai raconté la scène à un ami français. Il n'arrivait pas à croire que j'aie pu aller à Paris sans me payer une prostituée. Mais cette idée ne m'avait même pas effleuré. Au cours de ma dernière saison comme recherchiste à Radio-Canada, la réalisatrice, une femme dominatrice et perturbée, a demandé à son assistante : « Antoine est-il gay ? Il ne me cruise pas ! » Je n'avais jamais remarqué qu'elle m'avait fait des avances, mais j'ai compris pourquoi elle me faisait tant de difficultés au travail. Il y a quelques années à peine, j'étais assis à une station de métro. Un vieil homme passe devant moi, s'arrête et me dévisage. Ne le connaissant pas, je lui demande ce qu'il cherche. Il me dit : « Je te regarde. » « Que me voulez-vous ? » « Je te regarde pas parce que t'es beau, mais parce que t'es un hostie de trou de cul ! » Plus récemment encore, je faisais des courses dans un centre commercial et je devais aller aux toilettes. Alors que je me lavais les mains, j'ai aperçu dans le miroir un homme à un urinoir qui avait la tête tournée vers moi et me fixait avec un air bizarre. J'ai réalisé qu'il était en train de se masturber à fond la caisse ! Que tout ces gens soient dérangés, c'est certain. Il demeure que ma personne semble attiser leur penchant pour la violence. Mais qu'ai-je donc, à part une immense douleur devant ces agressions inexplicables ?

Il est vrai qu'au secondaire, je ne sortais pas avec des filles. Je n'allais pas aux danses, ni à celles organisées au collège ni à d'autres. Je ne suis même pas allé à mon bal de finissants et n'en ai eu aucun regret. Ce n'est pas que j'avais peur d'y faire de mauvaises rencontres : cela ne m'intéressait tout simplement pas. J'ai passé cette soirée dans mon monde, heureux.

Il est aussi vrai que, lors des réunions de famille, je préférais me joindre aux discussions des femmes plutôt qu'à celles des hommes. Je suis toujours ainsi, préférant la compagnie féminine à la compagnie masculine, sans que cela n'implique le moindre désir de séduction.

Avais-je un problème d'identité sexuelle ? Je voyais bien que je ne partageais pas beaucoup les intérêts typiques des garçons de mon âge. J'en suis même arrivé à me demander si je n'avais pas un esprit féminin dans un corps masculin, et j'ai été troublé d'apprendre qu'une telle condition existait, pouvant mener des gens à «changer de sexe». En quelques occasions, lorsque je faisais couler l'eau pour prendre un bain, j'ouvrais le tiroir des effets de ma sœur Geneviève. Je regardais ses produits de maquillage. J'ai même osé mettre un peu de son rouge à lèvres. J'ai aussi mis du vernis coloré sur un de mes ongles. Je faisais ça très rapidement et me pressais de l'enlever avant qu'il ne sèche. Un jour, j'ai franchi une barrière interdite. Je crois que j'étudiais à l'université en ce temps-là, mais peut-être était-ce avant. Je suis allé dans une pharmacie loin de la maison m'acheter du rouge à lèvres, du vernis à ongles et un dissolvant. J'avais choisi des couleurs foncées, profondes, oserais-je dire masculines ? Certain d'être seul à la maison pour un bon moment, je suis allé dans la salle de bain du sous-sol et me suis mis ces produits, le vernis cette fois sur tous les ongles. L'expérience m'a procuré un grand plaisir. Puis, j'ai enlevé tout cela avec un certain regret en me posant beaucoup de questions. Peut-être étais-je loin d'être le seul garçon à agir ainsi, mais qui oserait l'avouer ?

Je sentais aussi autre chose, mais il m'était impossible de savoir ce que c'était. Peut-être une forme de dissociation de la personnalité ? Cette question se dissipera par la suite[5]. Aujourd'hui, je sais que cette ambiguïté et ce questionnement sont fréquents chez les autistes.

Portrait d'un diplômé du secondaire

Parallèlement à la violence, j'avais découvert de nouveaux horizons musicaux, et la musique était devenue un jardin secret qui m'a certainement aidé à survivre. J'ai établi une relation particulière avec cet art, qui fera l'objet du prochain chapitre autobiographique. Je m'étais éloigné des goûts de mes camarades, qui se passionnaient pour le rock, certains se vantant d'avoir essayé telle ou telle drogue. Au gymnase, pendant les cours d'éducation physique, il était coutume de faire du jogging au son du rock et je lui portais beaucoup plus d'attention qu'à la cadence de mes pas : quelle platitude que de courir en rond ! Pourtant, je trouvais très curieux que cette musique prétendant porter des idéaux de paix et de fraternité soit précisément celle qu'aimaient mes tortionnaires. De deux choses l'une : ou ils ne comprenaient pas ce qu'ils écoutaient, ou tout cela n'était que foutaise et showbiz. Je ne sais pas. Je ne crois pas que John Lennon ait été un sage. J'ai lu qu'il se serait acheté un char d'assaut pour se défouler sur ses vastes propriétés...

Vers la fin du secondaire, notre classe était réunie au local d'enseignement religieux. Quelques professeurs et membres de la direction du collège étaient là aussi. Nous étions assis en cercle pour discuter de grandes questions comme la paix dans le monde. Je m'ennuyais et composais dans ma tête. À un moment, un professeur dit : « J'aimerais entendre ce qu'Antoine a à dire. » J'étais pris par surprise, mais les mots sont sortis tous seuls : « Oh, c'est bien de vouloir la paix dans le monde, mais il faut commencer par la faire autour de soi. » Ce fut tout, et il y eut un long silence. Je ne me rappelle pas la suite puisque je me suis remis à composer dans ma tête... J'ai connu un pacifiste militant, un homme riche qui, dans un certain contexte, n'a pas hésité une seconde à écraser une personne défavorisée pour accroître ses revenus. Je crois que la paix est d'abord une affaire de proximité : elle commence en soi et dans notre entourage immédiat. Si tel n'est pas le cas, elle relève du vœu pieux, du mensonge, de l'imposture... et elle n'advient pas.

Dans les derniers mois du secondaire 5, j'ai passé avec succès ces mystérieux examens du ministère auxquels nous étions conviés à la dernière minute et sans trop savoir en quoi ils consisteraient. Le relevé de notes que nous en recevions était rédigé dans un langage bureaucratique incompréhensible. J'ai quelquefois rêvé que j'avais raté ces examens, que mon diplôme secondaire m'était retiré et que je devais reprendre des cours de ce niveau ! Mais non. En juin 1977, j'ai obtenu mon diplôme avec de très bons résultats partout, bien au-dessus de la moyenne... sauf en éducation physique. Une période très désagréable de ma vie s'achevait donc enfin.

J'ai seize ans. Qui suis-je ? Je suis grand et mince, presque maigre. Je suis solitaire, j'ai peu de vrais amis et les fréquente rarement. Je n'aime pas le sport, surtout les sports d'équipe. Je me sens maladroit dans mes gestes. J'adore lire et étudier. Je porte des lunettes. Si j'étais ado aujourd'hui, je serais un *nerd*. Je n'aime pas m'exposer au soleil, même si je subis des moqueries parce que ma peau est blanche. Je crois en Dieu et suis catholique pratiquant. Je ne suis allé ni à mon bal de finissants ni dans les soirées de danse ou à des partys. En fait, de ma vie, je ne suis jamais entré dans un bar ou un club. Je ne suis pas attiré par les filles et pas plus par les garçons, mais je me pose certaines questions sur cet aspect un peu étrange de ma personne. Je n'ai jamais acheté ni regardé de revue «pour adultes» ni visionné de film porno. Je parle bien ma langue et ne sacre pas. Je ne me suis jamais saoulé ni n'ai touché à la drogue. Je n'ai aucun mérite : tout cela ne m'intéressait pas et ne m'a jamais intéressé par la suite. Je ne cherche pas à passer pour un sage, car je n'ai même pas eu à résister à la tentation !

Par ailleurs, je souffrais sans le savoir d'un sévère syndrome de stress post-traumatique. Au collège, je n'avais eu d'autre choix que de vivre en mode survie. Mais qui aurais-je été si j'avais pu vivre ces années d'une manière normale ? Je n'aurais pas été différent. Exercées jusqu'à la brutalité, les pressions sociales pour m'obliger à me conformer à la norme n'avaient aucune prise sur moi ni l'idée de me changer ou même de faire un «effort» pour m'intégrer ne serait-ce qu'un peu au groupe de mes pairs. Intuitivement, je savais que je n'avais pas à avoir honte d'être différent, que j'étais ainsi, un point c'est tout, et que, si tort il y avait, il était le fait de ceux qui exerçaient la violence et de ceux qui la toléraient en fermant les yeux.

J'aimerais croire n'en avoir voulu à personne pour ce qui est arrivé, mais je dois admettre qu'il reste en moi un fond de colère. Bien que je sois pudique, ma capacité d'indignation devant les injustices ne s'est pas émoussée avec l'âge. J'ai souvent dénoncé des situations en écrivant des lettres ouvertes aux journaux mais, trop incisives, elles ont rarement été publiées! Pourtant, malgré les souffrances post-traumatiques qui me hanteront longtemps, une partie de mon être demeurait sereine. Je n'ai jamais eu le sentiment de ne pas «avoir vécu ma jeunesse». Je n'ai ressenti ni ne ressentirai le moindre manque ou regret. Au contraire, pour atypique qu'elle ait été, ma jeunesse était pleine, mon monde riche: j'ai appris des tas de choses intéressantes et fait des tas d'activités qui me comblaient.

Notes

1. Dans le texte d'accompagnement du disque *Mille excuses Milady* (2009), Leloup affirme que sa maladie est la peur, y compris celle de sortir de chez lui. Il confie souffrir d'autres troubles mentaux, déficit d'attention et maladie bipolaire, pour lesquels il dit prendre une médication; il admet aussi abuser d'alcool, de tabac et avoir «pris plein de drogues, mais juste de la douce» (méchant cocktail!). Quant à Woody Allen, je pense que ce qui me touche le plus dans ses films est leur aspect musical, pas seulement la musique qu'il utilise, mais aussi la construction du récit, la polyphonie des conversations et des personnages. Je n'ai pas été surpris d'apprendre qu'il jouait du jazz de façon régulière. Les films que je préfère sont ceux de sa période «Mia Farrow»: *Zelig, La rose pourpre du Caire, Hannah et ses sœurs, Crimes et délits*, etc. Après sa rupture très médiatisée avec l'actrice, Woody Allen m'a semblé profondément ébranlé: pour moi, plusieurs films produits après coup manquent de sa «touche magique». Certains me plaisent tout de même, dont *Coups de feu sur Broadway* et *Hollywood Ending*.

2. Je préfère ce mot à «intimidation», qui fait trop léger. Et puis, il est aussi laid que la réalité qu'il désigne.

3. Ces propos sont tirés d'un article d'Anne-Marie Brunet, «Homophobe, le milieu scolaire québécois?», paru dans le journal *L'UQÀM*, volume 35, numéro 14, 23 mars 2009.

4. Sylvie Thibault, professeure au département de travail social de l'Université du Québec en Outaouais, citée par *Rue Frontenac*, le jeudi 23 décembre 2010, p. 10.

5. Il semble que le compositeur russe Alexandre Borodine (1833-1887) ait vécu quelque chose de semblable. Dans son enfance, il était convaincu d'être une fille. Ce qui m'a réconforté est que les choses se sont éventuellement placées pour lui. Je m'en sens d'autant plus proche que, comme moi, Borodine était attiré tant par la science que par la musique. Médecin et chimiste, il a été un des collaborateurs de Dimitri Mendeleïev pour l'élaboration du tableau périodique des éléments chimiques, que les étudiants en science doivent maîtriser encore aujourd'hui.

LE MONDE ASPERGER (III)
LES CAUSES DE L'AUTISME ET DU SYNDROME D'ASPERGER

La thèse de la maladie

Il existe des tas d'hypothèses sur les origines de l'autisme. À l'heure actuelle, aucune n'est validée de façon scientifique. En attendant, on a tendance à considérer l'autisme comme multifactoriel, c'est-à-dire causé par la combinaison de plusieurs facteurs, dont l'importance relative n'est pas établie. Par contre, selon un certain consensus, l'autisme est une maladie, quelque chose d'essentiellement négatif et à quoi il faut chercher remède.

Le discours sur les causes de l'autisme est comme une «chambre des miroirs», un labyrinthe dont les murs sont tapissés de glaces. Qui entre en ce dédale peine à trouver son chemin et à en sortir vraiment éclairé. Peut-être d'ailleurs ce labyrinthe n'a-t-il qu'une porte : celle par laquelle on entre, celle aussi par laquelle on doit sortir. De nombreux chercheurs travaillent sur l'«autisme maladie» et proposent diverses hypothèses, dont certaines sont avancées presque comme des certitudes. C'est de bonne guerre : pour obtenir des subventions, les chercheurs doivent aboutir à des résultats. Mais présenter de façon prématurée une hypothèse comme une certitude peut avoir de graves conséquences.

Actuellement, deux pistes principales se dégagent de la recherche sur les causes de l'autisme, qui ont trait soit à des facteurs extérieurs (notamment environnementaux), soit à des facteurs internes (génétiques). Je survole ces deux pistes en m'appuyant sur les résultats de recherches récentes résumées entre autres sur le site Internet *Psychomédia*[1].

La piste de l'environnement

Le nombre de personnes autistes diagnostiquées augmente partout dans le monde. Certains ne voient là que le résultat d'un meilleur dépistage, alors que d'autres croient que des facteurs favorisent cette augmentation. Par exemple, selon une recherche publiée dans la revue *Epidemiology*, l'augmentation marquée des cas d'autisme en Californie (multipliés par sept ou huit) depuis 1990 pourrait s'expliquer en partie par des facteurs environnementaux. L'amélioration du dépistage ou la migration des populations ne suffiraient pas à expliquer une telle augmentation. Les chercheurs font un constat et émettent un vœu (bien prévisible!): «Actuellement, environ de dix à vingt fois plus d'argent est investi dans la recherche des causes génétiques que dans celle des causes environnementales. Les sommes devraient être réparties également.» Si «les facteurs environnementaux doivent être sérieusement considérés», quels seraient donc ceux ayant un lien de causalité avec l'autisme? La réponse reste vague, et d'ailleurs formulée au conditionnel: «Ces facteurs peuvent inclure les médicaments que les gens prennent, les technologies de reproduction assistée aussi bien que les shampoings pour les animaux, la pâte à dents et bien d'autres[2].» Bref, on n'en sait trop rien. La présence de shampoings pour animaux dans cette liste peut surprendre. Ce sont des produits contre les puces et les tiques contenant de la pyréthrine, un insecticide. Les femmes ayant utilisé ces shampoings pour laver leurs animaux domestiques pendant qu'elles étaient enceintes présentaient un risque deux fois plus grand que leur enfant soit autiste[3]. Ces chercheurs n'affirment pas que l'insecticide est une cause; ils disent simplement que ce facteur de risque s'ajoute à d'autres.

Parmi ces autres facteurs, le mercure est pointé du doigt. À la fin des années 1990, une étude publiée dans la prestigieuse revue médicale *The Lancet* concluait à un lien causal entre les vaccins pour enfants et l'autisme. Ces résultats ont évidemment alarmé de nombreux parents. En 2007, un mégaprocès s'est ouvert aux États-Unis; il engageait les parents de près de cinq mille enfants, qui soutenaient que ceux-ci avaient développé l'autisme après avoir été vaccinés[4]. Or les vaccins pédiatriques, comme le ROR (contre la rougeole, les oreillons et la rubéole), contiennent du thimérosal, composé à 50 % d'éthylmercure et utilisé pour prévenir la contamination bactérienne et fongique. Après avoir étudié les dossiers de vingt-huit mille enfants québécois, le docteur Éric Fombonne a éliminé tout lien possible entre ces vaccins et l'autisme. De plus, au Québec, le thimérosal a été éliminé des vaccins en 1996; or «selon nos données, l'incidence de l'autisme a été plus élevée chez les enfants vaccinés après ce retrait[5]». En 2007, le docteur Fombonne et son équipe ont démontré que «l'autisme n'est pas lié à l'exposition au mercure, que ce soit par les vaccins, les amalgames dentaires ou le méthylmercure présent dans l'alimentation». Après avoir comparé les teneurs en mercure des cheveux et du sang de soixante et onze enfants autistes et de leurs mères avec celles de soixante-seize enfants non autistes et de leurs mères, il a été constaté que «les taux de mercure détectés chez les enfants atteints d'autisme se situaient dans la fourchette normale de la population en général [et que], de plus, il n'y avait pas de lien entre le niveau de mercure et la sévérité des symptômes ou le niveau de fonctionnement des enfants autistes[6]». Des gens convaincus que le mercure était lié à l'autisme ont élaboré une thérapie expérimentale appelée «chélation», qui utilise des médicaments puissants pour «désintoxiquer» l'organisme des métaux lourds nuisibles. Le docteur Fombonne souligne que non seulement l'efficacité de la chélation n'a jamais été démontrée, mais que le procédé peut être dangereux puisqu'il élimine aussi des minéraux essentiels comme le calcium et le potassium. Finalement, en janvier 2010, après la rétractation de plusieurs médecins ayant participé à l'étude associant vaccins et autisme, la revue The Lancet a invalidé les résultats qu'elle avait publiés, les mettant sur le compte d'erreurs méthodologiques importantes. Ce retrait ne convaincra pas tout le monde : certains y verront plutôt la preuve des pressions de l'industrie pharmaceutique ! Les théories du complot sont très populaires.

Les sceptiques ne baissent effectivement pas la garde. Une étude de l'Université du Texas affirmait en 2008 qu'il y aurait cette fois un lien entre les quantités de mercure libéré dans l'air par les industries et les taux d'autisme. Encore une fois, il ne s'agirait pas tant d'une cause première que d'un facteur de risque. Sur la base de résultats « non définitifs », les chercheurs écrivent néanmoins : « Nous soupçonnons que l'exposition à une variété de substances toxiques de l'environnement, incluant le mercure, durant la période critique du développement neuronal chez les enfants vulnérables génétiquement peut augmenter le risque de troubles de développement comme l'autisme[7]. »

Les insecticides et les métaux lourds ne représenteraient pas les seuls facteurs de risque environnementaux. En 2001, une équipe de l'Université de l'Ohio soutenait que les femmes ayant subi un stress majeur durant leur grossesse (perte du conjoint, perte du travail, trajet de longue durée, etc.) seraient jusqu'à deux fois plus nombreuses à avoir un enfant autiste. Selon le professeur David Beversdorf, qui a dirigé cette étude, « les chercheurs ont examiné les composantes génétiques de l'autisme pendant des années, mais il y a maintenant une évidence que l'autisme est également lié à des facteurs extérieurs tels que le stress prénatal[8] ». En 2008, la revue *Brain, Behavior and Immunity* publiait les résultats d'une étude selon laquelle des anticorps IgG dans le sang de la mère se liant aux cellules du cerveau du fœtus pourraient être la cause de certains cas d'autisme[9]. L'autisme serait donc en partie une maladie auto-immune. La même année, une étude du docteur Raja Mukherjee montrait que la consommation d'alcool chez les femmes enceintes augmentait le risque d'autisme[10]. C'était la première étude à suggérer un tel lien. Ce chercheur britannique avait déjà alerté la communauté médicale sur le fait que même une faible consommation d'alcool pendant la grossesse pouvait causer des dommages au fœtus, une conclusion démentie en 2010 par une autre étude. Alors, on peut garder un doute sur le lien entre autisme et alcool, surtout que, selon le département de santé britannique, plus de la moitié des femmes prennent de l'alcool pendant qu'elles sont enceintes...

Bref, les soupçons portent davantage sur des facteurs de risque que sur des causes premières, même si des gens ont conclu que l'autisme est causé par un empoisonnement aux métaux lourds et que d'autres sont convaincus du rôle des lésions au cerveau pendant le développement du fœtus. Ces conclusions sont prématurées et, du côté de la thèse environnementale, le portrait est somme toute plutôt brumeux. Alors, l'autisme serait-il d'origine génétique ?

La piste génétique

Des études avaient déjà montré des niveaux plus élevés de troubles psychiatriques dans les familles d'enfants autistiques que dans la population générale. Selon une recherche réalisée en Suède en 2008, les parents d'enfants autistes sont 70 % plus susceptibles d'avoir déjà été hospitalisés pour un trouble mental que les parents des autres enfants. Les mères et les pères ayant un diagnostic de schizophrénie sont deux fois plus susceptibles d'avoir un enfant autiste[11]. L'étude montre aussi des taux plus élevés de dépression et de troubles de la personnalité chez les mères d'enfants autistes, mais pas chez les pères. Bien que l'association entre troubles mentaux chez les parents et autisme chez l'enfant soit statistiquement significative, le risque qu'un enfant dont un parent a une maladie mentale développe l'autisme demeure assez faible. Néanmoins, les chercheurs ont identifié ce qui semble être une prédisposition génétique[12]. Je précise qu'en ce qui me concerne, mes parents n'ont jamais eu de tels troubles.

En 2005, une équipe québécoise dirigée par le docteur Guy Rouleau (du Centre hospitalier de l'Université de Montréal) s'est lancée dans la recherche des gènes de l'autisme et de la schizophrénie (de nouveau associés). Ce projet a reçu une subvention de près de dix-huit millions de dollars, et l'on espérait découvrir à son terme de cinq à dix gènes pour chacune de ces «maladies». Le docteur Rouleau admettait tout de même que l'autisme et la schizophrénie «ne sont pas des maladies génétiques au sens classique du terme». Malgré cette prudence, il affirmait que «la part génétique chez certains malades gravement atteints est indiscutable. Il est certain que plusieurs gènes sont concernés.» Alors, est-ce une simple hypothèse ? Ce n'est pas clair... Le chercheur allait jusqu'à estimer «l'héritabilité de la schizophrénie à 70 % et celle de l'autisme à 90 %». Sur cette base, il affirmait aussi que «lorsqu'une personne est lourdement atteinte, sa maladie est très largement due à ses chromosomes», tout en signalant que «l'environnement peut en alléger les symptômes[13]». Bref, il était trop tôt pour conclure quoi que ce soit de vraiment concret.

Toujours à Montréal, mais cette fois en avril 2011, l'équipe de Patrick Cossette affirmait avoir identifié un gène dont la mutation serait liée à la fois à l'autisme et à l'épilepsie. Ce gène interviendrait dans les connexions (ou synapses) entre neurones du cerveau au cours des premières années de vie : «On sait que l'épilepsie est un genre de court-circuit des synapses. L'autisme pourrait être la forme comportementale de ces courts-circuits», suggère le docteur Cossette[14]. Cela dit, les résultats ont de quoi laisser perplexe, puisque seulement 1 % des autistes présentent la mutation en question (et 3,5 % des épileptiques), c'est-à-dire que 99 % ne la présentent pas...

Une autre étude indique qu'un gène impliqué dans l'apprentissage du langage serait lié à l'autisme. Les chercheurs du National Institute of Mental Health (États-Unis) pensent qu'une variation du gène CNTNAP2 augmente le risque de développer l'autisme, particulièrement lorsqu'il est hérité de la mère plutôt que du père (pauvres mères!). Ce gène fabrique une protéine qui intervient dans les communications entre les cellules du cerveau et semble jouer un rôle dans le développement de celles-ci. Le gène serait plus actif dans les régions du cerveau impliquées dans le langage et la pensée. Les chercheurs ont découvert que les enfants autistes ont des taux plus élevés de cette variation du gène que la population générale. Cette piste de recherche se base sur ceci : «Un retard dans l'apparition du langage est un symptôme partagé par la plupart des enfants souffrant d'autisme[15].» La plupart? Les Aspergers ne présentent pas ce retard. Alors, peut-on parler de lien de cause à effet? Prudence. Pourtant, les chercheurs affirment que «l'autisme est une maladie hautement héréditaire. Identifier les gènes impliqués est crucial pour comprendre la maladie.»

Pour des chercheurs en neurosciences du MIT, l'autisme serait lié au chromosome sexuel X et causé par le *syndrome du X fragile*, une mutation qui empêcherait la production d'une protéine nécessaire à la construction du tissu cérébral[16]. À l'opposé, des chercheurs britanniques disent voir un lien entre des niveaux élevés de testostérone dans le liquide amniotique pendant la grossesse et le développement de traits autistiques chez les enfants. L'autisme serait lié au chromosome sexuel masculin Y. On avance alors l'idée que l'autisme serait la manifestation d'un «cerveau masculin extrême», d'une exagération du profil mâle. Les autistes seraient trop «gars»! Pourquoi? «Parce qu'ils ont un intérêt très fort pour les systèmes, comme les nombres, mais ont de la difficulté avec l'empathie.» Simon Baron-Cohen, de l'Université de Cambridge, le pionnier de cette théorie, considère que les nouvelles recherches sur la testostérone déplacent la théorie de la sphère psychologique vers la sphère biologique. L'autisme est environ trois ou quatre fois plus présent chez les garçons que chez les filles. Ce taux varie selon les sources : au Québec, 84 % des enfants TED sont des garçons, un taux relativement stable dans le temps[17]. Cela semble confirmer la théorie. Mais c'est là aussi, précisément, que ça ne colle pas. Les garçons «trop garçons», ça n'existe pas, ou plutôt ils passeraient davantage inaperçus, alors qu'il serait plus facile d'identifier les filles : on devrait donc diagnostiquer surtout des filles, ce qui n'est pas le cas. De plus, dans les écoles, on l'a vu, ce sont les «garçons moins agressifs» qui sont les cibles privilégiées du *bullying*, et on verra plus loin que les enfants autistes en sont souvent victimes. Pour que la théorie tienne, les garçons autistes ne devraient avoir aucune difficulté à définir leur identité sexuelle. Or la vérité est à l'opposé. Pierre Ferrari écrit à propos des adolescents autistes que leur «perception de l'identité sexuelle est nettement établie mais souvent mieux ancrée et mieux affirmée chez les filles que chez les garçons». Chez ces derniers, «le sentiment d'identité sexuelle est souvent moins solide et source, parfois, d'une certaine ambiguïté traduite par des comportements d'allure féminine[18]». Pour ma part, je ne peux pas vraiment dire que je présentais un «profil mâle exagéré»! Des garçons Aspergers qui s'ignorent peuvent en venir à penser à tort qu'ils sont homosexuels ou, plus radicalement encore, à désirer changer de sexe.

Une variante de l'hypothèse génétique veut que l'autisme ne soit pas une maladie héréditaire classique (comme le mentionnait Guy Rouleau), mais une condition induite par des troubles métaboliques qui seraient, eux, héréditaires. Par ailleurs, selon une idée qui semble assez populaire, l'autisme serait causé par l'intolérance au gluten et à la caséine (intolérance qu'il est à la mode de qualifier improprement d'«allergie»). Ces protéines se retrouvent dans plusieurs céréales (blé, avoine et seigle, notamment) et dans les produits laitiers. Certaines personnes ne digèrent pas bien ou pas complètement ces protéines, ce qui provoque des malaises assez diffus et désagréables. Cette digestion incomplète produirait notamment des molécules s'apparentant à des substances opiacées. L'autisme serait une intoxication chronique à ces substances, un peu comme si la personne était droguée en permanence, sur une sorte de *buzz* naturel! Il y a effectivement des autistes qui présentent cette intolérance alimentaire. Mais pour qu'elle soit considérée comme une cause de l'autisme, il faudrait que tous les autistes la présentent. Or, ce n'est pas le cas, loin de là. Des personnes neurotypiques présentent aussi cette intolérance; pourtant, elles n'éprouvent aucun symptôme de type autistique. Par conséquent, l'autisme et l'intolérance au gluten et à la caséine sont deux choses distinctes et indépendantes.

Sur le métabolisme encore, des études très sophistiquées dans le domaine de la dissection moléculaire indiquent que l'autisme serait lié au «stress oxydant»:

«Un stress oxydant se produit lorsqu'un trop grand nombre de molécules du corps perd des électrons (processus qualifié d'oxydation). L'altération structurelle et fonctionnelle de ces molécules se traduit par des lésions tissulaires. Les signes d'un stress oxydant, dont l'on pense qu'il résulte de facteurs environnementaux alliés à une susceptibilité génétique, inclut une augmentation des sous-produits de l'oxydation (parties de cellules oxydées dans les urines, le sang ou les tissus), une diminution des nutriments, des molécules et des enzymes antioxydants chargés de neutraliser les oxydants, ainsi que des niveaux élevés de toxines[19]. »

Il semblerait que les enfants autistes présentent un faible niveau de glutathion, une molécule qui protège contre l'oxydation. Le stress oxydant ainsi provoqué rendrait ces enfants particulièrement sensibles aux effets du mercure contenu dans le thimérosal des vaccins pédiatriques. Cette hypothèse, nous l'avons vu, est très douteuse, voire invalide. Cela n'a pas empêché certains de suggérer d'ajouter à l'alimentation des enfants autistes de fortes doses de substances réputées antioxydantes : vitamines B_6 et C, glutathion, carnithine, magnésium, etc. Les chercheurs rapportent (mais généralisent-ils, comme je le crois ?) qu'alors « les parents signalent des améliorations sensibles chez les enfants » ainsi traités. Là encore, est-ce la cause première de l'autisme ? Ces études se limitent à indiquer que la biochimie corporelle des autistes est différente de celle des neurotypiques, légèrement différente s'entend, parce que cette biochimie fonctionne tout de même !

L'émission scientifique *Découverte* a présenté un reportage sur des chercheurs qui ont identifié dans le cerveau un type particulier de neurones, qu'ils ont nommés « neurones miroirs[20] ». Ces neurones seraient responsables de l'empathie. On montrait un groupe d'enfants devant qui un adulte mordait dans un citron et faisait la grimace : les enfants ont immédiatement réagi en faisant eux aussi des grimaces, même s'ils n'avaient pas goûté au citron. Cette capacité de mimétisme, confondue avec l'empathie, proviendrait des neurones miroirs. En regardant le reportage, j'ai tout de suite dit : « Regarde-les aller avec leurs gros sabots ! Ils vont conclure que les autistes manquent de neurones miroirs. » C'est précisément ce qui est arrivé. Le reportage illustrait la beauté de l'action de ces neurones en présentant des images de partisans d'une équipe sportive victorieuse qui poussent toutes sortes de grognements bizarres, de spectateurs d'un combat de boxe qui hurlent comme des déments, d'auditeurs d'un concert rock qui se trémoussent. Ces images me désolaient et me faisaient dire que j'étais heureux de ne pas avoir de neurones miroirs... L'autisme pourrait donc comporter une résistance à l'imprégnation, ce phénomène provoquant l'identification d'un individu à son espèce, à sa famille, à son genre, à sa nationalité, bref, au collectif.

J'ai une nièce autiste. Certains verront là une confirmation de l'hypothèse génétique. Je dois les détromper: c'est la fille de ma sœur adoptive, donc l'hérédité n'est pas en jeu. En fait, rien ne m'indique que j'aurais hérité l'autisme de la famille de mon père ou de ma mère: il n'y a aucun cas déclaré ni d'un côté ni de l'autre, ce qui n'élimine pas pour autant cette possibilité, j'en conviens. En 2010, l'équipe du docteur Rouleau a finalement publié ses conclusions: rarement héréditaire, l'autisme serait causé par des mutations génétiques spontanées. Je n'ai pas été étonné puisqu'en écrivant mon texte, j'avais envisagé cette hypothèse. Posons qu'un gène, ou un ensemble de gènes, soit effectivement à la source des différentes formes d'autisme. Normalement, ce gène ou cet ensemble s'exprimerait par des traits neurotypiques, mais il posséderait la faculté de muter spontanément à l'occasion et alors de s'exprimer plutôt par des traits autistiques. Ces derniers résulteraient non pas de gènes spécifiques, mais de mutations spontanées d'un ou de plusieurs gènes que portent tous les humains. Ce qui serait héréditaire serait alors la facilité plus ou moins grande à muter d'un ou de plusieurs gènes «universels». Cela expliquerait pourquoi l'autisme semble si difficile à cerner et si imprévisible en termes d'hérédité «classique». Nous sommes peut-être vraiment des mutants. Peut-être y a-t-il aussi plus d'agents mutagènes dans l'environnement, d'où l'augmentation des cas déclarés. Tout cela demeure encore hypothétique.

La chambre des miroirs devient la chambre de torture

Le discours sur les causes de l'autisme est une chambre des miroirs. L'autisme demeure énigmatique. Peut-être s'agit-il d'une prédisposition génétique activée par divers facteurs de risque ou quelques problèmes survenus lors de la grossesse. Même dans sa manifestation, la définition de l'autisme pose problème: maladie mentale, trouble psychique, intoxication, désordre métabolique, affection neurologique ou cérébrale, il se trouvera des spécialistes pour appuyer chacune de ces définitions en citant des tas d'études. Pourtant, une opinion commune se dégage : l'autisme est grave, c'est un mal, une maladie. Tous les discours renforcent cette perspective. Face à ces discours, il y a les personnes, à commencer par les parents d'enfants autistes.

En attendant de pouvoir guérir l'autisme, ce qui est le but ultime, il faudra apprendre à le traiter. Mais comment traiter efficacement quelque chose dont les causes sont si peu claires ? Sur le plan psychologique, pour pallier la tendance anxieuse chez les Aspergers, l'approche cognitivo-comportementale semble donner les meilleurs résultats, les thérapies psychologiques traditionnelles étant presque inutiles[21]. Mais c'est trop peu et trop long : il faut des résultats immédiats ! Il existe donc des «traitements», mais ce sont des reflets dans la chambre des miroirs : aucun n'est reconnu par la science médicale. Certaines approches sont bénignes, mais d'autres sont beaucoup plus troublantes et invasives. Là, la chambre des miroirs peut devenir chambre de torture, malgré les meilleures intentions du monde.

Il existe des thérapies expérimentales, souvent très coûteuses, aux résultats incertains et à la durée d'efficacité tout aussi incertaine. Des parents tenteront le coup, convaincus que leur enfant est malheureux (et s'il ne se dit pas malheureux, c'est que sa maladie est encore plus grave !). Quelques rapports anecdotiques, non validés par la communauté médicale, suggèrent que la thérapie à l'oxygène hyperbare pourrait améliorer le comportement des enfants autistes. Suivant cette technique, les enfants sont placés dans une chambre pressurisée avec des niveaux d'oxygène plus élevés que la normale[22]. Il n'est pas certain que le bénéfice soit durable. Mais au moins, il ne semble pas y avoir d'effets secondaires indésirables. Ce n'est pas le cas pour la thérapie par chélation, dont j'ai déjà mentionné les risques. Pire : j'ai lu des documents où il était recommandé de ne pas faire vacciner l'enfant, ce qui frise l'irresponsabilité. Si on prête foi à la théorie de l'intolérance au gluten et à la caséine, ou encore à celle du stress oxydant, il faudra donner à l'enfant un régime alimentaire particulier, peut-être à vie. Après avoir reçu mon diagnostic, j'ai contacté un organisme s'occupant d'autisme. Au cours d'une entrevue, on m'a donné de la documentation à lire et proposé de participer à des ateliers de cuisine. «Oh, je me débrouille assez bien en cuisine.» «Oui, mais c'est de la cuisine sans gluten ni caséine.» «Lorsque j'avais des troubles intestinaux, j'ai passé le test pour savoir si j'étais intolérant à ces nutriments, et les résultats ont été négatifs.» «Les tests ne sont pas fiables... De toute façon, les autistes améliorent leur état avec ce régime.»

Je suis sorti très perplexe. En lisant la documentation, je me suis rendu compte de ce qu'impliquait ce régime alimentaire. On disait de ne manger que bio, d'éviter les sucres raffinés, les aliments avec levures et les produits laitiers. Le soya figurait dans la liste de «ce qui est nocif pour la santé», sans autre précision, et le maïs faisait partie des «autres facteurs agressants dans l'alimentation qui peuvent être nocifs pour les personnes qui ont un TED». C'est toute l'alimentation qui devrait être revue, de fond en comble. Dans les épiceries, les produits sans gluten ou sans caséine sont rares et coûteux. Surtout en l'absence d'un diagnostic positif d'intolérance, ce régime a un effet pervers: on ne peut plus manger au restaurant ou dans une cafétéria, il faut apporter son repas dans les réunions familiales ou les soupers entre amis. Autrement dit, c'est un régime qui marginalise encore davantage la personne autiste. J'ai donc décidé de ne pas le suivre. Je connais le cas d'un adolescent Asperger qui l'a laissé tomber et ne s'en porte pas plus mal. En fait, ce régime n'est indiqué que pour les personnes vraiment intolérantes. Et puis, le goût du pain sans gluten, quelle horreur!

En France, la psychanalyse freudienne semble faire l'objet d'un véritable culte; évidemment, l'autisme y est souvent abordé par ce biais. Le livre savant et technique de Pierre Ferrari y a connu un grand succès puisqu'il en est à sa cinquième édition et s'est écoulé à plus de dix-sept mille exemplaires[23]. De façon typique, cet auteur parle de l'autisme comme d'une «psychose» et même d'une «douloureuse psychose», expression pouvant être assez alarmante, merci! Le syndrome d'Asperger n'y est que brièvement évoqué.

Au royaume des disciples de Sigmund Freud, un débat faisait encore rage il y a peu de temps. En 2009, l'Association Léa pour Samy dénonçait «le retard scientifique et médical» français en matière de prise en charge des enfants autistes. L'association critiquait notamment le fait qu'«alors que l'autisme est reconnu comme une maladie neurologique [sic] à travers le monde, il est trop souvent pris pour une psychose en France, ce qui s'accompagne de traitements inadéquats, en décalage avec les méthodes éducatives et comportementales développées internationalement». Elle saluait l'annonce récente du Plan sur l'autisme par le gouvernement français, tout en notant la résistance des institutions : «[Le plan] vise à favoriser le développement des approches éducatives et à prendre du recul par rapport aux approches de la psychiatrie et de la psychanalyse, mais les pratiques de prise en charge dans les établissements évoluent très peu.» L'association s'insurgeait contre le fait que «depuis des décennies, l'autisme est traité en France par diverses méthodes obscures, scandaleuses et inutiles, qui relèvent de la maltraitance physique et psychique». Des exemples de ces traitements? Il y a le *packing* (chers amis français, vous et vos mots!), qualifié de «barbare et archaïque», qui consiste «à enrouler la personne dans des draps trempés dans l'eau froide, afin de l'aider à retrouver une image corporelle en privilégiant ses vécus sensoriels et émotionnels. Ce *traitement* est utilisé sur les enfants (et les adultes) atteints d'autisme par quelque trois cents hôpitaux français et structures médicalisées, sans protocole, sans évaluation ni résultat.» Mon Dieu, que je me serais débattu! Mais les médecins freudiens auraient vu là la preuve de la gravité de mon cas. Il y a aussi la contention parentale, ou *holding* (selon les freudiens, tout vient des «mères frigidaires», froides avec leur enfant). Ce traitement propose de restaurer le lien entre la mère et l'enfant «lors de sessions de quarante-cinq minutes durant lesquelles les parents sont encouragés à contenir leur enfant en lui exprimant des affects positifs et en le regardant dans les yeux»! Il y en a encore d'autres du genre, à quoi s'ajoutent «les psychotropes et neuroleptiques [qui] sont utilisés non pas de manière ponctuelle, mais comme manière de rendre léthargique, d'assommer les patients[24]». Finalement, en janvier 2010, Nadine Morano, secrétaire d'État chargée de la famille et de la solidarité, présentait le bilan de mi-parcours du Plan sur l'autisme 2008-2011, un bilan aussitôt salué pour ses efforts réels d'ouverture vers les méthodes comportementales[25].

Les approches musclées ont aussi leurs adeptes en Amérique du Nord, où on pourra trouver des thérapies agressives visant à «sortir» l'enfant de son autisme pour chercher à le normaliser coûte que coûte, par la «stimulation» (comme si les enfants d'aujourd'hui, autistes ou neurotypiques, manquaient de stimulation; ils en ont souvent trop). Le Autism Research Institute (États-Unis) propose un programme portant le nom peu équivoque de Defeat Autism Now! (DAN!), Abattez l'autisme! Et pas demain, *now*, tout de suite! Avec cette promesse: *Autism is treatable!* (L'autisme se traite!), le tout souligné par une abondance de points d'exclamation.

Il existe donc un discours sur l'«autisme-maladie» soutenant que «la plus grande violence que l'on peut faire à un enfant autiste est de le laisser croupir dans son autisme[26]» (nous venons de voir qu'il y a pire). Comment les parents pourraient-ils échapper au désarroi? Ils se retrouvent souvent devant des spécialistes qui mènent entre eux des guerres d'écoles et de clochers. Ainsi fragilisés, ils se font proposer une si vaste panoplie de thérapies et d'approches qu'ils se sentent impuissants: des programmes comportementaux (dont l'analyse behaviorale appliquée, ou intensive, de Lovaas), des programmes éducatifs (dont le TEACCH de Schopler: Treatment and Education of Autistic and Related Communication Handicapped Children), des programmes d'habiletés sociales, de développement et de langage, des régimes alimentaires draconiens, des thérapies d'intégration sensorielle et motrice, de la zoothérapie et des thérapies artistiques, des tas de traitements expérimentaux onéreux, alouette[27]! Je ne nie pas les mérites de tout cela. Je ne nie pas que telle approche ait pu aider tel enfant. Mais il est évident qu'il n'existe aucune approche valable pour tous les enfants autistes. Il devrait aussi être évident qu'il ne s'agit pas d'avoir raison, mais d'accompagner, d'aider les enfants et leurs parents.

Il reste une autre piste, moins lourde, moins coûteuse. Elle est tellement évidente qu'on n'y pense guère. Ou plutôt, il arrive qu'on y pense mais pour la rejeter d'emblée, convaincu qu'il doit exister des méthodes plus rapides. Nous sommes pressés. Le véritable ennemi de l'autisme (ainsi que de la personne autiste) est la hâte ; son allié est le temps.

Notes

1. Adresse : www.psychomedia.qc.ca

2. « Autisme : la hausse du nombre de cas aurait des causes environnementales », *Psychomédia*, le 10 janvier 2009.

3. « Autisme : les shampoings pour animaux domestiques augmenteraient le risque », *Psychomédia*, le 15 mai 2008.

4. « Autisme et vaccins, important procès aux États-Unis », *Psychomédia*, le 11 juin 2007.

5. « Autisme : aucune relation avec le vaccin ROR », *Psychomédia*, le 5 juillet 2005.

6. « Pas de lien entre l'autisme et le mercure (vaccin) », *Psychomédia*, le 4 mai 2007.

7. « L'autisme lié à la pollution industrielle au mercure », *Psychomédia*, le 25 avril 2008.

8. « Le stress durant la grossesse favoriserait l'autisme chez l'enfant à naître », www.caducee.net, le 22 novembre 2001.

9. « Autisme : certains cas seraient liés aux anticorps pendant la grossesse », *Psychomédia*, le 13 février 2008.

10. « L'alcool pendant la grossesse augmenterait le risque d'autisme », *Psychomédia*, le 24 mars 2008.

11. Considérant les informations relatées dans « Le monde Asperger I », on pourrait se demander si certains de ces cas de schizophrénie ne seraient pas plutôt des cas d'autisme mal diagnostiqués.

12. « Lien entre l'autisme et les troubles mentaux chez les parents », *Psychomédia*, le 6 mai 2008.

13. « Recherche québécoise sur les gènes de l'autisme et de la schizophrénie », *Psychomédia*, le 16 novembre 2005.

14. « L'autisme et l'épilepsie liés par un gène », *La Presse*, 9 avril 2011.

15. « Autisme : un gène lié au langage identifié », *Psychomédia*, le 10 janvier 2008.

16. «Symptômes de retard mental et d'autisme possiblement réversibles», *Psychomédia*, le 28 juin 2007.

17. «Manon Noiseux: portrait épidémiologique des TED chez les enfants du Québec», *L'Express*, printemps 2009, numéro 2, p. 28-30.

18. Ferrari, P. (2007). *L'autisme infantile*, Paris: Presses universitaires de France, collection Que sais-je?, numéro 3508, p. 84.

19. Autism Research Institute (www.autism.com). Bulletin, volume 19, numéro 2, 2005.

20. Reportage diffusé le 27 septembre 2009 à la télévision de Radio-Canada.

21. Cette conclusion ressort de la recherche. Voir «Vaincre l'autisme. Est-ce possible?», *Inter* (Université du Québec), printemps 2010, p. 22-24.

22. «Autisme: l'oxygène hyperbare pourrait être efficace selon une étude», *Psychomédia*, le 16 mars 2009.

23. Ferrari, P. (2007). *L'autisme infantile*, Paris: Presses universitaires de France. Collection Que sais-je?, numéro 3508.

24. «Autisme: des traitements relevant de la maltraitance dénoncés en France», *Psychomédia*, le 4 avril 2009.

25. «Plan autisme en France: méthodes comportementalistes, publication d'un référentiel des bonnes pratiques», *Psychomédia*, le 20 janvier 2010. Cet arrière-plan explique probablement pourquoi encore aujourd'hui des dictionnaires rédigés en France acceptent l'utilisation des mots «autiste» et «autisme» comme injure, pour dénigrer ou ridiculiser, au même titre qu'imbécile ou idiot, un peu comme autrefois mongol. C'est odieux: ces utilisations devraient être proscrites.

26. Phrase d'un(e) dénommé(e) S. Tomkiewicz, citée par Poirier, N. et Kozminski, C. (2008). *L'autisme, un jour à la fois*. Québec: Les presses de l'Université Laval, collection Chronique sociale, p. 77.

27. Nathalie Poirier (op. cit.) trace le portrait de ces différentes approches, p. 77-96. Je signale le travail magnifique de Mohamed Ghoul en Abitibi-Témiscamingue avec l'approche sociodynamique d'intégration par l'art. Pour plus de détails, voir le site www.arsaat.ca

JARDIN SECRET

Mon adolescence a confirmé une des passions qui me hantait depuis la petite enfance : la musique. Mais les autistes font les choses à leur manière, et il en ira ainsi pour moi avec la musique. Les autistes développent des intérêts particuliers qui deviennent pour eux des passions dévorantes pouvant drainer tout leur temps et toutes leurs énergies. Certaines de ces passions peuvent être vraiment inusitées, alors que d'autres sont plus acceptables socialement. Il arrive qu'elles ne semblent déboucher sur rien de concret. Cependant, qui sait à long terme ? Dans mon cas, l'« aggravation » de mon obsession musicale à l'adolescence s'est immédiatement doublée du désir de créer une musique qui n'existait pas encore. Par ailleurs, les passions des autistes possèdent très probablement une dimension de refuge par rapport au stress permanent et à un monde incompréhensible. Pour moi, créer de la musique a été une réponse à la violence.

La quincaillerie musicale

En première et en deuxième années du secondaire, nous avions à choisir entre les cours d'arts plastiques et ceux de musique. Surprise : j'ai choisi les arts plastiques ! Encore une sorte de dissociation ? Pour moi, il y avait d'un côté le monde de l'école et, de l'autre, tout le reste : ma famille, ma vie, mes intérêts. La musique relevait donc de mon domaine personnel, non de l'école. Sœur Thérèse, qui enseignait les arts, était une religieuse toute menue aux cheveux argentés, mais cette apparence était trompeuse, car elle avait du caractère ; aucun grand gars ne l'impressionnait. Cela dit, en secondaire 2, la professeure de musique demanda à ses étudiants de réaliser une bande dessinée à partir de la *Danse macabre* de Camille Saint-Saëns. Trouvant que je dessinais bien, sœur Thérèse me proposa de faire ce travail, et j'ai accepté. Il y avait un enregistrement de la pièce à notre disposition à la bibliothèque. Je suis allé l'écouter plusieurs fois. Fasciné par cette musique, je me la suis procurée sur disque, dans une compilation de pièces symphoniques dirigées par Leonard Bernstein. Le disque m'émerveillait, me mettait en état de transe. Je l'ai écouté et écouté sans cesse, comme je le faisais enfant avec les disques de mes parents.

Ma bande dessinée terminée, je me suis lancé dans une exploration presque compulsive de cet univers musical. J'ai découvert de quoi satisfaire ma boulimie au petit centre commercial du coin, à la quincaillerie Pascal. Chose étonnante, on vendait là des disques à des prix dérisoires, y compris une impressionnante sélection de musique classique. Dès que j'avais ramassé quelques sous, j'allais m'acheter un disque : je l'écoutais plusieurs fois et dévorais les textes imprimés au dos de la pochette. C'est ainsi que j'ai appris à lire l'anglais. Aussi incroyable que cela puisse paraître, j'ai déniché là des symphonies de Bruckner, de la musique pour piano de Liszt, des ballets de Stravinsky, etc., juste à coté des tournevis et des pots de peinture. J'ai même acheté un disque d'œuvres électroacoustiques de Pierre Henry, dont *Le voyage* me troublait et me fascinait tout particulièrement.

J'étais donc en amour avec la *musique classique* ! Cette passion n'était partagée par aucun membre de la famille : rien dans mon environnement ne m'y prédisposait. Que trouvais-je dans cette musique ? Tout d'abord, comme je n'avais pas l'instinct grégaire, l'absence de batterie ne constituait pas un manque pour moi. C'est toutefois la faiblesse de cette musique aujourd'hui : le public s'ennuie à son audition parce qu'il est tellement conditionné à associer musique et effet de foule que la privation de cet effet le déroute.

Par ailleurs, le répertoire classique est riche en musique instrumentale : c'est justement celle qui m'attirait le plus. Pas de paroles, pas d'histoires : aucun obstacle verbal à la musique. Joie !

Comme pour la littérature, j'éprouve un problème avec les arts de représentation, avec le monde du spectacle. Je ne saisis pas si c'est vrai ou faux, authentique ou simulé, vécu ou juste pour le show. La plupart des gens ne se posent pas ces questions et profitent du spectacle, mais moi, je suis mal à l'aise, incapable de m'identifier à ce qui est représenté. Par contre, avec la musique instrumentale, je me laisse aller, sans aucune interférence. Cette musique crée un univers onirique, hors du quotidien. J'aime! Je m'achetais aussi quelques disques de jazz puisqu'il y a là encore un répertoire instrumental magistral. Il est finalement des «musiques du monde» traditionnelles instrumentales qui me transportent, comme celle de shakuashi, une flûte japonaise en bambou.

Dans cette musique, je découvrais des timbres nouveaux, utilisés dans des combinaisons infiniment variées; des instruments qui, réunis dans des orchestres, dialoguent les uns avec les autres, se marient en sonorités douces, fracassantes ou grandioses. Je découvrais une immense palette expressive, ainsi qu'une immense diversité rythmique. Je découvrais des compositeurs, des époques, des styles, des formes d'une multiplicité apparemment illimitée: un cosmos à explorer. Cela en était étourdissant, vertigineux. Quel bonheur!

Mon amour pour la musique classique était donc naïf et pur, presque accidentel, dirais-je même. Avec le temps, j'allais réaliser que la musique classique vient avec un folklore tordu, dévotement entretenu par ceux qui disent l'aimer. Alors que la musique populaire est axée sur l'*invitation* et l'*inclusion*, et au moment où l'humanité cherche tant bien que mal à être davantage inclusive, le folklore de la musique classique demeure trop porté sur l'*intimidation* et l'*exclusion*[1]. Je parle de *musique classique*, de *musique populaire*, de *jazz*, etc. Il s'agit d'une commodité, car ce sont là des catégories commerciales. Pour moi, il n'y a qu'une musique: la musique, avec la variété infinie des formes en lesquelles elle se décline, exactement comme il en va pour les insectes ou les oiseaux. On a transformé les commodités en «vérités». Frank Zappa était-il *populaire*? Probablement moins que Handel ou Verdi en leur temps; pourtant, on leur refuse cet épithète. Lorsque, petit enfant, j'écoutais *L'enfant et les sortilèges* ou Elvis Presley, que m'importait de savoir s'il s'agissait de musique classique ou populaire ? C'était de la musique. Et géniale.

Écouter la musique

Tchaïkovski fut le premier compositeur que j'ai écouté à fond. Par la suite, mes découvertes les plus enivrantes ont été les œuvres de Gustav Mahler, qui me fut révélé par sa *Troisième Symphonie*, entendue à la radio. Puis, Chostakovitch[2], dont l'audition de toute nouvelle œuvre me comblait. Ma passion pour ce compositeur exaspérait ma sœur Geneviève, qui ne comprenait pas comment je pouvais tant aimer cette musique « barbare » et dissonante ! J'ai aussi apprivoisé le style dodécaphonique d'Arnold Schoenberg, dont la musique m'effrayait délicieusement. À cet âge, ce sont les musiques spectaculaires qui ont obtenu mes faveurs. Mais ces goûts nouveaux allaient à leur tour être remis en question quelques années plus tard.

Pourtant, un compositeur m'a toujours accompagné discrètement et demeure mon préféré, toutes catégories confondues : Joseph Haydn (1732-1809). De Haydn, je peux dire aimer presque tout, même dans les genres où il passe pour moins à l'aise, comme l'opéra et le concerto (ses concertos pour violoncelle sont remarquablement bien conçus pour cet instrument), même ses premières œuvres, injustement sous-estimées[3]. Sans chercher à leur enlever quoi que ce soit, je me priverais volontiers de Bach, Beethoven, Chopin et de bien d'autres au profit du seul Haydn : il est incomparable ! Pourtant, peu de gens l'incluent dans leurs préférés. Alors, pourquoi donc cette affection ? Je pourrais la rationaliser en disant que Haydn a été un immense inventeur (plusieurs innovations attribuées à Beethoven se trouvent déjà chez Haydn), un maître absolu de la musique instrumentale (ma préférée), que son génie se décline dans une œuvre gigantesque, un véritable continent musical dont les cent quatre symphonies ne représentent qu'un aspect, etc. Mais ces arguments intellectuels cèdent devant la plénitude spirituelle que me procure sa musique. Elle m'émerveille, me transporte de joie.

Je suis très sensible à ce que le musicologue Charles Rosen décrit excellemment comme «un type d'émotion absolument personnel, que nul autre compositeur, pas même Mozart, ne put retrouver : une atmosphère d'extase dépourvue de toute sensualité[4]». L'intensité et la constance de l'amour que je ressens pour cette musique en fait un autre cas d'intérêt particulier. Cependant, la musique de Haydn n'a pas exercé d'influence sur la mienne. Seuls la ténacité et le parcours évolutif de l'homme m'inspirent : c'est l'unique compositeur dont j'ai le portrait dans mon studio de musique.

Depuis l'enfance, je n'écoute de la musique que dans des moments privilégiés : je suis tout entier à l'écoute dans l'instant présent, ici et maintenant. Je n'ai jamais mis de musique pour étudier, pour lire ou pour créer un fond à d'autres tâches : ce sont pour moi des activités incompatibles. Des amis musiciens en sont étonnés, car eux écoutent de la musique en toute occasion. Je ne suis pas intoxiqué par la musique et peux vivre de longues périodes sans ressentir le besoin d'en écouter. Si être mélomane veut dire écouter beaucoup de musique presque en tout temps, alors je ne le suis pas. Toute musique suscite mon éveil ; aucune ne me fait peur. À l'écoute, je prends la musique comme elle est, comme elle vient, sans idée préconçue, sans juger ni catégoriser, sans chercher des influences ou des références, sans voir des images ou lui accoler une histoire. Une écoute naïve, en quelque sorte. Pour moi, il n'existe pas de musiques thérapeutiques, et il m'est impossible de mettre mon esprit au repos lorsque de la musique joue. Même les musiques les plus planantes, conçues pour la relaxation, me stimulent : j'y entends toujours tel beau trait, je suis attentivement les détails de leur déroulement.

Ce lien à la musique est caractéristique de l'Asperger, car la musique n'a pas de relation émotionnelle avec mon quotidien. Les personnes neurotypiques se rappellent la pièce qu'elles écoutaient lors de leur premier baiser, ou celle sur laquelle elles ont dansé leur premier *slow*. Elles conservent en leurs souvenirs les associations de la musique avec les événements de leur vie. Lorsqu'elles réentendent plus tard cette pièce ou une autre qui lui ressemble, elles revivent les émotions du passé. Pas moi.

Certains diront que je ne fais pas de «connexions». Pourtant, j'en fais; à preuve, mon travail de doctorat liant musique et chants d'oiseaux. Mais ce genre de mise en relation n'est pas d'ordre sentimental. Une étudiante m'a confié qu'elle mettait du rock durant ses ébats sexuels (j'attire des confidences étonnantes!). Je ne comprends pas cette attitude face à la musique. Qu'est-elle donc devenue pour qu'on lui demande de remplir un rôle aussi bizarre? «Mais non, Antoine, bizarre, c'est toi qui l'es!»

Les Aspergers ne sont pas reconnus pour être des personnes sentimentales. En effet, je ne le suis pas tellement. J'entends à l'occasion des gens dire qu'ils «mettent leurs tripes sur la table»: cette image me dégoûte. Je ne crois pas que ma musique fasse montre de sensiblerie. L'œuvre la plus douce que j'ai composée, *Toute paisible*, porte bien son titre, mais elle n'a rien d'une musique à l'eau de rose. Néanmoins, mes pièces ne manquent pas de charge émotionnelle... à ce que l'on m'a dit. En fait, je déteste que l'on tente de me manipuler émotionnellement par la musique, même au cinéma. Dans la série télévisée *Beautés désespérées* (que j'aime beaucoup), une petite musique douce se fait entendre chaque fois que des personnages se confient des choses profondes. On dirait que le réalisateur donne le signal aux spectateurs de sortir leur mouchoir; l'envie de rire me prend, alors que l'on cherche plutôt à m'émouvoir! Dans la vraie vie, aucune petite musique n'intervient ainsi, alors que vient-elle faire là? Renforcer une émotion, ou la stimuler en misant sur de détestables réflexes conditionnés? La mise en scène, les dialogues, le jeu des acteurs devraient suffire, non? Bref, la musique me procure des émotions, mais ce sont surtout des émotions d'ordre artistique et spirituel. J'admets tout de même que quelques rares mélodies «sentimentales» me chavirent le cœur[5].

La musique pour survivre à la violence

Au secondaire, ma passion pour la musique classique prenait aussi des aspects insolites. Ainsi, je me suis fabriqué la maquette d'un orchestre symphonique. Les musiciens et le chef étaient faits avec des cure-pipes colorés, et les instruments, découpés dans du carton. La scène et la disposition des pupitres étaient fidèles à la réalité. J'élaborais dans le menu détail le programme des concerts de mon orchestre. Je faisais jouer les œuvres sur disques ou je les imaginais, tout simplement. Je ne me souviens pas de son nom, mais j'avais inventé un compositeur fictif dont les nouvelles œuvres étaient créées par l'orchestre. Pour compléter le tableau, j'avais imaginé une ville et même un pays où était basé l'orchestre, cela aussi de façon bien détaillée.

Cet engouement aurait pu demeurer sans véritable créativité, à la manière de mes ligues sportives imaginaires mais, bien vite, un autre but s'est imposé à moi. Si j'écoutais la musique d'une façon si attentive, c'était pour comprendre comment elle était construite afin d'arriver à en composer à mon tour. Avec le maigre bagage que m'avaient donné les cours de flûte à bec en matière de théorie musicale, j'ai composé mes premières pièces : *Trio pour flûte à bec, xylophone et piano, Concerto pour flûte à bec et petit ensemble* et *Valse pour clarinette.* Constatant ma nouvelle passion, mes parents m'ont offert de suivre de véritables cours de musique. Je leur ai dit vouloir apprendre le violoncelle, ce qui les a étonnés. Pourquoi donc le violoncelle ? Afin que j'aie une bonne base musicale, ils m'ont proposé de commencer avec le piano, pour au moins deux ans, afin de vérifier si mon intérêt pour le violoncelle se maintiendrait. En septembre 1974, j'ai donc commencé l'étude du piano avec Aline Pigeon, qui enseignait en privé chez elle, tout près de chez nous. Madame Pigeon m'a aussi initié à la théorie et au solfège ; elle me donnait des dictées musicales pour former mon audition. Le 23 décembre, j'ai donné fièrement ma première prestation publique en tant que pianiste lors d'un concert de ses élèves. Toutefois, même si je m'exerçais avec sérieux et assiduité, c'était toujours la composition qui constituait mon objectif véritable.

Ces pièces étaient vraiment très naïves et maladroites ! Comme je trouvais que les tierces sonnaient bien, je les empilais sans aucune gêne. Un autre trait curieux s'exprimait dans le *Trio* : plutôt que de présenter une mélodie de façon continue, je la morcelais en tout petits fragments que je confiais en succession aux trois instruments. Vers mes vingt ans, j'ai commencé une pièce pour orchestre utilisant le même morcellement mélodique. Cette technique se retrouve dans la polyphonie médiévale sous le nom amusant de «hoquet», ou encore chez Anton Webern à propos de qui les musicologues parlent de *pointillisme*. Or, au moment où j'ai composé ce *Trio*, je ne connaissais pas ces musiques : il n'y a donc eu là aucune influence. Cela venait certainement de la tendance de l'esprit autiste à accorder davantage d'attention aux détails qu'à l'ensemble. Instinctivement, c'est peut-être pour contrebalancer cette tendance que j'ai voulu apprendre un instrument mélodique, le violoncelle, plutôt que de continuer avec le piano. Jouer d'un instrument mélodique, c'est maîtriser la continuité, la grande ligne, non seulement de la mélodie mais aussi de la forme. Grâce à l'apprentissage du violoncelle, mes compositions sont devenues plus fluides et continues. L'intérêt pour les petits détails est demeuré : ils foisonnent dans ma musique, mais ils sont mieux intégrés à une grande forme. Lorsque mon style aura mûri, il présentera une sorte de mariage entre des moments directionnels (lignes mélodiques soutenues, montées vers des sommets d'intensité, etc.) et des moments non directionnels (contrepoints et polyrythmes complexes, passages suspendus de contemplation sonore), ce qui donnera l'impression à certains que ma musique est *orientale*.

Cet aspect non directionnel vient aussi de ma relation avec le temps musical. Dès ces premières pièces, et au-delà de leur grande naïveté, j'y exprimais une sorte d'inquiétude rythmique. J'avais beaucoup de difficulté à faire entrer mes mélodies dans des mesures stables. Je croyais qu'une mesure devait être maintenue sans changement pendant toute une pièce. C'est du moins ce que je constatais dans les petits morceaux que je jouais, et j'étais convaincu que telle devait être la règle. Mais rien à faire : cela ne fonctionnait pas ! Étais-je dans l'erreur ? Pourquoi respecter un cadre rythmique strict lorsque la musique qu'on a en tête ne peut y entrer ? C'était une véritable énigme. Je devais changer les mesures et j'ai décidé de procéder ainsi, tout en craignant que ce soit une faute due à mon inexpérience. Puis, j'ai réalisé qu'il était possible de le faire sans problème. Quelle joie m'a procurée cette révélation! Bien vite, j'écrirai des pièces où il y aura tantôt des passages mesurés, tantôt des passages sans mesure ni tempo fixe. J'y ferai des sortes d'allers et retours entre ces différents types de temps, comme des «modulations rythmiques». Aujourd'hui, je pense que cette inquiétude rythmique de ma musique est liée à la façon dont j'appréhende le temps de la vie. Je sais rarement la date, et il m'arrive de ne pas savoir quel jour on est: chiffrer le temps m'est indifférent. Je ne suis pas désorienté dans le temps, mais je préfère prendre quelques précautions, comme utiliser un agenda à un seul jour par page pour bien visualiser le temps chirurgical qui est celui de la société où je vis.

Subissant l'enfer du *bullying* à l'école, j'avais trouvé dans la composition de quoi me créer un jardin secret, une oasis de beauté que je cultivais patiemment en marge de la violence. Dans ce monde imaginaire, personne ne pouvait m'atteindre. Sans lui, je ne sais pas si j'aurais pu survivre. Tout cela a marqué ma musique et constitue une des sources de sa singularité. Elle vient d'un rescapé, de quelqu'un qui n'aurait plus dû être là. Elle est rarement violente, mais la violence lui est ce que la Lune est à la Terre, une sorte de jumelle étrange en orbite autour d'elle et créant des marées[6]. Car ce refuge n'est pas un paradis rassurant: quelque chose en cette musique porte l'écho des souffrances liées au stress post-traumatique. Elle ne peut traduire un sentiment de confort sans nuage ni de paix parfaite.

Composer en cachette

Après avoir partagé une chambre avec mon frère Philippe, j'ai eu ma propre chambre, au sous-sol de la maison. Ce changement d'habitat a favorisé mes occupations. J'étais très heureux de vivre dans mon monde, tout en étant à proximité de ma famille. J'y ai passé beaucoup de temps à lire, à rêvasser, à travailler, à étudier et, évidemment, à écouter et à faire de la musique. Avec un système de son et ma collection de disques, je pouvais écouter la musique que je voulais, quand je le voulais, sans déranger le reste de la maisonnée. Le piano étant aussi au sous-sol, j'y accédais à volonté sans quitter mon monde. Comme les autres membres de la famille y descendaient rarement, aucune présence dérangeante ou envahissante ne m'inhibait dans mes explorations musicales. En toute liberté et tranquillité, j'improvisais longuement au piano, je notais et développais mes idées musicales. Cet arrangement de solitude et de proximité était vraiment idéal.

En octobre 1975, mes parents m'ont offert un violoncelle et, au printemps suivant, j'en ai commencé l'étude avec sœur Mance Blain, au collège de musique Sainte-Croix. Aidé par les cours de théorie musicale, de solfège et de dictée que j'avais commencé à suivre les samedis à la même école, j'ai composé plusieurs pièces, encore naïves mais témoignant d'une plus grande maîtrise, notamment une *Sonate pour piano* en quatre mouvements, dont un allait être joué par une élève douée de madame Pigeon.

Un jour où j'attendais l'arrivée de ma professeure de violoncelle, assis bien sagement dans le corridor, un monsieur d'un certain âge s'est assis à côté de moi et s'est mis à me parler, me confiant son immense admiration pour le chef d'orchestre Arturo Toscanini et sa manière tyrannique de traiter les musiciens. Je percevais une sorte de tension dans sa voix et me suis tout de suite tenu sur mes gardes. Il semblait excité par l'évocation des comportements abusifs du chef. Puis, il m'a demandé d'aller avec lui dans une petite salle pour que je lui joue un peu de violoncelle. Je ne voulais pas et lui ai dit que je ne faisais que commencer à apprendre. Il a insisté, prenant un ton à la fois enjôleur et autoritaire. Je commençais à me sentir vraiment très mal. Heureusement, l'arrivée de ma professeure m'a tiré de cette situation désagréable.

Après quelques mois à gratter le violoncelle, j'ai pu aller en juillet au camp musical Accord parfait, dans Portneuf. Quelle belle expérience ce fut: un mois de musique à temps plein (instrument, chorale, orchestre), dans la nature, au bord d'un lac! J'irai passer quelques étés là-bas, toujours avec plaisir. J'ai suivi l'enseignement de sœur Blain jusqu'en février 1978, avant de poursuivre avec Michael Carpenter, alors violoncelliste à l'Orchestre symphonique de Montréal. Ce fut un excellent professeur. Toujours de bonne humeur, il alliait gentillesse et fermeté dans son enseignement. De plus, il m'offrait pour quelques dollars des billets invendus pour les concerts de l'OSM. J'en ai profité pendant plusieurs saisons : j'ai ainsi pu entendre un vaste répertoire, joué par une excellente formation, avec des solistes de renom. Je suivais attentivement tout ce qui se passait dans l'orchestre et je prenais des notes pour en tirer profit dans mes propres compositions. Même après que j'ai cessé d'être son élève, Michael a continué de m'offrir ces billets. J'ai beaucoup de gratitude envers lui.

Mais il y avait quelque chose de spécial pour moi quant à la composition. À part quelques très rares occasions, je ne disais à personne que je composais de la musique, pas même à Michael, en qui j'avais pourtant pleine confiance. C'était vraiment mon monde, mon jardin secret. Et il en a été ainsi pendant de nombreuses années. Je composais avec régularité, mais littéralement en cachette ! Ce n'est qu'à la veille de mes trente ans qu'une de mes œuvres a été jouée en public et, à vrai dire, il s'en est fallu de peu pour que cette situation se prolonge bien davantage.

Chaos

J'ai fait mes études collégiales en sciences, pas en musique, au collège André-Grasset, de août 1977 à mai 1979. Puis, en septembre 1979, je suis entré non en musique mais en sciences biologiques à l'Université de Montréal, avec une spécialisation en écologie. Ensuite, j'ai fait des études universitaires en musique, mais en musicologie, pas en composition ! Bref, la période de ma vie qui s'ouvre maintenant sera placée sous le signe de la dissociation : dissociation entre les sciences et la musique tout d'abord, puis entre la musicologie et la composition, mais surtout dissociation entre mon monde intérieur et mes activités extérieures. Des forces contradictoires s'affrontaient en moi ; elles étaient très difficiles à harmoniser, comme des plaques tectoniques entrant en collision. Malgré cela, je conservais une apparence souriante, et en réalité une partie de moi l'était. Je me disais que le temps ferait son œuvre. Ce n'était pas évident, car mon développement personnel a été chaotique. Mon intellect s'est développé précocement. Du côté physique, ma croissance a été rapide sur une brève période : j'ai poussé en hauteur, comme une herbe. Le côté affectif était loin derrière, bien à la traîne. Ces trois aspects se sont développés comme indépendamment l'un de l'autre, sans cohésion, et ce fut très long avant qu'ils ne s'harmonisent. Pour autant, je n'ai jamais paniqué, mais il est probable que j'aurais été fort démuni si j'avais dû, alors, voir seul à mon entretien. La question ne s'est heureusement pas posée, et je n'ai pas eu envie de prendre un appartement pour vivre ma vie.

En parallèle avec les études scientifiques, je continuais les cours au collège de musique Sainte-Croix, de même que ceux de violoncelle avec Michael Carpenter. Cela me paraît presque invraisemblable, mais je retrace pas moins de douze nouvelles compositions écrites durant les deux années d'études pourtant chargées à Grasset. Où donc ai-je trouvé le temps ?! Un peu moins maladroites que les précédentes, ces pièces demeuraient des travaux d'apprentissage sans valeur intrinsèque. J'expérimentais diverses choses, à tâtons et sans réelle signature. Pour être honnête, j'ai confié presque toutes ces pièces au bac de recyclage. Mais j'en ai sauvé quelques-unes qui, une fois révisées et mieux polies, se sont retrouvées dans mon catalogue définitif[7]. Évidemment, je ne touchais pas un mot de ce travail à mes amis du collège.

En 1977 et en 1978, j'ai de nouveau passé une partie de l'été au camp musical Accord parfait. Les bâtiments étaient rustiques, ce que j'appréciais, et il y avait, au deuxième étage d'un dortoir, une discothèque munie de systèmes de son. Je m'y rendais souvent pour écouter et découvrir des œuvres, des compositeurs que je ne connaissais pas. En 1978, j'ai fait une session d'un mois, puis on m'a proposé de rester encore un mois comme aide-moniteur en violoncelle pour le camp des plus jeunes. J'ai accepté. Cette première expérience d'enseignement musical ne fut toutefois pas un grand succès. Je n'étais pas très avancé en violoncelle, mais là n'était pas le problème. Les enfants m'avaient vite repéré et s'étaient mis à me surnommer l'«extraterrestre» ou le «martien». Peut-être les effrayais-je un peu: ils n'avaient jamais vu quelqu'un d'aussi *différent*. J'en étais conscient, mais cela ne m'affectait pas ni ne me rendait malheureux.

Un soir, nous étions quelques moniteurs réunis dans notre cafétéria pour prendre une collation une fois les enfants couchés. Je voulais mettre un peu de confiture sur une rôtie, mais le pot était vissé très serré. J'ai tant forcé qu'il s'est ouvert brusquement et que de la confiture a éclaboussé. Il y avait au mur une longue peinture murale sur papier qu'avait réalisée la monitrice en arts plastiques le mois précédent. Un peu de confiture est allée s'y coller. Heureusement, l'artiste n'était pas au camp, mais tout le monde s'est esclaffé de ma maladresse. Surpris, j'ai éclaté de rire et le fou rire nous a tous gagnés. J'ai alors fait une chose impensable: j'ai mis un peu de confiture dans une cuillère et l'ai catapultée sur la murale! Tout le monde a ensuite perdu le contrôle: chacun s'est armé d'une cuillère et s'est mis à mitrailler la fresque de confiture, de beurre d'arachide et de ketchup! C'était la foire totale. Lorsqu'un calme précaire est revenu, la murale était méconnaissable, annonçant des décennies à l'avance les «œuvres d'art» faites de viande et d'autres substances alimentaires. Par chance, aucune personne de la direction n'était présente. Nous sommes allés nous coucher en ayant mal au ventre d'avoir trop ri.

L'été suivant, je suis plutôt allé au camp des Jeunesses musicales du Canada, à Orford. Monsieur Carpenter m'avait présenté à Walter Joachim. Très occupé par son travail à l'orchestre, Michael avait peu d'élèves et jugeait mes progrès suffisants pour que j'étudie auprès d'un professeur qu'il jugeait meilleur que lui. En tant que pédagogue et violoncelliste, monsieur Joachim avait une grande notoriété: c'était un honneur pour moi qu'il m'accepte comme élève privé. Monsieur Joachim enseignait le violoncelle à Orford cet été-là, et ce furent mes premiers cours avec lui. Je dois toutefois avouer que je n'ai pas eu autant de plaisir qu'avec Michael. Je sentais qu'il ne m'appréciait pas beaucoup, et son enseignement m'apparaissait assez relâché. Il me percevait sûrement comme un étrange jeune homme car, un jour, il fit un curieux commentaire sur mes ongles, qu'il trouvait trop longs... Il est vrai que les gammes, études et concertos *pédagogiques* qu'il me donnait à jouer m'ennuyaient: à la maison, mes pratiques de violoncelle étaient de plus en plus consacrées à mes propres pièces. À lui aussi, je cachais que je composais.

À Orford, il y avait aussi une discothèque bien fournie et j'allais y passer de bons moments. Un ami *capotait* sur tel disque de tel flûtiste: «Écoute comment ce trait en doubles croches est joué tout égal, c'est extraordinaire!» C'était un concerto de Vivaldi et, en effet, le flûtiste jouait tout égal, tellement qu'il ne respirait jamais. Je m'en suis étonné: comment était-ce possible d'enchaîner tant de notes sans souffler? Un peu gêné, mon ami a répondu: «Oui, bon, ça, c'est du montage, il ne pourrait pas jouer ainsi en concert. Mais quand même, quelle égalité!» C'était la première fois que je réalisais qu'il était possible de truquer un enregistrement. Et ce fut une énorme déception.

Apprendre de soi

À l'automne 1981, j'ai entrepris mes premières démarches en vue de m'inscrire à la faculté de musique. J'ai rencontré Dujka Smoje, alors responsable du programme de musicologie. Mon cas l'a tellement étonnée qu'elle m'a qualifié d'«oiseau rare»! Pourquoi la musicologie et non la composition? Tout d'abord, je ne sentais pas encore que mon style était suffisamment mûr. Puis, je ne voyais guère de professeur de composition capable de me guider à ce moment précis dans le développement de mon curieux talent. Enfin, j'avais le sentiment diffus que la composition ne s'enseignait pas vraiment. En musicologie, des études universitaires me donneraient à la fois du temps, des connaissances pratiques, de même qu'une distance par rapport à la composition académique, avec laquelle je me sentais peu d'affinités. C'était un pari: ce choix me priverait du patronage d'un professeur en composition et de ses entrées dans les cercles de diffusion de la création musicale. Avec le recul, je sais avoir fait le bon choix sur ce point: j'ai continué à développer mon style personnel en le nourrissant de mes études musicologiques et de mes acquis de biologiste, plutôt que de le moduler selon les attentes d'un professeur ou du public de la *musique contemporaine*, comme le font presque tous les élèves en composition. Je savais que le chemin serait plus long pour que mes œuvres accèdent à une véritable diffusion publique. Mais cela ne me préoccupait aucunement: j'avais toujours composé pour moi, sans le dire à personne. Je peux donc me dire compositeur autodidacte, quoi qu'il soit étrange d'appliquer ce mot à qui a tant étudié. Mais j'assume mon étrangeté! En réalité, de nombreux compositeurs ont, comme moi, été des (quasi) autodidactes[8]. Certains d'entre eux ont réussi à tirer leur épingle du jeu grâce à d'influents protecteurs, alors que d'autres ont chèrement payé le prix de leur indépendance. Souvent, ce sont des *achalants* qui abordent la composition musicale d'une façon particulière en suscitant méfiance et hostilité de la part de l'establishment. Mais retirons ces autodidactes de l'histoire musicale, et celle-ci devient plus pâle.

Cela dit, je ne me considère pas comme autosuffisant. Je reconnais avoir beaucoup appris des cours que j'ai suivis, et j'offre ma reconnaissance aux gens qui m'ont permis cet apprentissage. Toutefois, à partir de l'illumination musicale évoquée au premier chapitre de ce livre, je n'ai plus eu d'autre guide que moi-même en matière de composition. Lorsque mes pièces commenceront à être jouées, mon métier s'améliorera, se consolidera grâce à la confrontation de ce que j'écris avec la réalité physique et acoustique de la musique. Sur ce point, je remercie mes interprètes, qui ont fait, sans le savoir, œuvre de pédagogues. Néanmoins, avant même ce moment et alors que je composais toujours en cachette, ma façon de composer avait beaucoup évolué. En seulement douze ans, le chemin a été considérable entre mes premiers essais, conçus lorsque j'ignorais presque tout de la théorie musicale, et la composition d'une œuvre aussi élaborée que celle dont je parlerai dans la prochaine section. Ce qui m'a guidé en premier lieu fut mon sens aigu de l'autocritique, moteur d'une quête intérieure personnelle. Cette caractéristique est typiquement autiste et illustre les traits Aspergers décrits par Tony Attwood : la « capacité de poursuivre son idée ou sa perspective même en présence de contradictions apparentes[9] », ainsi qu'« une volonté déterminée de recherche de la vérité[10] ».

C'est demeuré vrai après que mes œuvres ont commencé à être jouées. Le fait de les rendre publiques n'a eu d'ailleurs aucune influence sur ma façon d'aborder la composition : jamais le goût de rencontrer les attentes du public, encore moins des critiques ou même des musiciens, ne m'a fait dévier de la poursuite de mon idéal, ni les embûches que j'ai rencontrées ni les suggestions bien intentionnées de certains pour m'inviter à « changer de style » ne serait-ce qu'un temps afin d'obtenir plus facilement des subventions (ce qui serait à mes yeux un impardonnable manque d'éthique). Je ne compose pas dans le but d'être accepté de quiconque. Si un jour ma musique obtient une certaine reconnaissance, ce sera pour ce qu'elle est, pour ce que je tiens à ce qu'elle soit, pour son authenticité, et non parce qu'elle se sera conformée à des desiderata venus de l'extérieur.

La flûte enchantée

Sans connaître à ce moment mon état autistique, j'ai composé une œuvre qui traduit pourtant très bien cette condition et qui, souvenir inconscient de mon traumatisme du secondaire, est inspirée par le thème du rejet social. Significativement, il s'agit de la pièce la plus ambitieuse de cette période : *L'Esprit envoûteur* (opus 9), une symphonie concertante pour flûte alto, harpe et petit ensemble, inspirée par une légende amérindienne de Gaspésie. Cette légende raconte l'histoire d'un Indien handicapé rejeté par sa communauté parce qu'il ne peut contribuer à sa sécurité matérielle. Peiné, il erre dans la forêt et entend une musique envoûtante. Il rencontre alors une Indienne jouant de la flûte. Cette musique le transporte hors du temps. L'Indienne lui fait cadeau d'une grande quantité de provisions, qu'il ramène à son village. À son retour, tous sont étonnés : il était disparu depuis si longtemps qu'on le croyait mort. Plus encore : il rapporte de quoi assurer la subsistance de la communauté. Mais la musique l'a transformé. L'Indienne flûtiste était en fait un esprit envoûteur et, à son contact, il en est devenu un à son tour. Ne pouvant plus vivre parmi les humains, il quitte le monde visible dans un tourbillon de vent et de fumée, sous les yeux de sa communauté médusée qui pleure alors son départ et regrette de l'avoir si mal traité jadis... Cette légende me touchait profondément, car elle parlait de la solitude, des handicapés ou des marginaux contre qui s'exerce la violence. Je ne pouvais pas ne pas m'identifier au personnage principal. D'une certaine façon, cette symphonie est une critique sociale. Mais sa musique n'est ni agressive ni nourrie de colère. Un sentiment de paix, de départ serein s'y exprime.

Aujourd'hui, je vois le lien entre *L'Esprit envoûteur* et mes expériences de vie. Mais à l'époque, je ne le voyais pas du tout! Il a été tout intuitif. C'est typiquement Asperger: sauf en de très rares exceptions, je ne me souviens pas d'avoir créé une pièce à la suite d'un événement précis qui m'aurait marqué et que j'aurais voulu aussitôt exprimer en musique. Il est possible bien sûr que des émotions de ma vie aient suscité des idées musicales, mais je n'ai pas conscience d'un lien direct. Où et de quoi naissent-elles? Je l'ignore et ne souhaite même pas le savoir parce que, de toute façon, cela n'a aucune importance à mes yeux. Une idée se présente: elle est intéressante, je la note; elle ne l'est pas, je la laisse passer. Si elle me plaît, je la travaille, et une pièce de musique en naîtra peut-être: c'est ça, l'essentiel. Dans une œuvre musicale, l'émotion naît de la musique beaucoup plus que de l'intention délibérée du compositeur d'exprimer telle ou telle émotion extérieure à la musique. Et je laisse mes auditeurs libres de leurs impressions émotionnelles.

L'Esprit envoûteur compte cinq mouvements, pour une durée totale d'environ vingt-huit minutes. Les mouvements impairs sont brefs: *Prélude* (qui se termine dans le silence avec une machine à vent, ou éoliphone, et des mobiles en bois), *Interlude* (sorte de danse lunaire) et *Postlude* (où la flûte joue en coulisse, dans le lointain, et qui se termine comme le *Prélude* avec un bruit de feuilles d'arbres dans le vent). Les mouvements pairs sont plus longs et de style narratif:

ils « racontent » l'histoire (*Premier tableau, Deuxième tableau*). Essentiellement consonante, la musique de *L'Esprit* n'est tonale que d'une manière subliminale : la tonalité principale se tient entre les notes, sans jamais être affirmée, d'où une impression d'apesanteur. Commencé en 1983, *L'Esprit envoûteur* n'a été terminé qu'en octobre 1985. C'était ma première œuvre orchestrale, et le travail d'instrumentation fut laborieux. L'ensemble instrumental était singulier (deux altos, deux violoncelles, contrebasse, orgue positif et percussions), une vraie entrave à l'exécution de l'œuvre. Au début de 1999, j'ai donc décidé de la réinstrumenter. J'ai conservé les deux instruments solistes, flûte en sol et harpe, mais j'ai choisi cette fois un orchestre à cordes avec deux percussionnistes. J'en ai profité pour retoucher les épisodes de transition, qui me paraissaient boiteux dans la première version.

Au printemps 2001, le chef d'orchestre Louis Lavigueur m'a contacté. Dirigeant un orchestre de chambre à Hull, il se disait intéressé à l'une de mes compositions. Je lui ai proposé *L'Esprit envoûteur* et il a accepté. La première a eu lieu le 16 février 2002, dans l'église Saint-Benoît-Abbé de Hull, avec Claire Marchand à la flûte et Caroline Leonardelli à la harpe. Le concert a été enregistré puis diffusé par Radio-Canada. Dans sa nouvelle version, l'œuvre sonne magnifiquement. Les percussions, délicates mais omniprésentes, l'irradient d'une luminosité presque immatérielle. L'utilisation de l'éoliphone est poétique (le percussionniste en jouait d'ailleurs étonnamment bien), et l'effet de flûte en coulisse du *Postlude,* éloquent. Quelques étudiants de l'UQÀM m'avaient fait l'honneur de se déplacer pour venir l'entendre. Un article à son sujet était paru la veille dans le quotidien *Le Droit* d'Ottawa. L'église était presque pleine, et l'accueil du public a été si positif qu'un passage a été donné en rappel, chose extrêmement rare pour une œuvre nouvelle !

Cependant, cette expérience m'a permis de constater qu'un compositeur québécois vivant est bien peu de chose. J'avais dû assumer tous les frais de préparation du matériel ainsi que la totalité de mes frais d'hébergement et de déplacement ; de plus, après le concert, lors de la réception dans un restaurant, on ne m'a même pas offert de payer ma tisane! Aucun journaliste n'était présent au concert car, le même soir, il y avait un gala d'opéra au Centre national des arts d'Ottawa. Le répertoire rabâché est bien plus important à couvrir que la création d'une pièce canadienne. Par la suite, j'ai fait parvenir un exemplaire de l'enregistrement de *L'Esprit envoûteur* aux différents orchestres du Québec. En pure perte : bien qu'elle ait été bissée, mon œuvre n'a toujours pas été reprise. Serais-je un homme invisible ? Il n'y a peut-être pas que les autistes qui sont bizarres.

Notes

1. Par exemple, on prétend qu'il s'agit de «grande musique». En fait, une part importante de ce répertoire est constituée de musique composée pour consommation immédiate. Par ailleurs, ces épithètes ont un effet répulsif sur plusieurs, à juste titre. Si quelqu'un n'aime pas telle œuvre, ce n'est pas en lui assénant qu'il s'agit d'une «grande œuvre» qu'on la lui fera apprécier. Certains soutiennent que cette «grande musique» vient de «grands hommes». Or, les compositeurs de musique classique sont presque tous des hommes ordinaires, ne se distinguant guère de la masse par des qualités morales supérieures. Il se trouve parmi eux des manipulateurs, des intrigants, des misogynes, des clients de prostituées, voire quelques pédophiles et meurtriers!

2. À mes yeux, Dimitri Chostakovitch (1906-1975) est le compositeur emblématique du XXe siècle. Son œuvre est à l'image de cette époque tourmentée, de ses rêves comme de ses cauchemars. Il a vécu la fin de la monarchie russe, la révolution bolchevique, les années de pouvoir de Lénine et de Staline, la Deuxième Guerre (et le siège de Leningrad sous les bombardements nazis), la Guerre froide. Il a connu les honneurs officiels comme les mises à l'index officielles. Sa musique est traversée par un souffle épique porté par une perfection d'écriture absolue.

3. La *Messe de sainte Cécile* de 1766 est un chef-d'œuvre resplendissant. La longue fugue finale du *Credo* est dansante, grandiose et euphorisante à couper le souffle! Les six *Quatuors à cordes* opus 20 (1772) forment peut-être le plus beau recueil du genre jamais composé.

4. Rosen, C. (1978). *Le style classique*. Paris : Gallimard, p. 449-450.

5. Par exemple, la *Cavatina* pour guitare composée en 1970 par le britannique Stanley Myers, que Michael Cimino a utilisée dans son chef-d'œuvre cinématographique *The Deer Hunter* (1978).

6. L'astronomie moderne enseigne d'ailleurs que la Lune est bien née de la Terre.

7. La *Sonate no. 2 pour violoncelle seul* est ainsi devenue *Solitudes*. La dernière des trois pièces, intitulée *Lueurs*, une longue méditation paisible, annonce assez bien un certain aspect de mon style mature. J'ai aussi épargné la *Première Sonate pour violoncelle et piano*; avec *Solitudes*, elle forme mon *Opus 1*. Datant de 1979 et peu typique de ma musique, je trouvais cependant qu'elle contenait de belles mélodies et pouvait constituer le portique d'entrée de mon catalogue. Mais elle présentait plusieurs maladresses! Je l'ai donc revue en 2001 et, sous cette forme, je crois qu'elle ne manque pas d'allure.

8. Quelques noms? Par ordre chronologique: Michael Praetorius, Joseph Haydn, Richard Wagner, Alexandre Borodine, Modeste Moussorgski, Antonín Dvořák, Érik Satie, Igor Stravinsky, Josef Matthias Hauer, Arnold Schoenberg, Duke Ellington, Iannis Xenakis, etc. Pas mal du tout.

9. Attwood, T. (2003). *Le syndrome d'Asperger et l'autisme de haut niveau*. Paris: Dunod, p. 176.

10. Op. cit., p. 177

LE MONDE ASPERGER (IV)
L'AUTISME EST-IL VRAIMENT UNE MALADIE ?

Pourquoi le syndrome d'Asperger est-il considéré comme une maladie ?

Il existe donc plusieurs hypothèses sur les causes de l'autisme. La recherche se poursuit. Ces hypothèses s'accordent sur un point : l'autisme est une maladie. Ainsi, selon un document de l'organisme ATEDM (Autisme et troubles envahissants du développement Montréal), une personne Asperger présenterait des difficultés de trois ordres : des difficultés de communication, de socialisation et des atteintes neurosensorielles. La pratique clinique indique que l'autisme peut rendre la personne fragile. La population autiste semble montrer un taux plus élevé que la population neurotypique de certains troubles, dont les troubles anxieux, l'insomnie, le déficit d'attention (avec ou sans hyperactivité), le trouble obsessif-compulsif et l'automutilation. La présence d'un ou de plusieurs de ces troubles peut rendre la vie difficile à la personne, à ses parents et à son entourage. Mais il faut nuancer. Aucun de ces troubles n'est exclusif aux autistes : des neurotypiques les présentent aussi. Tous les autistes ne les montrent pas, et il reste rarissime qu'un autiste les ait tous. L'autisme est une chose en soi, non un amalgame de troubles distincts. Il peut rendre fragile, mais cette fragilité ne se concrétise pas toujours, et pas toujours de manière remarquable. Même si je suis Asperger, je n'ai que peu de ces troubles statistiquement plus fréquents chez nous ; et ceux que j'ai sont gérables.

Tout cela indique néanmoins une condition pénible, une pathologie. La littérature abonde en expressions effrayantes. Selon Uta Frith, qui ne ménage pas ses mots, l'autisme est «un défaut subtil mais dévastateur, un défaut aussi cruel pour l'enfant que pour sa famille[1] ». La naissance d'un enfant autiste est « un événement tragique » : « Nous voici donc revenus à l'image inquiétante de cet enfant si beau et si bien portant, qui recèle, en toute innocence, une bombe à retardement dévastatrice : l'autisme. » Chers neurotypiques, vous qui êtes si fiers de vos grandes qualités d'empathie, avez-vous pensé un seul instant à l'impact que peuvent avoir sur nous de telles phrases ?

En présentant les critères de diagnostic, j'ai mis en évidence le décalage existant avec ce que vivent les Aspergers eux-mêmes. Alors, qu'est-ce qui me semble le plus difficile dans ma condition ? Je souligne un point important : ayant eu mon diagnostic tardivement, j'ai vécu sans porter le discours entourant l'autisme. Ma perception des choses n'a donc été orientée ni par ce discours ni par des lectures sur le sujet.

La vie est étrange

Un jour, à l'université, j'ai eu à remplir un questionnaire sur notre relation personnelle avec les arts. Une des questions était : « Si vous aviez à décrire en un mot votre sentiment par rapport à la vie, quel serait ce mot ? » Ma réponse est venue spontanément : « Étrange. » Donc, en premier lieu et d'une manière générale, je dirais qu'être Asperger me donne de la vie courante une impression presque irréelle et immatérielle dont je ne peux me départir. Je trouve merveilleux que les neurotypiques considèrent généralement la vie comme « belle ». Ce n'est pas qu'elle me semble laide, mais si j'avais un seul mot pour la qualifier, je dirais qu'elle est étrange. C'est le sentiment que j'en ai de façon quotidienne et constante.

J'ai l'impression de faire un rêve, quelquefois un cauchemar. En regardant quelqu'un ou quelque chose, je me sens tapi dans une caverne. Sauf en reflet ou dans mes rêves, je suis la seule personne dont je ne vois pas le visage. Lorsque j'entends ma voix enregistrée, je la reconnais à peine. Que c'est étrange ! Juste y penser me bouleverse au point d'en frissonner et d'éprouver une sensation physique peu agréable... Toutes ces générations qui se suivent, des générations de gens qui naissent, grandissent, aiment, engendrent, peinent, souffrent, luttent, font la guerre, célèbrent, s'adonnent à toutes sortes de plaisirs et de vices puis, soudainement, se révèlent capables d'abnégation, de gratuité, de courage ou de droiture, bref tous ces gens qui font des tas de choses puis meurent et sont rapidement oubliés, tout cela me procure une forte sensation d'étrangeté. Tous ces êtres aux formes variées à l'extrême, qui eux aussi passent dans le temps, de même que cette petite planète que nous habitons dans un vaste cosmos, ces particules de matière qui s'assemblent en des formes infinies et kaléidoscopiques: que ce monde est étrange!

La vie est étrange tout autant que la mort, la force de la vie tout autant que sa fragilité. Donner la vie n'est-il pas donner aussi la mort? Il ne se passe pas une seule journée sans que je pense, ne serait-ce que fugitivement, à la mort. J'entends tellement de personnes soutenir que la mort ne leur fait pas peur. Je suis très heureux pour elles. Peut-être que celui qui a eu une vie longue, active et confortable peut envisager sereinement l'idée de la quitter. Mais il y a tant de gens qui meurent après avoir à peine vécu: des enfants, des victimes de guerre, des gens qui ont connu une existence miséreuse. Moi, la mort me fait peur, je l'avoue, surtout qu'elle est souvent précédée de grandes souffrances. Une personne âgée m'a confié: «Nous avons de plus en plus de maux physiques et de moins en moins de forces pour y faire face.» La mort est la disparition de tout ce que nous connaissons. Suis-je vraiment le seul à en avoir peur? Ou les gens préfèrent-ils ne pas se l'avouer? Je ne sais pas. Un jour, je suis allé au salon funéraire offrir mes condoléances à une connaissance dont le père venait de décéder subitement. Je me suis recueilli quelques instants près du cercueil du défunt. Je n'avais pas vu la mère de ma connaissance, alors je lui ai posé cette question involontairement déconcertante: «Où sont tes parents?» Quel embarras! Que la parole peut être glissante! Mais c'est aussi ça: vie et mort m'apparaissent vraiment comme irréelles. J'ai toujours l'impression qu'il y a un voile de fin brouillard entre mes sens, mon esprit et la réalité.

Est-ce grave? Cela ne m'empêche pas d'apprécier la vie. Il est même possible que l'étrangeté que je ressens m'ait permis de percevoir des choses inhabituelles ou de trouver des solutions originales à certains problèmes. Des neurotypiques m'ont confié ne pas toujours comprendre le monde ou ne pas voir de sens clair à l'existence ; alors, les Aspergers ne sont peut-être pas si seuls qu'on le croit. La différence pourrait ne résider qu'en ce que les Aspergers l'avouent sans fard, sans vouloir à tout prix construire un sens aux choses et aux événements. Ce sentiment d'étrangeté pourrait être lié à notre hypersensibilité aux informations sensorielles. Il pourrait aussi être lié à notre anxiété chronique.

L'enfer, c'est les autres !

Sans que cela leur soit exclusif, tous les Aspergers ressentent une certaine anxiété. Certains traits de la personnalité Asperger peuvent générer de l'anxiété. Celle-ci n'est pas nécessairement consciente : j'ai eu des troubles anxieux avant qu'un médecin ne pose ce diagnostic et, jusque-là, l'idée d'être anxieux ne m'avait jamais effleuré. Le niveau d'anxiété varie selon chaque personne, mais il semble fréquent qu'il mène jusqu'à de véritables troubles anxieux allant de légers à graves. Il nous est donc très important d'acquérir des outils pour gérer cette anxiété.

Mais attention ! Si ce sont les troubles anxieux qui m'ont conduit jusqu'au diagnostic d'Asperger, il se trouvait aussi dans ces troubles une composante importante liée à un syndrome de stress post-traumatique. Il m'est donc impossible de déterminer la part Asperger de mon anxiété. J'étais peut-être un peu anxieux durant l'enfance, mais certainement beaucoup moins qu'après l'expérience du secondaire : je ne faisais d'ailleurs presque jamais de cauchemars. En irait-il ainsi pour d'autres Aspergers ? L'anxiété induite par la condition Asperger serait-elle surestimée ? Cela est probable, puisque 80 % des Aspergers vivent des situations d'abus : psychologiques, physiques, sexuels, professionnels, parfois en un véritable cocktail : « Souvent, les enfants autistiques sont cruellement taquinés et harcelés par les enfants normaux. Cela incite à penser que la bizarrerie sociale des enfants autistiques est si flagrante qu'elle suffit à en faire des parias, même en l'absence de tout signe physique[2].» Dans quel monde vivons-nous donc pour que la «bizarrerie» suffise à faire de certains enfants des parias? De quel droit d'ailleurs quelqu'un peut-il faire d'un autre un paria? On comprendra aisément qu'une histoire personnelle marquée par de tels abus laisse des traces et ne dispose pas d'emblée à rechercher les relations avec les autres. Il y a lieu de soupçonner que plusieurs Aspergers souffrent de stress post-traumatique et que celui-ci est rarement diagnostiqué, puisque le *bullying* à l'école demeure entouré d'une loi du silence. Les enfants différents se font persécuter, et ceux qui consultent des éducateurs spécialisés sont traités d'«orthos» ou de «débiles». De fortes pressions sociales existent qui visent à homogénéiser les gens pour les intégrer aux tendances collectives, pressions pouvant aller jusqu'à l'agressivité. De plus, l'abus et la discrimination peuvent s'exercer de façons si subtiles qu'il est presque impossible de toujours les mettre à jour. La vigilance est donc essentielle, d'où la nécessité de groupes défendant les personnes différentes et handicapées. Heureusement, 20 % des Aspergers échapperont à l'intimidation.

Notre anxiété a également une autre origine. Selon certaines estimations, nous représentons entre 0,01 et 0,1 % de la population; d'autres vont jusqu'à une personne sur deux cent cinquante, soit 0,4 %. Au Québec, en 2007-2008, le taux de prévalence des TED chez les enfants était de cinquante-six cas pour dix mille, soit 0,56 %; à Montréal, il était de 0,79 %. Mais ce taux ne distingue pas chacun des TED: il est donc impossible de connaître celui de l'autisme Asperger seul[3]. L'Office des personnes handicapées du Québec estime pour sa part qu'il y aurait environ vingt-six personnes Aspergers sur dix mille, ce qui représente 0,26 % de la population. Quoi qu'il en soit, nous formons une toute petite minorité[4]. Tel qu'il se présente, le monde n'est donc fait ni par nous ni pour nous. Comme toutes les minorités, nous vivons un stress constant d'adaptation à une réalité que nous saisissons mal, peu ou pas du tout dans certains cas.

Ainsi, sur le plan professionnel, il est estimé que moins de 10 % des autistes adultes réussissent à décrocher un emploi et qu'encore moins parviennent à le conserver[5]. De plus, ces emplois sont rarement à la hauteur de leurs capacités et de leur intelligence ; il en va de même pour la rémunération. La condition Asperger en est partiellement responsable, car elle entraîne des difficultés à socialiser, donc à se créer un réseau favorisant l'emploi, le développement d'une carrière ou la conformité à la culture d'une entreprise. D'un autre côté, ce ne sont pas tous les milieux de travail qui tolèrent ne serait-ce qu'un peu d'excentricité, pas même ceux que l'on pourrait croire mieux disposés en ce sens. Stéphane Blackburn est un Asperger qui a enseigné avec passion la philosophie au cégep et qui, après douze ans, a démissionné, « à bout de souffle, non pas à cause de ses élèves, mais brisé par ses collègues qui ne prisaient guère ses manières excentriques ». Après un temps dans le domaine du camionnage (!), cet expert d'Aristote a dû se résoudre à vivre de l'aide sociale : « J'ai un énorme potentiel qui n'est pas utilisé », constate-t-il avec tristesse[6]. Le handicap social de l'Asperger peut donc se répercuter grandement dans la vie professionnelle. On discute, à juste titre, des difficultés d'intégration qu'éprouvent, par exemple, les minorités visibles. Or celles-ci représentent souvent un pourcentage plus élevé de la population que les Aspergers. Cela peut donner une idée de ce qui en est pour nous. Puisque des politiques particulières existent pour favoriser l'intégration des gens de minorités visibles au monde du travail, il serait souhaitable que des politiques semblables existent pour les autistes. Au travail, pour peu qu'on leur offre un cadre respectueux (chose qui n'est pas si compliquée), les autistes se révèlent des employés fiables, ponctuels, productifs, précis, qui ne s'intéressent aucunement aux « intrigues de bureaux ». La tâche est difficile tant les préjugés sont vivaces, mais il existe maintenant des organismes qui aident les autistes dans leur recherche d'emploi, tel Action main d'œuvre (programme À l'emploi). Ces ressources sont toutefois encore trop rares.

À cause de leurs particularités de fonctionnement, les Aspergers éprouvent de la difficulté à bâtir et à entretenir une relation de couple. Ils sont toutefois loin d'être les seuls dans cette situation ! J'ai eu connaissance du cas d'une jeune femme Asperger, belle et très intelligente (elle possède deux maîtrises universitaires), mais triste d'avoir toujours été célibataire et de l'être encore à trente ans. Chez les garçons, la question d'une possible ambiguïté de l'identité sexuelle peut rendre la tâche encore plus ardue. Un couple Asperger-neurotypique peut vivre des moments de tension, nécessitant beaucoup de patience et de compréhension mutuelle.

Au bout du compte, une part importante des difficultés de vie rencontrées par les Aspergers ne tient pas tant à leur condition elle-même qu'à l'accueil qui leur est réservé par les autres. Il est important de le noter afin de ne pas tout mettre sur le compte de la condition autistique. Encore une fois, cela fait ressortir l'importance capitale d'informer et de sensibiliser. Il y a beaucoup de travail à faire :

> « Les adultes TED désirent avant tout que leurs besoins soient respectés afin de leur permettre de participer à la vie en société et d'évoluer tant sur les plans personnel que socioaffectif ou financier. [Or au Québec], le portrait actuel n'est pas très reluisant. Une grande majorité d'adultes TED, à la fin de la scolarisation, se retrouvent isolés, sont sujets à des dépressions à répétition, à des troubles de comportement [troubles anxieux]. Même si certains ont une formation académique avancée, très peu réussissent à trouver un emploi et à le conserver. Confinés à la pauvreté, ces adultes ont une piètre qualité de vie, sont incompris et n'ont pas d'activités valorisantes. Ils habitent [souvent] chez leurs parents, sans soutien pour eux, ni pour ces derniers[7]. »

Anxiété et agressivité

Plusieurs associent la *maladie mentale* à l'agressivité, à la dangerosité. Les autistes peuvent donc écoper de cette étiquette. Mais est-elle justifiée en ce qui les concerne ? Le docteur Mottron rapporte que l'enfant autiste qu'on oblige à faire quelque chose fera une colère terrible. N'est-ce pas, docteur Weisnagel ?! Mais ces colères proviennent en bonne partie d'un débordement d'anxiété longtemps accumulée : des objets qui semblent rétifs, leur maladresse motrice, leurs difficultés sociales, le fait de devoir vivre dans un monde difficilement compréhensible, etc. Soudaines, fortes et brèves, ces colères sont rares et se maîtrisent avec l'apprentissage de la gestion de l'anxiété.

D'un autre côté, les Aspergers, personnes excentriques, risquent davantage de dire des choses à ne pas dire et de poser des gestes inattendus, cela sans aucune malice. C'est souvent plus drôle qu'autre chose ! Mais les Aspergers sont-ils davantage enclins à poser des actes répréhensibles ? La documentation rapporte de tels cas. Cependant, s'agit-il d'une tendance forte ou simplement d'anecdotes ? Tony Attwood écrit : « Ces incidents restent rares et les parents ne doivent pas être exagérément inquiets. L'auteur a déduit de son expérience clinique que les Aspergers sont plus souvent victimes qu'agresseurs, compte tenu de leur naïveté et de leur vulnérabilité[8]. » Le psychiatre québécois Jean-Jacques Bourque raconte qu'il ne fut agressé qu'une fois dans sa carrière et que ce fut par un adolescent autiste[9]. Mais il est impossible de généraliser à partir d'un cas particulier. En renversant les choses, je rejoins les conclusions de Attwood : les nombreuses agressions que j'ai subies dans ma vie ont été le fait de neurotypiques ! Et, nous l'avons vu, plusieurs autistes pourraient abonder dans mon sens. Je ne perçois pas pour autant l'ensemble des neurotypiques comme des gens dangereux, bien que j'observe que la plupart semblent préférer demeurer silencieux devant des injustices commises sous leurs yeux, alors que d'autres trouvent cela comique...

Nous considérer comme des gens potentiellement violents est injuste. Les neurotypiques ne font-ils donc jamais de mauvais coups ? Aucune étude sérieuse ne démontre que les Aspergers sont plus agressifs que ces derniers. Nous ne sommes pas des anges, mais pas des démons non plus ; nous sommes simplement des personnes humaines. En 2010, une revue médicale rapportait que la prise d'antipsychotiques se révélait efficace chez les enfants, malgré de nombreux effets secondaires possibles, pour traiter entre autres choses « les comportements agressifs associés à l'autisme[10] ». La belle affaire ! Aurait-on l'idée d'écrire que les antipsychotiques sont efficaces pour éliminer «les comportements agressifs liés à la neurotypicité» ?! Pourquoi alors se permet-on ce genre de propos distordus lorsqu'il est question d'autisme ? Il n'existe pas de «comportements agressifs» spécifiquement associés à l'autisme, et l'autisme en soi ne prédispose nullement à de tels comportements. Il se peut que des autistes se montrent agressifs, mais cela vaut autant pour les neurotypiques. J'ai eu connaissance du cas d'un adolescent Asperger très brillant mais réputé violent. D'où venait sa violence ? Jugeons-en : son père le détestait au point de le réveiller souvent la nuit pour lui dire qu'il avait envie de le tuer. Quel jeune ne serait pas révolté par un tel traitement ? Je souhaite qu'il ait trouvé du soutien pour guérir de ces agressions.

J'ai déjà parlé de mon désarroi devant l'agressivité humaine. Ce désarroi se double de la pensée troublante que je ne suis pas immunisé contre cette tendance, que nous partageons tous. L'éminent psychiatre anglais Anthony Storr a écrit que l'homme est non seulement l'espèce la plus agressive sur Terre, mais aussi la seule à prendre autant de plaisir à faire souffrir ses semblables[11]. Un des objectifs d'une bonne éducation est d'apprendre au jeune à canaliser ses pulsions agressives de façon saine et positive. Ainsi «civilisées», elles pousseront les gens à pratiquer le sport, à construire des monuments, à explorer les nouveaux continents et l'espace, etc. Et même là, les débordements agressifs ne sont pas toujours évités. La conquête de l'Amérique abonde en événements violents. La Guerre froide a été le moteur principal de la conquête de l'espace, alors que rivalisaient l'URSS et les États-Unis. Quant au sport, je suis allé dans une école secondaire qui le valorisait et où abondait pourtant le *bullying*. Louise Dionne, du Centre justice et foi, écrit au sujet des Jeux olympiques qu'«à l'instar de nombreux événements sportifs [et culturels] à caractère international, ceux-ci favorisent la traite humaine, plus particulièrement celle des femmes et des enfants à des fins sexuelles[12]». Le sentiment de puissance procuré par la victoire peut stimuler l'agressivité et la cruauté ! Alors, l'agressivité des Aspergers… Nous ne sommes pas de taille.

Mais l'autisme est-il vraiment une maladie ?

C'est la question centrale. Est-il vraiment une maladie, ou sommes-nous conditionnés à le considérer comme la maladie qu'il n'est pas, à cause d'un discours surdramatique entretenu depuis des décennies et dans lequel abondent les distorsions ?

Je sais quand je suis malade : je me sens mal, je peine à vaquer à mes occupations quotidiennes et n'ai pas le désir d'entreprendre grand-chose. Je suis malade quand j'ai un rhume ou une gastroentérite. Il en va de même pour les maladies mentales : une personne aux prises avec la maladie bipolaire ou la dépression souffre de son état et le sait très bien. Mais si je laisse de côté un instant les problèmes secondaires de l'autisme (anxiété, difficultés sociales) et me pose la question : « Comment est-ce que je me sens ? » ma réponse sera : « Je me sens bien. » Je relis les critères diagnostic du syndrome d'Asperger et m'y retrouve, mais il m'est impossible d'associer le moindre souvenir de souffrance à un seul d'entre eux, parce que je n'en ai tout simplement pas. Je ne me suis jamais senti malade ou simplement mal d'être un Asperger. Je ne souffre pas de ma condition. Quelle étrange maladie ! On pourra croire que j'ai manqué des choses dans la vie du fait de tant apprécier la solitude mais, en vérité, ces « manques » n'en sont que d'un point de vue neurotypique et, comme on le sait, ce point de vue n'est pas le mien. Les critères de bonheur ou de bien-être des Aspergers ne sont pas tout à fait ceux des neurotypiques. Ce que je viens d'écrire pourra sembler choquant, mais il ne s'agit en rien d'un désaveu ou d'un rejet du monde neurotypique. J'apprécie la vie telle qu'elle est pour moi. À aucun moment, je n'ai ressenti le désir d'être autrement. Je ne suis donc pas *atteint* du syndrome d'Asperger, je *suis* Asperger, tout simplement. Cela fait partie de ma personne. Par contre, je sais avoir beaucoup souffert du syndrome de stress post-traumatique, qui est tout autre chose.

Jamais je n'ai désiré être guéri. Si on me disait : « Voici un remède qui te guérira de ton autisme », cela ne m'intéresserait pas. D'ailleurs, j'aurais été neurotypique que la vie n'aurait pas nécessairement été meilleure ou plus facile. J'aurais connu d'autres difficultés et vécu d'autres épreuves. Au bout du compte, aurais-je été mieux? Je n'en ai pas le sentiment. Je regarde les autres : est-ce que je les envie, est-ce que je voudrais être à leur place? Non. Nous avons une vie à vivre, chacun à notre façon; pourquoi ne pas la vivre et en tirer le meilleur parti possible? Pourquoi croire qu'*autrement* serait *meilleur*? Ma nièce, qui est autiste Kanner, en plus d'être épileptique et de présenter un important retard mental, est une enfant heureuse... La famille Barron-Blackburn forme un petit monde autiste : le père, Stéphane, est Asperger (un diagnostic tardif), tout comme son fils aîné, François; le fils cadet, Olivier, est autiste Kanner; seule Sylvie, la mère, est neurotypique. Une famille durement éprouvée? Stéphane confie : «On est dans un monde d'autistes ici. Toutes les idées sont dites une à une (...). Nous sommes très unis et je dirais beaucoup plus heureux que la moyenne des familles québécoises.» Les journalistes de passage ajoutent : «Et les fous rires nombreux[13]!» Je sais que je suis socialement handicapé et que ce handicap a des conséquences sur ma vie. Pourtant, je ne vois pas vraiment ce que j'aurais fait de mieux ou de plus si j'avais été neurotypique plutôt qu'Asperger.

Sans exclure que l'autisme puisse tout de même être une maladie (mais une bien curieuse maladie), des spécialistes affirment maintenant qu'il est plutôt une condition, une autre façon d'être humain[14]. Simon Baron Cohen suggère même que l'autisme soit reconnu comme une forme atypique de développement, tout «comme le fait d'être gaucher, une préférence qui ne peut être modifiée[15]». Les gauchers aussi ont longtemps été victimes de préjugés! Eux aussi, on a cherché à les «guérir». Si une chose aussi anodine semblait si grave autrefois, il est facile de réaliser l'incompréhension actuelle face aux autistes. Pour ma part, je suis convaincu que l'autisme est une manifestation de la diversité humaine. Qu'il se situe aux confins de la normalité, qu'il soit quelquefois incommode pour les personnes concernées, il n'en constitue pas moins un apport. J'avoue ne pas croire aux explications en vogue sur l'origine de l'autisme. Bien que le discours sur l'autisme cherche à se dégager de l'idée qu'il s'agisse d'une maladie, le fait de proposer comme explications des facteurs uniquement négatifs conforte et renforce cette même idée. Je ne crois pas que l'autisme soit en lui-même un mal. J'entrevois plutôt que, sur le plan spirituel, l'autisme est une *forme d'âme* particulière, une énergie rare, une sorte de «fantaisie», comme la nature est si apte à en créer. Plus encore, si l'autisme fait partie du patrimoine humain, c'est qu'au-delà de ses fragilités il présente des forces, des richesses, des qualités qui ne demandent qu'à s'exprimer, à se développer, à s'épanouir pour le bénéfice de tous. Encore faut-il prendre conscience de ces forces.

La surdouance serait-elle une maladie ?!

Si le syndrome d'Asperger est considéré comme une maladie parce qu'il présente une dérogation à la normalité, la surdouance devrait l'être aussi puisqu'elle présente également une telle dérogation. Absurde, me direz-vous! Mais alors, pourquoi l'un serait une maladie et l'autre pas ? Probablement parce que les deux conditions sont également méconnues, que des mythes erronés les entourent. Car la surdouance est méconnue. On la perçoit comme un «avantage»: «Un fonctionnement cognitif excellent va de pair avec une vie sociale de bonne qualité et une réussite acceptée et sans ambages[16].» Par conséquent, une personne surdouée n'a presque pas le droit d'aller mal et, si tel est néanmoins le cas, cela relève de la «psychopathologie psychanalytique classique»! L'expérience clinique montre au contraire que beaucoup de surdoués n'ont pas la vie facile. Pas plus que les Aspergers, en réalité. D'ailleurs, surdouance et Asperger sont deux conditions qui se recoupent sur un nombre étonnant de points. En lisant l'ouvrage sur la surdouance de Jeanne Siaud-Facchin, j'ai été troublé par l'impression fréquente de relire des textes sur le syndrome d'Asperger. Je synthétise le domaine commun des difficultés probables. C'est évidemment un portrait-robot; chaque personne est différente.

La pensée est sans repos: chaque idée est poussée jusqu'au bout d'elle-même et associée à une intense charge émotionnelle. Ces gens sont les explorateurs assidus et persévérants d'intérêts particuliers. Leur niveau d'anxiété est élevé, les troubles anxieux fréquents. L'anxiété est contenue, mais peut éclater soudainement. Les sens très prompts causent de fortes réactions même sur le plan émotionnel, réactions qui s'accompagnent d'une difficulté à trier les informations, à distinguer celles qui priment sur les autres, à les traiter rapidement et, donc, à réagir sur le coup. Il y a une tendance marquée à se protéger en étant perfectionniste et en cultivant un mode de fonctionnement plus ou moins rigide, ce qui revient à porter un masque coûteux en énergie et susceptible de se briser à tout moment. La conscience aiguë des failles logiques du monde amène à être hypercritique, idéaliste, voire à entrer en révolte ouverte contre les injustices. L'avenir tend à faire peur, parce qu'il est illogique tout autant que terriblement prévisible. Un sentiment d'insatisfaction chronique fait apparaître la vie comme une succession de deuils. Le sentiment d'être décalé par rapport aux autres naît de ce que ces gens sont rarement dans le «bon» tempo, toujours en retard ou en avance, en arrêt lorsque tous bougent et en action lorsque tous se reposent. Ce décalage procure «une désagréable sensation d'étrangeté (...), génère toujours des problèmes de communication avec les autres[17]. » Par conséquent, ils sont perçus comme des excentriques, des marginaux, et donnent souvent l'impression d'être idiots. Oui, même les surdoués! L'identification aux pairs est problématique. Ces gens doivent faire un effort considérable pour s'adapter, s'intégrer à la vie sociale. L'école tout comme la vie professionnelle peuvent être un enfer. Passé un court moment où les choses semblent agréables, ils s'ennuient dans les groupes, les discussions informelles et les rencontres amicales. La «possibilité de trouver dans le groupe un support identificatoire [leur] échappe et [les] renvoie à une forme de solitude douloureuse[18] ». La difficulté à faire confiance et à pouvoir s'appuyer sur quelqu'un d'autre se double paradoxalement d'une immense naïveté.

La compréhension des choses est littérale. Ces personnes prennent les mots et les expressions au pied de la lettre et ne décodent pas bien les sous-entendus ou les implicites. Cela peut entraîner des difficultés de communication avec autrui. Pour se

145

faire bien comprendre d'elles, il est essentiel d'être aussi explicite et précis que possible. La part infantile demeure très présente et active : ils conservent, adultes, la capacité d'émerveillement et d'enthousiasme des enfants. Ils peuvent être submergés par une joie profonde pour un rien, mais également terrassés pour un rien. Alors, ils ont l'impression d'avoir l'âge de l'univers, comme si un lourd poids pesait sur leurs épaules. Ouf !

Chez les hommes, Aspergers comme surdoués, la part féminine demeure prononcée toute la vie durant, aspect qui n'est pas nécessairement bien perçu ni accepté par les autres. L'identification au genre peut être problématique, tout comme l'acquisition des caractères socialement attendus de chaque genre. Dans les écoles, ces garçons sont des cibles de choix pour les moqueries : ce sont des « fifs », des « tapettes ».

> « L'homme [surdoué] s'applique à étouffer cette tendance de sa personnalité qui pourrait susciter moquerie ou raillerie. Lui-même ne trouve pas cela si normal de se sentir plutôt bien avec les femmes avec lesquelles il a une grande facilité d'échange. Qu'il comprend bien. Et pas dans un rapport de séduction. Ce que les autres hommes ont bien du mal à concevoir[19]. »

Par réflexe de protection, l'homme surdoué pourra chercher à se créer un masque de virilité plus acceptable, au prix de grands efforts. Mais l'homme Asperger, lui, désire être qui il est. Être homme à la fois Asperger et surdoué signifie donc un double renforcement potentiel de la féminité, ou du moins de l'ambiguïté, avec l'acceptation de celle-ci, sans volonté de se changer. D'où les curieux moments que j'ai vécus sur le plan de l'identité sexuelle. Se savoir Asperger et surdoué, comprendre ce que cette double condition peut impliquer, a dédramatisé ce que j'ai vécu. Comme il est important d'apprendre à se connaître ! Certains de mes étudiants m'ont dit voir en moi un homme rose. Je ne sais pas mais, si c'est le cas, je l'accepte. Chez les femmes, le problème semble moins prononcé, mais elles aussi ont tendance à développer des attitudes davantage typiques de l'autre sexe.

Présente en ma personne, cette dimension féminine l'est tout autant dans ma musique, quoique je ne sache pas l'exprimer clairement en mots. Je crois que ma musique est plus lunaire que solaire, qu'elle rejoint davantage les attributs féminins que masculins et que, malgré son énergie, elle n'est pas un art de combat. Ma musique « parle » plutôt de fragilité, d'exclusion, de marginalité, de solitude, mais aussi de compassion, de résilience et d'émerveillement. Peu de puissance ou de désir de domination – cela même si elle exige une bonne dose d'engagement physique de la part des interprètes et si elle peut danser avec flamboyance comme dans *Trois fleurs des chants* (une de mes pièces préférées). En conséquence, ma musique ne semblera jamais « moderne » à la première audition (surtout pour les oreilles qui ne savent pas écouter). Tout comme à l'école, les garçons qui ne sont « pas assez agressifs » constituent des proies faciles, il en va de même d'un compositeur qui n'écrit pas une musique agressive, une musique faisant preuve de virilité. C'est une musique qui, à sa façon, traduit des aspects de l'expérience humaine que certains aimeraient cacher au profit d'illusions triomphalistes. Elle risque donc de toucher d'abord les gens conscients de la fragilité des choses, à commencer par la leur.

Tenez-vous à être surdoué ?! Je n'ai pas noirci à dessein le portrait. La condition de surdoué comporte de réelles fragilités : « Chaotique, inconfortable, sinueux, le parcours du surdoué adulte est souvent bien troublé[20]. » Ces fragilités peuvent sembler d'autant plus invraisemblables que la surdouance est habituellement considérée comme une chance. Chose certaine, en dépit de toutes ses souffrances, jamais une personne surdouée n'aura droit à la compassion : « On ne dira jamais de quelqu'un : "Il est sympa, mais le pauvre, il est trop intelligent[21] !". » Il y a évidemment des surdoués qui vont bien. Un diagnostic précoce peut aider parents et éducateurs à bien guider l'enfant. Autrement, « les risques de troubles psychologiques deviennent réellement menaçants[22] ». En ce sens, la surdouance est à la limite de la condition pathologique. La même chose s'applique aux Aspergers. De plus, dans les deux cas, la différence des personnes affectées est peu visible au premier coup d'œil : « Je ne peux m'empêcher d'être souvent attristée de voir combien ceux dont la différence est invisible à l'œil nu, dont la différence ne ressemble pas d'emblée à un handicap (…), souffrent en silence et cherchent seuls des solutions à leur différence[23]. » On parle ici d'un fort sentiment de solitude, de détresse, de problèmes majeurs d'intégration, d'égarement, de marginalisation. Pour les surdoués, Jeanne Siaud-Facchin parle même de « gâchis ». Fortement normalisée, la société compose plus ou moins bien avec la différence. Du moins dans le concret, parce que respect des différences, intégration et égalité des chances sont des principes auxquels tous prétendent adhérer. Mais j'ai tant connu de « progressistes » qui n'hésitaient pas à abuser, à discriminer, à exclure ceux et celles qui les dérangeaient !

La neurotypicité serait-elle aussi une maladie ?!

Exagérons un peu ! La neurotypicité ne peut être ainsi considérée parce qu'elle a en sa faveur la force du nombre. Être neurotypique, c'est par définition être normal, donc sain. Est-ce vrai pour autant ou ne s'agit-il que d'un sophisme, « d'un raisonnement qui n'est logiquement correct qu'en apparence » (Larousse) ? Plusieurs m'ont dit croire que nous sommes tous « un peu fous », que nous possédons tous une zone d'ombre faite de complexes, de dépendances, de carences ou encore de pensées occasionnelles aussi troublantes qu'inavouables. Peut-être est-ce vrai ? Le DSM-V ira dans cette direction ! Par ailleurs, la majorité dicte la norme de ce qui est correct, celle aussi de ce qui ne l'est pas. Les conséquences peuvent être étonnantes. Uta Frith écrit : « On observe couramment, chez les enfants autistiques, une excellente aptitude à manipuler les objets, qui contraste souvent avec leur piètre aptitude à manipuler les personnes[24]. » Au moins, cette auteure parle franc. Pour se faire une belle place dans le monde neurotypique, maîtriser l'art de la manipulation de l'autre serait donc un atout. En l'absence de ce « talent », il n'est pas surprenant que nous, autistes, ressentions tant d'anxiété à vivre dans un tel monde, et que nous peinions tant à y trouver notre juste place. Plutôt que de parler de notre « piètre aptitude », je dirais que le fait de baser des relations sur la manipulation ne figure pas dans nos valeurs. Peut-être même nous y refusons-nous.

Renversons la perspective : à l'image des cas «lourds» d'autisme, on pourrait parler des cas «lourds» de neurotypicité ! Ce serait, par exemple, le cas d'une personne qui ne fonctionne que par coups de tête et coups de cœur, une personne changeante, impulsive et influençable qui, difficilement capable de gérer la durée et la continuité, arrive mal à mener à terme les choses qu'elle entreprend. Bref, pas une personne reposante. Et de telles personnes existent. Si ces gens ne sont pas considérés comme présentant une «psychopathologie» comme nous, autistes, c'est qu'elles bénéficient d'un environnement neurotypique.

Il y aurait pourtant avantage à diagnostiquer les neuro-typiques, afin qu'eux aussi maîtrisent mieux leurs forces et leurs faiblesses. Afin aussi qu'ils apprennent à se méfier des pièges de l'empathie, cette empathie qui nous manquerait tant à nous, autistes. Il est d'usage de donner au mot «empathie» une connotation positive. Or, à proprement parler, l'empathie est neutre : elle n'implique pas en soi le respect de l'autre ou le fait de considérer ses besoins. Ce n'est pas la compassion, sentiment qui rend sensible aux souffrances d'autrui et inspire des gestes concrets visant à les soulager. Une personne peut être très empathique sans pour autant être compatissante. Dans *L'humanité disparaîtra, bon débarras !*, un essai décapant mêlant humour noir et lucidité, Yves Paccalet soutient que les trois moteurs suprêmes du comportement humain sont le sexe, la possession et la domination[25]. Selon lui, l'empathie se définit tout simplement comme notre capacité à interpréter le comportement de nos semblables : «Non seulement nous pensons, mais nous savons que notre voisin en fait autant. Nous cherchons à deviner ce qu'il a dans le crâne, à comprendre ce qu'il mijote.» Cette capacité «structure nos rapports indi-viduels, nos us et coutumes, nos codes et nos lois. Elle unifie nos sociétés.» Son plus grand intérêt est de permettre l'ironie, «notre plus noble production». Cela dit, l'empathie a son revers :

« Elle ne nous rend pas plus heureux : au contraire ! Elle est facteur d'inquiétude. Elle alimente notre sentiment d'insécurité. À cause d'elle, nous devenons méfiants, soupçonneux, cauteleux, hostiles envers nos voisins, toujours prêts à leur tendre des pièges et à lancer des actions préventives. C'est ainsi que naissent la haine, l'appel au meurtre, la course aux armements, la mobilisation générale et la guerre[26]. »

L'histoire humaine en illustre les conséquences :

« Partout, l'individu affronte l'individu, le groupe défie le groupe. Qui veut se faire une idée de l'âpreté des duels n'a qu'à observer les relations entre voisins ou collègues de travail ; entre politiciens, avocats, sportifs, écrivains ou chercheurs scientifiques. Voyez ces philosophes qui se haïssent en dissertant de la bonté universelle ! Regardez ces humanitaires qui se disputent l'aide aux victimes ! Examinez ces soldats de la vraie foi qui égorgent l'infidèle en psalmodiant : « Dieu est amour[27] ! »

Dans le temps où je tentais de lire les grands textes de la philosophie, j'ai été stupéfait et troublé par *La république* de Platon. Dans ce livre universellement admiré[28], le sage, désireux de penser une cité idéale, pose d'emblée la nécessité absolue de protéger cette cité contre d'éventuels envahisseurs hostiles. La cité idéale n'est même pas ébauchée qu'il est impératif de la défendre ! Platon consacre les premiers chapitres de son ouvrage à cette réflexion, et définit en long et en large la constitution du corps des gardiens de la cité. C'est significatif, et les choses n'ont guère changé depuis, car l'agressivité humaine demeure une constante. Il y a la philosophie, il y a aussi l'art : des pans entiers de l'art, toutes disciplines confondues, esthétisent la guerre, louent le meurtre, exaltent les exploits sanguinaires : « Ah ! Dieu que la guerre est jolie », écrivait béatement le poète Guillaume Apollinaire, lui-même éclopé de guerre. Il est difficile de trouver plus haute consécration des instincts meurtriers issus de l'empathie.

Ma mère ne me disait-elle pas que la vie est un combat perpétuel ? Manquant d'empathie en tant qu'Asperger, ce propos me jetait dans un abîme de désespoir. Les anthropologues et les éthologistes le savent pourtant : la guerre est exclusive au genre humain (seuls les chimpanzés la pratiquent aussi, à bien moindre échelle). Sans vouloir tourner le fer dans la plaie, je note que presque tous les pays possèdent des frontières qui ont été définies par des conflits sanglants. Yves Paccalet joue le provocateur en allant au bout de sa pensée : «Je cherche l'humanité au fond de l'homme : je n'y vois que la moustache d'Hitler[29].» Avec le recul et l'expérience, je suis forcé d'admettre, bien à contrecœur, que ma vie a effectivement été un combat, et quotidien, à cause de certains aspects de la condition autistique, surtout sur le plan professionnel (ma croix !). Bien sûr, à côté des violences, petites et extrêmes, il existe aussi des gestes d'entraide. Heureusement ! Capable du pire, l'être humain l'est aussi du meilleur. Mais mon manque d'empathie aspergerois fait que je ne parviens pas à mesurer l'ampleur des maux que l'humanité s'inflige à elle-même, encore moins à la comprendre.

Alors, est-il si absurde d'envisager la possibilité que la neurotypicité soit une forme de maladie, potentiellement plus dangereuse que l'autisme ?

Notes

1. Frith, U. (1992). *L'énigme de l'autisme*. Paris : Éditions Odile Jacob, p. 19.
2. Op. cit., p. 230.
3. Déplorant le même flou statistique ailleurs dans le monde, Tony Attwood écrit néanmoins : «Manifestement, le syndrome d'Asperger est beaucoup plus fréquent que l'autisme classique [type Kanner].» Attwood, T. (2003). *Le syndrome d'Asperger et l'autisme de haut niveau*. Paris : Dunod, p. 3.
4. Noiseux, Manon. «Portrait épidémiologique des TED chez les enfants du Québec», *L'Express*, printemps 2009, numéro 2, p. 28-30. Il est possible que ces chiffres soient sous-estimés parce que des autistes, notamment des Aspergers, ne seront jamais diagnostiqués pour différentes raisons. J'aurais moi-même pu ne jamais l'être. Nous sommes donc peut-être plus nombreux que nous le croyons, mais il est malheureusement impossible de savoir dans quelle proportion.

5. «La nouvelle bataille de l'autisme», *La Presse*, le 14 décembre 2008.

6. Cité par Louise-Maude Rioux-Soucy et Pauline Gravel dans le dossier sur l'autisme «Bienvenue à Autismapolis. Voyage intérieur au cœur d'une autre intelligence», paru dans *Le Devoir*, le samedi 10 octobre 2009, p. A12.

7. Jo-Ann Lauzon, directrice générale de la Fédération québécoise de l'autisme et des autres troubles envahissants du développement. «J'existe! Un message des adultes autistes», *L'Express*, printemps 2009.

8. Attwood, T. (2003). *Le syndrome d'Asperger et l'autisme de haut niveau*. Paris: Dunod, p. 131.

9. Bourque, J.-J. (2010). *Écrasons la cigarette, pas le fumeur*. Montréal: Québec Amérique, p. 67.

10. Dans un article du numéro de septembre-octobre de la revue *Perspective infirmière*.

11. Cité par Bourque, J.-J. (2010). Op. cit., p. 63 et 69.

12. «Jeux olympiques 2010 et esclavage moderne», *Prions en Église*, le 31 janvier 2010, p. 28 et 29.

13. Rioux-Soucy, L.-M. et Gravel, P. «Bienvenue à Autismapolis. Voyage intérieur au cœur d'une autre intelligence», dossier sur l'autisme paru dans *Le Devoir*, le samedi 10 octobre 2009, p. A1.

14. Mottron, L. (2004). *L'autisme: une autre intelligence*. Sprimont (Belgique): Mardaga, p. 7.

15. «Lien entre autisme et testostérone. Théorie du cerveau masculin extrême», *Psychomédia*, le 12 septembre 2007.

16. Marika Bergès-Bounes et Sandrine Clamettes-Jean, préface de *La culture des surdoués*, Éditions Érès, 2006, cité par Siaud-Facchin (2008). *Trop intelligent pour être heureux ? L'adulte surdoué*. Paris: Odile Jacob, p. 54.

17. Op. cit., p. 162.

18. Op. cit., p. 95.

19. Op. cit., p. 164.

20. Op. cit., p. 19.

21. Op. cit., p. 62.

22. Op. cit., p. 19.

23. Op. cit., p. 61 et 62.

24. Frith, U. (1992). *L'énigme de l'autisme*. Paris: Éditions Odile Jacob, p. 46.

25. Paccalet, Y. (2006). *L'humanité disparaîtra, bon débarras!* Paris: Arthaud. Réédition chez J'ai lu. Ce livre a remporté le Prix du Pamphlet 2006.

26. Op. cit., p. 102.

27. Op. cit., p. 104.

28. Il est tenu en si haute estime que les éditions le divisent en versets numérotés, exactement comme la Bible! Au passage, la Bible elle-même contient des pages extraordinairement violentes, dans l'Ancien Testament

du moins. Le Nouveau Testament apparaît d'autant plus comme une rupture profonde tant l'Évangile, l'enseignement de Jésus-Christ, est pacifiste. Son message lui a d'ailleurs valu d'être crucifié. Après que les chrétiens ont subi à leur tour des siècles de persécutions, certains d'entre eux se sont ingéniés à tenter de concilier l'Évangile avec les pulsions violentes qui nous sont si chères. À mes yeux, il n'existe rien de plus subversif que cet Évangile, encore aujourd'hui.

29. Paccalet, Y. (2006). *L'humanité disparaîtra, bon débarras!* Paris : Arthaud, p. 73.

Paysages

Les autistes sont réputés être des personnes naïves, «mélange d'esprit adulte et d'esprit enfantin», disait Uta Frith. Une des caractéristiques de cette naïveté réside dans la relation de la personne autiste avec les êtres vivants autres que des humains. Elle aura ainsi tendance à voir les animaux, ou les arbres, comme des personnes et à les respecter en conséquence. Or nous vivons dans une culture qui en est arrivée à tout chosifier, même les personnes! Encore une fois, la personne autiste se heurte à un monde difficile à comprendre et passablement violent. Dans le présent chapitre, je parlerai du lien avec la nature: malgré la couleur qui m'est personnelle, ce lien est typiquement autiste. Et vous verrez comment il peut m'inspirer dans la composition musicale.

Araignées, chiens et chats

Quelqu'un me disait aimer les forêts européennes parce qu'elles sont «propres», avec des arbres bien alignés, des strates arbustives et herbacées réduites. Pour ma part, de tels aménagements me troublent par leur ordre simpliste qui est en réalité du désordre, de la désorganisation. Les véritables forêts présentent un enchevêtrement complexe de formes depuis le sol jusqu'à la canopée, comme des mariages d'univers parallèles. Ce qui est chaos pour certains est pour moi harmonie: une harmonie supérieure qui m'inspire la paix de l'âme et satisfait mon intelligence.

Lorsque j'étais enfant et vivait rue McDougall, nous avions une petite piscine hors terre dans la cour. Un jour, comme j'étais en maillot de bain, une guêpe s'est posée sur ma poitrine. Je lui ai parlé et, lorsqu'elle est partie, je lui ai dit de revenir me voir. J'ai toujours été fasciné par les insectes, leurs formes, leurs couleurs.

Je n'ai jamais osé en tuer pour faire une collection, comme on nous l'avait demandé une fois à l'école. J'ai plutôt pris du carton, l'ai taillé et colorié à l'image des insectes d'un livre. J'ai disposé mes insectes en carton dans un boîtier et j'ai présenté cette collection à la classe. Curieusement, elle a suscité un grand intérêt et beaucoup de questions. Très tôt, j'ai pris l'habitude de marcher en ayant un œil par terre pour éviter d'écraser des insectes. Encore aujourd'hui, je n'hésite pas à faire un grand écart si je m'aperçois que je risque de poser le pied sur une fourmi. Quand je tue un insecte par accident, je me sens malheureux, profondément. Lorsque je vois des vers de terre sur le trottoir après une pluie, je prends une petite branche, ou j'utilise mes doigts, et je dépose les vers sur la terre. À la maison, je remets à l'extérieur mouches, fourmis, tipules et autres insectes, sauf en hiver, saison où nous leur offrons l'hospitalité. Quant aux araignées, nous les gardons vivantes à l'intérieur. J'aime beaucoup les araignées, en particulier les faucheuses, avec leur petit corps et leurs très longues pattes : enfant, j'aimais qu'elles me chatouillent en marchant sur moi.

Toujours rue McDougall, une mouffette s'était établie sous le cabanon de la cour. Elle ne nous dérangeait pas, et nous la voyions très rarement. Sa présence ne plaisait cependant pas à mes parents. Un jour, un homme arriva en camionnette. Il en a sorti un gros sac en toile ainsi que divers outils, et j'ai vu mes parents le guider vers le cabanon. Je l'ai revu un peu plus tard retourner à sa camionnette en traînant son sac alourdi par quelque chose, escorté par mes parents. Je sentais qu'il s'était passé un grave événement et suspectais qu'il avait capturé la mouffette. Mais pourquoi la mettre dans ce sac où elle ne pourrait pas respirer ? Très inquiet, j'ai interrogé mes parents, qui m'ont dit : « Ce n'est rien. » Je savais que ce n'était pas rien. « Est-ce la mouffette ? » Je ressentais leur malaise, et ils ont fini par avouer que, oui, c'était la mouffette. J'ai insisté : « Va-t-il lui faire du mal ? » Ils m'ont répondu que non, pas du tout, qu'il n'y avait pas de danger. J'ai deviné à leur voix que c'était faux. Non seulement la mouffette était en danger (et elle n'avait rien fait de mal) mais, pire encore, mes parents me mentaient. Je découvrais dans des circonstances dramatiques que les adultes ne disent pas toujours la vérité. Révélation affolante. Comment peut-on alors savoir quand quelqu'un dit vrai ou faux? Quelque chose m'échappe, qui me trouble. Des années plus tard, ma naïveté est demeurée très grande, car j'ai toujours cru en la sincérité des gens. Je sais que les mensonges, les demi-vérités font partie de la vie courante mais, malgré cela, combien de fois me suis-je fait prendre! Et quelle douleur ai-je ressentie, chaque fois.

Suis-je *chien* ou *chat*? Absolument chat. Déjà petit enfant, je n'aimais pas les chiens, comme plusieurs autistes, semble-t-il. J'en avais peur: ils jappent, viennent nous voir en courant, nous sentent et peuvent même nous lécher. Ma famille a pourtant eu un danois prénommé Minus (pour vrai!), mais lui, je le connaissais.

Je ne pensais jamais avoir un chat parce que des tests avaient montré que je leur étais allergique. Cependant, peu après avoir acheté notre maison, Louise et moi avons recueilli un petit chat tigré qui, perdu ou abandonné, rôdait sur notre terrain, et l'avons nommé Tibert (le nom du chat dans le *Roman de Renart*). Je devais beaucoup l'aimer puisque je n'ai eu aucun problème d'allergie avec lui. Depuis, Tibert est un ami extraordinaire. Cela peut paraître drôle, mais nous avons vraiment une relation privilégiée. Certaines personnes n'arrivent pas à comprendre la profondeur du lien qui peut s'établir entre un animal et un humain, mais c'est un lien intense, réciproque et d'une loyauté absolue. Ce lien entre des êtres très différents m'émeut. En vivant avec Tibert, j'ai appris à connaître les chats et j'ai découvert mon affinité avec eux. Mon allergologue ne serait pas content car, en 2003, nous avons adopté un deuxième chat abandonné: ce cher Pinotte! Si nos visiteurs trouvent tous Pinotte charmant et drôle, ce n'est pas tout le monde qui l'endurerait. Hyperintelligent mais hypersensible et impulsif, il aime marquer son territoire et a pris pour cible préférée un fauteuil de détente que Louise s'était offert. Nous avons acheté une grosse dinde pour Noël et l'avons fait sentir à nos chats. Pinotte a fait la grosse queue, effrayé ou choqué par cet oiseau déplumé et, lorsque nous nous sommes détournés, il l'a aspergé d'urine! Heureusement, la dinde était bien emballée, et nous avons ri aux larmes. Mais il a aussi de belles qualités: enjoué, patient et doux. Puis, en 2008, nous avons adopté Caroline, une jeune chatte sauvageonne qui errait sur notre terrain en attirant tous les matous de la rue. Nous ne voulions pas qu'elle donne la vie à une multitude de chatons destinés à la misère. Alors hop, à la maison! En octobre 2009, ce fut au tour de Napoléon, que j'ai ramassé rue Bélanger, au milieu de la circulation. Il n'avait alors que deux mois et était gros comme un pou.

Bref, comme Maurice Ravel et de nombreux autres artistes, je vis chez mes chats. Et comme moi, ces chats sont des rescapés. Nous pourrions en avoir encore davantage, car plusieurs autres ont rôdé autour de notre maison: notre terrain, avec ses nombreux arbres et arbustes, semble les attirer comme un sanctuaire. Presque chaque mois de juillet, soit à la période des déménagements, de nouveaux chats paraissent. Nous avons réussi à faire adopter certains d'entre eux, mais d'autres n'ont pas survécu à leur sort. Je ne suis pas fier d'un aspect du Québec: c'est la capitale nord-américaine de la maltraitance contre les animaux. Mettre à la rue un animal de maison est d'une cruauté sans nom. Voir un chat abandonné me fait presque douter de Dieu et certainement des humains.

Vers les sciences

J'ai fait mes études collégiales à André-Grasset et n'ai que de bons mots pour cette institution privée. En général, les professeurs et l'encadrement étaient excellents, et le niveau d'exigence très élevé. Cette fois, j'ai dû un peu étudier à la maison. Je n'aimais pas toutes les matières, notamment la chimie, mais un professeur, Serge Caron, forma une chorale dont j'ai fait partie pendant ces deux années.

Je l'avoue: moi, Antoine Ouellette, j'ai récolté un échec à un cours. Et j'ai survécu! C'est plus déplaisant que grave. En Physique: électricité et magnétisme, René S... m'a flanqué un 56%. Je n'y comprenais pas grand-chose, mais ce prof m'avait pris en grippe pour je ne sais quelle raison et, lorsque je me présentais pour lui poser des questions, il ne me voyait pas et répondait à tous sauf à moi. J'ai refait ce cours au collège Bois-de-Boulogne durant l'été. Je n'ai pas davantage compris (il faut croire que l'électricité ne me va pas), mais j'ai passé. Curieusement, un autre cours de physique abordant la relativité, la physique quantique et d'autres phénomènes ésotériques m'a été facile. J'aimais le fait que ce type de physique enseigne des choses à la fois logiques, pouvant être exprimées par des formules mathématiques, et déroutantes à propos de la matière, de la lumière, du temps et de l'espace. Plus tard, j'aurai le même sentiment quasi poétique en découvrant les mathématiques fractales. Dans une certaine mesure, je crois que c'est une des choses qui m'attire dans la musique. Elle possède une dimension mathématique, architecturale, mais cette logique aboutit, en fin de compte, à une sorte de « non logique », à quelque chose qui ne sert à rien, ou à si peu, et qui n'est pas utile, du moins dans l'immédiat. Contrairement aux idées utilitaristes en vogue aujourd'hui, il est très bien qu'il en soit ainsi.

En mai 1979, j'avais 18 ans et venais d'obtenir mon diplôme d'études collégiales en sciences. Je me suis alors de nouveau révélé « imprévisible » en choisissant de poursuivre en sciences biologiques au niveau universitaire, plutôt qu'en musique. Pour ma part, j'ai vécu mes années de biologie dans la parfaite continuité de celles passées à Grasset, comme si j'étudiais toujours dans la même institution. J'ai d'ailleurs poursuivi avec la même assiduité mes études musicales et continué à composer avec régularité. J'ai mené rondement ce baccalauréat: trois petites années, et il était terminé avec une excellente moyenne. Je n'avais ni plan de carrière ni ambition professionnelle. Quel était alors l'objet de ma quête ? Je n'en avais aucune idée ! Sinon que j'admirais la vie sous toutes ses formes. Comme j'aime aller au fond des choses, je croyais que ces études allaient m'être profitables d'une façon ou d'une autre.

C'est ainsi qu'en septembre je suis entré en sciences biologiques à l'Université de Montréal, avec une spécialisation en écologie. La quantité de travail était de l'ordre de ce que j'avais connu à Grasset, peut-être un peu moindre. Les cours de première année étaient laborieux, des cours obligatoires, arides, donnés dans de grands amphithéâtres, sauf pour les séances en laboratoire. Le département de biologie avait la réputation peu flatteuse d'être une « poubelle », parce que plusieurs étudiants s'y retrouvaient à contrecœur après avoir été refusés en médecine. C'était pour eux une seconde chance : il s'agissait d'obtenir les meilleures notes possibles en attendant de faire une nouvelle demande en médecine. Le climat était donc à la compétition, à la course effrénée aux notes les plus fortes, et on y pratiquait la pédagogie du bourrage de crâne intensif. En deuxième et en troisième années, les cours devenaient plus stimulants : les groupes étaient plus petits, et nos domaines de spécialisation, enfin abordés.

Débats scientifiques

Quelques débats animés ont ponctué ces années. Le plus marquant porta sur certains travaux de laboratoire, notamment en Physiologie animale, où nous devions faire des expériences sur des animaux. Une fois, nous avons ouvert des insectes vivants épinglés sur le dos pour déverser des substances chimiques sur leur cœur et voir comment celui-ci réagissait. C'était d'un sadisme sans nom. Une autre fois, il a fallu décérébrer des grenouilles vivantes, c'est-à-dire leur détruire la moelle épinière en leur insérant une longue aiguille dans la colonne vertébrale. Évidemment, l'opération se faisait à froid. Le moniteur nous a montré comment procéder. Mais il a complètement raté son coup : la grenouille se débattait et lançait des cris effroyables. Le moniteur est devenu blême, tout près de perdre connaissance. Le supplice de la pauvre bête s'est poursuivi de longs instants. Et il y eut d'autres travaux du genre.

J'étais révolté au point de refuser de faire certaines expériences. J'ai écrit un article virulent dans notre journal étudiant pour dénoncer ces pratiques. Je demandais quelle valeur pédagogique avaient de telles boucheries et ajoutais : « On se rassure en soutenant que les animaux sacrifiés n'ont pas un niveau de conscience assez élevé pour souffrir. Leurs cris, leur panique ne sont que des réactions normales d'un système de réactions biochimiques défendant son intégrité.» (C'était ainsi que nos professeurs définissaient les êtres vivants.) J'ai écrit que la marge n'était pas grande avant de passer à des expériences sur des humains sans leur consentement. Justement, à la même époque, les journaux ont porté à l'attention du public le cas d'une sorte de docteur Frankenstein qui avait sévi dans un hôpital montréalais durant les années 1950. Ce monstre se servait de ses patients en psychiatrie pour leur injecter des substances expérimentales pour le compte de la CIA, à leur insu évidemment. Il a détruit plusieurs vies... Quel est l'enseignement réel de ces travaux que l'on oblige les étudiants à effectuer? Les conclusions sont déjà bien connues; alors, pourquoi répéter les mêmes expériences sinistres? Très pervers, l'enseignement consiste en ceci que, nous, les humains, sommes au-dessus de tout et avons le droit de nous livrer à toutes les exactions imaginables sur les animaux, comité d'éthique ou non. La religion enseigne que l'homme est le chef-d'œuvre de Dieu: des doctrines déviantes ont justifié ainsi la mainmise absolue de l'homme sur tout. La science aussi, même celle qui nie Dieu et désire remplacer la religion, soutient que l'homme est l'être le «plus évolué» sur Terre et qu'en conséquence il est en droit d'exercer une mainmise absolue sur tout. C'est drôle comme les deux se ressemblent! Et comment cette reconnaissance du pouvoir finit dans les deux cas par s'exercer aussi sur des humains.

Le même manque de respect s'est exprimé de façon burlesque dans le cours Introduction à la floristique. Nous devions nous constituer un herbier de plantes du Québec. Nous avons fait trois excursions en milieu naturel pour ramasser des spécimens, dont une au Parc provincial d'Oka. Il fallait nous voir! À peine descendue de l'autobus, la horde de vandales se mettait à piétiner sans ménagement le sous-bois et à arracher toutes sortes de plantes sans autres considérations, sous les yeux du professeur qui ne disait mot. Où est le respect de la nature? Si nous, biologistes en formation, agissons ainsi, comment s'attendre à mieux des autres gens?

L'expérience la plus agréable fut le cours Travaux pratiques d'écologie des animaux terrestres, un stage de deux semaines en milieu naturel, à la Station de biologie de Saint-Hippolyte. L'objectif était de faire des travaux de recensement des mammifères, reptiles et oiseaux. Certaines techniques utilisées me semblaient invasives. Nous disposions des pièges pour capturer les petits mammifères. Tous les matins, nous allions les vérifier, prendre en note l'espèce du petit animal capturé et le libérer. Nous leur laissions la vie sauve, au moins. Mais il a plu une nuit. Au matin, les pauvres bêtes étaient mouillées et frigorifiées. Certaines grelottaient quand nous les avons relâchées, d'autres étaient mortes de froid. Pour quoi au juste? Quant aux oiseaux, nous tendions entre des arbres des filets japonais, qui ressemblent à des filets de badminton. Les oiseaux s'y emmêlaient. Nous notions leur espèce et les libérions. Mais ce n'est pas si facile à faire : plusieurs oiseaux repartaient sérieusement déplumés. Je préférais donc l'observation pure. En canot sur le lac, nous sommes passés tout près d'un Butor d'Amérique, qui a entonné sa fascinante musique sauvage. Tôt un matin, j'ai vu pour la première fois un Tangara écarlate, oiseau rouge vif aux ailes noires et bon chanteur : un vrai poème dans la lumière des petites heures du jour. Un soir, nous avons appelé la Chouette rayée au moyen d'un enregistrement (autre technique discutable) : dans l'ombre des hautes branches, au clair de lune, nous avons vu une vraie chouette approcher et se mettre à chanter. Ce chant est extraordinaire!

Le dernier soir, nous avons fait une petite fête. J'y ai pris part avec un malaise dont j'ai encore souvenir. Je me sentais tendu. Quelqu'un était allé acheter des pizzas. Je n'en ai pas voulu, prétextant ne pas avoir d'argent pour payer ma part (ce qui était faux). Les autres insistaient amicalement, mais je m'obstinais, si bien que notre accompagnateur m'a finalement offert une pointe, que j'ai mangée la gorge nouée. Il y avait de la bière : là, je m'en suis tenu à mon idée de ne pas en prendre. C'était une soirée très correcte, mais j'étais au bord d'un accès de panique. Les plaies du secondaire étaient loin d'être guéries ; elles s'ajoutaient à l'inconfort diffus que je ressentais déjà enfant en société.

Globalement, cette période scientifique fut l'une des plus heureuses de ma vie. J'ai mes deux beaux diplômes chez moi, l'un de niveau collégial, l'autre de niveau universitaire. Je ne trompe personne en affirmant posséder une véritable formation scientifique. Alors, je m'amuse de ce qu'au XXe siècle le courant sériel et la pensée structuraliste en musique ont tant valorisé la science pure que quelques compositeurs ont enjolivé leur CV. Par exemple, un petit coquin s'est bâti du capital en se prétendant mathématicien. En vérité, s'il avait bien suivi des cours de mathématiques à Lyon avant de se consacrer à la musique, ces cours étaient grosso modo de niveau collégial. À ce compte-là, je pourrais moi aussi me proclamer mathématicien, et même chimiste et physicien tant qu'à y être!

Cette période scientifique fut aussi l'une de celles où j'ai été le plus proche de la « normalité ». Je n'avais pas de véritable vie sociale, mais un cercle agréable de collègues étudiants. Je ne souffrais pas de troubles anxieux, du moins je n'ai aucun souvenir en ce sens, à l'exception des cauchemars récurrents. Les exigences élevées des études scientifiques contribuaient à canaliser mon énergie, et il me restait du temps pour m'adonner à la musique. Avec le recul, je vois ces années comme un intermède, une pause formatrice et bienfaisante après l'expérience traumatisante du secondaire. Peut-être ces années ont-elles également servi à me forger une apparence de normalité, ne serait-ce que pour me protéger. Mon passage aux études universitaires en musique allait rompre cet équilibre fragile. Dès la première session, j'ai senti une forte baisse de régime par rapport à ce que j'avais connu en sciences. J'avais acquis une méthode de travail très efficace, qui s'ajoutait à mon goût déjà prononcé pour les études. Sur le plan académique, mon baccalauréat en musique a été un jeu d'enfant. Toutefois, ces études mobilisant moins d'énergie, des tendances anxieuses en ont profité pour se manifester et prendre de la place. De plus, en me lançant ouvertement dans un domaine qui jusque-là était mon jardin secret, j'exposais ma vulnérabilité, mon excentricité. Je ne croyais pas qu'il puisse y avoir du danger. Je me trompais.

Pianos en un paysage

Ce passage en sciences m'a apporté beaucoup sur le plan de la composition. Je précise : je n'ai jamais fait d'une œuvre musicale une stricte application d'une théorie scientifique ou d'un processus mathématique. Cela ne mène à rien. Mais la science m'inspire sur le plan poétique (au sens grec, c'est-à-dire dans l'acte de création artistique). Voici un exemple. En 1985, j'ai commencé à composer *Paysage*. Cette œuvre pour quatre pianos me demanda beaucoup de réflexion, d'assimilation, de travail, et j'ai dû en réécrire plusieurs fois le début. Elle faisait office de rite de passage et représentait l'accession à la maturité. Cette pièce et *L'Esprit envoûteur*, composé juste avant, figuraient les deux rives d'une rivière. Avec *Paysage*, j'ai traversé cette rivière et abordé l'autre rive, celle que jusqu'alors je contemplais de loin et qui me semblait inaccessible. En août 1987, j'ai finalement terminé *Paysage*. J'en ai composé une grande partie en pleine nature cet été-là, dans un chalet très rustique que j'avais loué sur la propriété des frères Maristes, à Rawdon. Je me sentais bien, là, dans la forêt, sans télévision, téléphone ou radio, mais pas si éloigné de la maison des frères, avec qui j'allais passer des soirées. Il y avait des lacs où nager et des chemins où marcher seul. Les bons frères ont attendu la dernière journée pour m'apprendre que j'avais passé un mois avec un ours comme voisin immédiat (que je n'ai cependant jamais rencontré) !

Disposés en cercle, les quatre pianos sont comme les points cardinaux, les quatre saisons ou encore les quatre éléments : terre, air, eau et feu. La partition est parcourue par la quinte la-mi, souvent pulsée de façon régulière comme un battement de cœur, le cœur de la Terre. Des mélodies ornementées, des motifs oiseaux, des cascades de sons, des enchaînements d'accords tantôt calmes tantôt scandés s'y superposent en faisant dialoguer des rythmes stricts et des rythmes non mesurés. L'inquiétude rythmique qui se trouvait déjà dans mes premières compositions était maintenant maîtrisée et prenait son sens : le temps qui bat, qui se contracte et se dilate, qui échappe à toute pulsation, le temps qui passe d'un état à l'autre ou qui les combine, bref le temps musical dans une perspective posteinsteinienne, le tout en une musique harmonieuse n'affectant aucune modernité de façade. *Paysage* doit aussi beaucoup à l'étude du chant grégorien, sur lequel je reviendrai : les pianistes ne jouant que sur les touches blanches, l'œuvre est radicalement diatonique, comme ce dernier[1]. Malgré la présence marquée de la quinte la-mi, la note principale de l'œuvre est le ré, qui ne se révèle comme telle qu'à la toute fin. *Paysage* invente sa propre forme, sans référence aux modèles théoriques. C'est une *forme fantaisie*, dans le sens que donnait à ce mot le théoricien Adolf Bernhard Marx (1795-1866) : « La fantaisie est l'objectif ultime poursuivi dans leur évolution historique par les formes plus schématiques. » Éloge du manque de rigueur ? Pas du tout : « Ce genre est fait non pour les compositeurs amateurs, mais pour les plus grands maîtres[2]. » « Holà Ouellette, tu t'envoies des fleurs ! » Mais je suis vraiment très fier de *Paysage*.

Je ne me souviens pas comment j'ai réussi ce tour de force, mais le dimanche 28 janvier 1991, *Paysage* a été présenté à la salle Claude-Champagne, dans le cadre de la Journée portes ouvertes de la Faculté de musique de l'Université de Montréal. Tour de force parce que cette toute première exécution publique et professionnelle d'une de mes œuvres concernait la plus excentrique d'entre elles, celle qui, avec ses quatre pianos, posait le plus de difficultés pratiques, tant pour les répétitions que pour le concert. Jacques Drouin, Linda Tremblay, Corinne Véronneau et Allan Sutton en ont donné une interprétation magnifique, et *Paysage* a été ovationné avec enthousiasme par un public nombreux. Une choriste du Chœur grégorien Saint-Jean-Baptiste y assistait, une personne semi-itinérante aux prises avec des troubles mentaux qui était plus tolérée que vraiment acceptée par ce groupe. Curieusement, mais peut-être pas tant que cela, c'est elle qui a formulé le commentaire le plus perspicace sur *Paysage* : « C'était comme l'Apocalypse ! » (*Apocalypse* signifiant *révélation*.) Elle seule avait relevé cet aspect, alors que les autres louaient plutôt les qualités méditatives de l'œuvre et le fait que, d'une durée de trente-deux minutes, *Paysage* opérait une coupure avec le temps du quotidien.

Dialogue avec le vent

Il est arrivé quelques fois que la nature s'invite et participe à l'exécution d'une de mes pièces en concert, chose qui me ravit. En juillet 1991, j'ai composé *Bourrasque* à l'intention de Paola Secco, une pièce pour flûte traversière seule inspirée des humeurs du vent. Le 5 octobre, Paola en donnait la première dans l'auditorium de l'École Rudolf-Steiner. Or un fort vent d'automne se faisait entendre jusque dans la salle, en parfait dialogue avec la flûte de Paola : c'était magique ! En octobre 1996, à mon retour de l'université, Louise m'accueille tout enthousiasmée et me dit d'écouter un message sur notre répondeur téléphonique. C'est Jean-Louis Jolivet, directeur artistique des Éditions Henry Lemoine de Paris, qui se dit intéressé par *Bourrasque*, qu'il est prêt à éditer parce que son comité l'a jugée « extraordinaire ». Le processus s'amorce pour que la partition sorte des presses à l'automne 1997. *Bourrasque* sera ainsi la première pièce canadienne éditée par cette maison réputée.

En octobre 1995, Patrick Wedd a interprété mon œuvre pour orgue *Une Messe pour le Vent qui souffle* en l'église du Gesù, au centre-ville de Montréal. Ce fut une exécution flamboyante, dans une acoustique fantastique, et sur un orgue presque trop puissant pour les lieux : dans les passages forts, toute l'église vibrait, du plancher à la voûte ! Mieux encore : le soleil et les nuages jouaient dans les vitraux en produisant de superbes effets d'éclairage remarqués par l'assistance entière. J'étais comblé.

Vers trente ans, ma musique a donc commencé à être jouée et diffusée. C'est tard et atypique. Entendre mes compositions en concert produit sur moi un drôle d'effet. Durant les répétitions, je prends des notes, je discute de détails d'interprétation avec les musiciens, je les guide tout en leur donnant une certaine latitude. Mais lorsque j'assiste au concert, j'écoute comme si la musique n'était pas de moi. Je ne surveille pas ce que font les musiciens : je me laisse plutôt aller à la musique. Évidemment, je remarque des choses, mais sans m'y attarder : la musique vivant dans le présent, je peux mieux l'apprécier ainsi. Au concert, je deviens un membre du public, oubliant que je suis le compositeur de la pièce jouée. Lorsque celle-ci est terminée et que les gens applaudissent, les musiciens m'invitent habituellement à me lever pour saluer. Il m'arrive souvent d'être pris par surprise à ce moment! Je dois alors «changer de canal», redevenir le compositeur et me manifester à ce titre, ce qui me fait tout bizarre. Peut-être est-ce là un autre signe de la tendance de mon esprit à la dissociation?

La Terre, la Lune et la fin du monde

Enfant, je suivais avec passion les missions *Apollo* vers la Lune. J'avais huit ans lorsque Neil Armstrong a posé le pied sur notre satellite. «Un petit pas pour un homme, mais un grand pas pour l'humanité», avait-il alors déclaré. Je n'ai jamais vraiment compris en quoi ce fut un grand pas pour l'humanité. En fait, ce qui m'a le plus impressionné n'était pas l'exploit technologique et aventurier. C'était plutôt les extraordinaires photos de la Terre prises depuis la Lune. Les gens qui en doutaient encore ont pu contempler la vérité, la vérité nue évacuée de toute mythologie: non, la Terre n'est ni plate ni posée sur le dos d'une tortue, elle est ronde, bleue, striée de blanc et de brun, suspendue dans l'espace et entourée du noir cosmique. Elle est aussi de dimension finie. Serait-ce la Jérusalem céleste que saint Jean avait contemplée lors d'une vision dont il parle dans son Apocalypse?

Ces photos auraient dû nous inciter à ajuster notre vision du monde et nos comportements. Pourtant, plus de quarante ans plus tard, nous agissons encore comme si la Terre était plate et infinie. Notre imaginaire repose toujours sur ce postulat erroné. Notre système économique également: étendre le mode de vie nord-américain à l'humanité entière nécessiterait les ressources de cinq fois la planète! Cela ne nous empêche pas de chercher frénétiquement à le faire. Il y a là une faille logique majeure. En conséquence, nos actions demeurent largement fondées sur une éthique de domination et de croissance. «Mais c'est justement le propre de l'humanité!» Faux: la vie est une opportuniste. Toutes les espèces, toutes, se multiplient autant qu'elles le peuvent, jusqu'à ce que des facteurs limitants les freinent: prédation, compétition, maladie épidémique sans remède, bouleverse-ments écologiques ou épuisement des ressources. Le propre de l'humanité est, au contraire, d'être parvenue à découvrir hors de tout doute que la Terre est ronde et limitée, ainsi que d'avoir les moyens de s'ajuster en conséquence. Les moyens, oui. Mais le désir ou la force morale ?

Louise et moi avons fait plusieurs séjours en nature. Le plus impressionnant a été celui de juin 1992, lorsque nous sommes allés chez Claude Arbour au lac Villiers. Claude Arbour y dirigeait un centre de réadaptation pour les Balbuzards pêcheurs (aigles pêcheurs). Pour s'y rendre, c'était toute une expédition. Nous avons pris la route de Lanaudière, plein nord jusqu'au bout, à Saint-Michel-des-Saints. Puis, un homme est venu nous chercher en jeep et nous avons roulé plein nord encore sur des chemins de bois pendant une heure jusqu'au lac Villiers. Là, Claude Arbour est venu nous chercher en bateau à moteur et nous a conduits chez lui, encore plus au nord. Il vivait dans ces lieux éloignés de tout avec sa conjointe et leurs deux enfants. Claude possédait une meute de chiens huskys qui, la nuit, faisaient entendre de fascinants concerts de hurlements. Mais ce séjour nous a aussi confrontés à une triste réalité. Nous nous attendions à séjourner dans une région sauvage. Or, presque tout le long du chemin, la forêt avait été rasée, jusque très près des lacs (sans souci de l'érosion et du réchauffement des eaux). Le spectacle était consternant. La forêt qui subsistait était trouée de routes destinées aux camions transportant des quantités invraisemblables de bois.

En 1999, le chanteur Richard Desjardins a réalisé un do-cumentaire sur cette exploitation abusive de la forêt, *L'erreur boréale*, faisant ressortir la complicité du gouvernement et des compagnies forestières. Depuis longtemps, le Québec est dirigé par des gouvernements se prétendant nationalistes, voire sou-verainistes. Un nationalisme bien orienté devrait s'exprimer par le soin apporté à l'ensemble du pays. Or, c'est plutôt une mentalité de «vendeux de pays» qui prédomine, une vente à bas prix si ce n'est subventionnée ! Il n'est pas nécessaire d'aller plus loin que la vallée du Saint-Laurent pour le constater. C'est un gouvernement du Parti Québécois qui a donné le feu vert à l'élevage du porc (d'abord pour l'exportation), avec des conséquences environnementales désolantes. Des boisés entiers ont été abattus partout (on critique pourtant la déforestation ailleurs dans le monde), cela pour épandre le purin (une pratique hautement polluante) et faire la monoculture du maïs (autre pratique néfaste). Le gouvernement du Québec favorise toujours l'«économie de castor»: des routes, des ponts, des barrages, des industries de matières premières, de l'étalement urbain. Cela se fait au détriment du patrimoine forestier, de la biodiversité, des meilleures terres agricoles de la province et des milieux humides contre lesquels semble avoir été menée une guerre d'extermination. Chaque fois que je prends l'autoroute 20 vers Québec, je suis catastrophé par l'avancée implacable de l'étalement urbain, comme un cancer proliférant de façon accélérée en d'innombrables métastases.

Nous savons que nous devons changer. Mais des voix de sirènes appellent à résister, à nous en tenir au connu, à la bonne vieille éthique de domination pour que l'empreinte humaine demeure triomphaliste. Voilà un combat rétrograde et nuisible. Mais il nous flatte en nous donnant la jouissance de notre puissance, même au prix de conséquences sur des populations humaines par effet boomerang. Ce paradoxe insoutenable est un humanisme perverti. En art aussi, l'éthique de domination... domine toujours. De nombreuses manifestations «culturelles» paraissent contraires à toute éthique environnementale, comme ces concerts extérieurs la nuit qui exigent des mégadoses d'énergie. Totale aberration écologique, Las Vegas semble presque être devenue la capitale culturelle du Québec! La modernité, aujourd'hui, c'est plutôt les toits verts, les normes LEED pour les bâtiments, la forêt urbaine, la géothermie et le solaire, l'expansion de l'agriculture biologique, la réduction de la place des énergies fossiles, de l'automobile et de la consommation de viande, etc. L'humanisme de domination devra céder la place à un nouvel humanisme, un humanisme de compassion cosmique, dirais-je, et l'art devra le manifester.

Cela dit, je ne crois pas à une fin du monde prochaine! Dans les années 1980, j'ai restructuré le catalogue de mes œuvres, avec leur numérotation définitive. Pourquoi donc leur attribuer des numéros? Cette tradition remonterait à Heinrich Schütz, au XVIIe siècle, et a été depuis utilisée par de nombreux compositeurs, même chez les contemporains. Ce n'est pas pour faire «traditionnel» que j'ai repris cela à mon tour. Mettre des numéros d'opus est une excellente façon de cataloguer. Dans le coffre-fort où se trouvent mes manuscrits, chacune de mes pièces est dans une grande enveloppe et chaque enveloppe porte son numéro, d'où une facilité de classement lorsqu'au fil du temps les enveloppes s'accumulent. Pour le public mélomane, les numéros d'opus peuvent situer chaque œuvre dans la production d'un compositeur. Mais il y a autre chose. Dans mon enfance régnait la peur d'une guerre nucléaire. Aujourd'hui, nous craignons les attentats terroristes et les catastrophes, sans parler des sectes affirmant l'imminence de la fin du monde. Ces dangers sont en partie réels, mais je me refuse à accepter d'emblée notre impuissance à changer les choses qui menacent la vie sur Terre, même si je doute que l'humanité arrivera à enfin s'harmoniser avec la planète. Mettre des numéros d'opus, c'est affirmer que le monde se perpétuera, avec ou sans nous.

Avec les oiseaux

Au milieu des années 1980, j'avais tenté une première fois de synthétiser mes bagages de biologiste et de musicien dans un cadre universitaire. Ce fut un échec, car je n'étais pas encore prêt à le faire. Mais en décembre 1997, la revue *L'Agora* a publié mon article *Concerts de la vie. Quelques entretiens musicaux de la culture avec la nature*, et ce texte a amorcé une nouvelle tentative de synthèse. Dans la lancée, j'ai commencé à constituer un dossier sur les chants d'oiseaux, selon une méthode typiquement autiste! Pendant des années, j'y ai compilé nombre d'informations concernant les différents aspects des chants d'oiseaux et aussi les liens de ceux-ci avec la musique humaine, le tout sans but fixé à l'avance ni organisation systématique. À l'image des mélodies morcelées de mes premières compositions, il s'agissait d'une pure «collection de points», d'une suite de «détails» sans liens entre eux. Au départ, ce travail pouvait sembler une sorte de manie. Avec le temps, des lignes de force sont apparues d'elles-mêmes, des regroupements d'informations se sont opérés, et le tout a révélé une signification qu'initialement je ne saisissais pas et ne recherchais même pas.

Au début de 2002, Hélène Paul, directrice du département de musique de l'UQÀM, s'est informée pour savoir si je ne serais pas intéressé à faire mon doctorat; elle m'a fait connaître le programme de Ph. D. en Étude et pratique des arts de l'UQÀM, un programme d'orientation multidisciplinaire s'adressant aux gens de tous les domaines artistiques. L'idée me plaisant, je me suis lancé. Mon projet lierait biologie, musicologie et composition en s'inscrivant dans une thèse création avec un volet théorique et un volet création. Pour le volet théorique, j'avais comme point de départ mon dossier sur les chants d'oiseaux. Le volet création serait une composition pour orchestre symphonique fondée sur des chants d'oiseaux du Québec, en particulier ceux des Grives. Depuis longtemps, je désirais composer une sorte de fresque orchestrale dans la lignée de *Paysage*. Au fil du temps, j'avais noté plusieurs idées en ce sens. J'en avais même esquissé le début, mais cela me semblait très loin de mon rêve. J'avais donc laissé les choses reposer dans cet état en me promettant d'y revenir un jour. L'occasion se présentait maintenant de donner forme à tout ce matériau.

Pour directeur, j'ai demandé Jean-Paul DesPins, professeur au département de musique de l'UQÀM. C'était un choix évident, monsieur DesPins possédant lui aussi une double formation en sciences et en musicologie. Anne Lauber a accepté de superviser le volet création à titre de codirectrice: je tenais à avoir quelqu'un de plus expérimenté que moi en matière d'écriture orchestrale, ce qui était le cas d'Anne, dont les œuvres sont régulièrement jouées. Puisque le volet création devait faire l'objet d'une prestation publique, il me restait à trouver un organisme de concert qui accepterait de l'exécuter. Ce n'était pas un détail. J'estimais que l'œuvre durerait autour de trente minutes : or les comités de nos orchestres sont peu accueillants pour les pièces canadiennes dépassant dix minutes ! Mais une idée s'est imposée. À musique de nature, lieu de nature : l'amphithéâtre du Festival international de Lanaudière, où les oiseaux joignent souvent leurs chants à la musique durant les concerts. J'ai donc rédigé un dossier à l'intention du Père Fernand Lindsay, fondateur et directeur artistique de ce festival. Je suis allé le rencontrer à Joliette et, après une longue discussion, il s'est déclaré partant. Il a proposé de m'écrire une lettre d'entente officielle, que j'ai reçue quelques semaines plus tard.

En septembre 2002, je suis donc redevenu étudiant ; j'ai commencé la scolarité du doctorat, tout en continuant d'enseigner. Dans un cours, après avoir présenté oralement mon projet au groupe, j'ai entendu le prof s'exclamer : « Voilà un projet vraiment très féminin ! » J'ai eu quelques sueurs : mon originalité était repérée ! Heureusement, ce fut sans malice cette fois. Étape cruciale, l'examen de projet a eu lieu à l'automne 2004. Malgré mon excellente préparation, j'ai été déstabilisé par les propos d'un juge : « En Afrique, des sages sacrifient des oiseaux pour prédire l'avenir. » Il s'est alors mis à frapper la table : « Et ça marche ! Ça marche ! Il faut que tu en parles dans ta thèse ! Il le faut ! » Je l'ai laissé dire, mais j'étais bouleversé. Je ne me voyais pas aborder la sorcellerie africaine dans ma thèse ! Non seulement ce n'était pas pertinent, non seulement je ne crois pas à ces rites, mais j'ai horreur des sacrifices d'animaux faits au nom de nos conneries. Je demeure étonné du nombre d'universitaires qui adhèrent à des croyances occultes. Finalement, j'ai passé avec succès cette étape de même que la soutenance en février 2006 et, bien entendu, je n'ai pas parlé de sorcellerie dans ma thèse.

En remaniant celle-ci, j'en ai tiré un manuscrit destiné à un plus large public, que j'ai soumis à des éditeurs. Cette expérience m'a appris qu'à moins de proposer quelque chose sur une vedette de l'heure, le milieu de l'édition considère la musique comme un « domaine mou », c'est-à-dire risqué et peu vendeur. Tout de même, les Éditions Triptyque ont accepté mon manuscrit intitulé *Le chant des oyseaulx*, et l'ouvrage est sorti des presses en 2008. Cet essai biomusicologique traite du chant des oiseaux et de la musique humaine inspirée par les oiseaux, en explorant les diverses facettes du dialogue de la culture avec la nature et en ouvrant sur l'«art animal». La parution du livre a été suivie d'une foule d'activités : entrevues, conférences pour tous publics, séances de signatures lors de salons du livre, ateliers pour enfants au Jardin botanique de Montréal, etc., un tourbillon comme je n'en avais jamais connu. Une conclusion déroutante m'a alors effleuré. Composer de la musique, c'est bien, mais parler de la musique, écrire à son sujet est encore mieux : cela donne autrement plus de visibilité et de gratification. Étrange est la vie.

À l'été 2007, une équipe de l'émission scientifique *Découverte*[3] est venue chez moi avec tout son matériel m'interviewer pour un reportage sur le chant des oiseaux. La recherchiste me questionnait dans le salon pendant que la réalisatrice suivait l'entrevue sur ses appareils dans la cuisine. Nous étions lancés dans notre propos depuis plusieurs minutes lorsque, tout à coup, la réalisatrice surgit, fâchée, en nous interrompant brusquement. À ma stupéfaction, j'étais l'objet de sa colère! «Antoine! Je ne sens pas ta passion! Je veux que tu reprennes tout en mettant de l'émotion dans ta voix et ton regard!» Mais quoi? Ce n'est pas de passion que je parlais, mais bien d'oiseaux! Alors, j'ai ajouté plus de gestes, plus d'intonations, tout en ne sachant pas trop ce que la réalisatrice attendait. Le reportage a pourtant été très bon, il me semble. J'ignorais alors que j'étais autiste, mais mon attitude en entrevue l'était. Que nous nous exprimions ou que nous écoutions quelqu'un parler, ce qui prime pour nous, c'est le fond, pas l'émotion avec laquelle il est communiqué. Cela, nous nous en fichons. Nous ne sommes pas indifférents aux émotions, mais notre langage émotionnel diffère.

Joie des Grives

En 2004, la composition de *Joie des Grives* m'a occupé plusieurs mois, un travail enthousiasmant[4]. J'ai beaucoup écouté les chants des oiseaux que je voulais y intégrer afin de les transcrire et de les orchestrer d'une manière qui les rende bien. Plusieurs personnes s'imagineront que pour ce faire j'ai dû très souvent aller en nature, loin de la ville. Eh bien non, pas du tout. Pour entendre le Merle d'Amérique et les Grives, je n'avais qu'à ouvrir la fenêtre ou à sortir dans ma cour! Notre maison a beau être toute proche d'artères importantes, elle est située dans une petite avenue bordée de grands arbres. Après l'avoir achetée, Louise et moi avons fait un jardin dans la cour. Nous avons planté plusieurs arbres et arbustes sur notre terrain: cèdres, ifs, bouleaux, viorne, sorbiers et un amélanchier, magnifique petit arbre indigène. Qu'il est beau avec ses fleurs blanches au printemps, ses fruits délicieux et son feuillage flamboyant à l'automne! Nous avons aussi laissé pousser un cerisier sauvage. Ces arbres donnent des fruits qui attirent plusieurs espèces d'oiseaux: bruants, parulines, mésanges, juncos, tourterelles, cardinaux, quiscales, pics, merles, Geais bleus, moineaux, étourneaux, et des espèces moins usuelles comme les Grives fauves, solitaires, des bois, à dos olive (précisément les grives de mon œuvre), etc. Un été, une famille de Moqueurs chats nichait quelque part à proximité. Tout cela à Montréal, en plein quartier urbanisé: merveilleux! En raison de la croissance de nos arbres, il nous a été impossible de continuer à cultiver notre jardin, mais nous y avons gagné au change.

L'année 2008 a enfin vu la première de *Joie des Grives*, qui avait été reportée d'année en année depuis 2004. Dans le programme complet de la saison du Festival de Lanaudière, ce concert était annoncé sous le titre *Des envolées lyriques d'Aline Kutan à l'oiseau de feu de Stravinsky*. Il fallait bien lire le reste pour trouver mention de *Joie des Grives*, pourtant la seule création québécoise cet été-là. Mais bon, la musique nouvelle faisant peur au public, à ce qu'il paraît, les responsables du marketing ont jugé préférable de ne pas insister. Dans le programme résumé de la saison publié dans les journaux, on trouvait le même titre de concert, mais sans mention de *Joie des Grives*. Bon. Dans le programme complet, il y avait la photo d'Aline Kutan et celle d'un homme. Des gens m'ont téléphoné, étonnés par cette photo: «Je ne te reconnaissais pas!» Et pour cause:

c'était celle de Pierre Gingras, journaliste de *La Presse*, auteur de chroniques sur l'horticulture et les oiseaux. Pierre n'en revenait pas : « Qu'est-ce que ma photo fait là ? Je ne participe qu'à la rencontre d'avant-concert. C'est ta photo qui aurait dû être là ! » Les journalistes ont-ils été bien avisés de cette création ? Chose certaine, c'est à peine s'ils l'ont annoncée dans les jours qui ont précédé le concert, et je me suis encore une fois senti comme un homme invisible.

L'orchestre du festival réunissait des musiciens provenant notamment de l'Orchestre symphonique de Montréal, de l'Orchestre Métropolitain, de l'Orchestre symphonique de Québec et de I Musici de Montréal. J'ai beaucoup apprécié le chef Jean-Marie Zeitouni. J'étais ravi car, après les répétitions, les musiciens chantonnaient des bribes de *Joie des Grives*. Puis, ce fut le grand jour : ce samedi 12 juillet a été une journée magnifique, l'un des rares samedis ensoleillés de cet été-là. Le site du festival a été ouvert plus tôt qu'à l'accoutumée, car des activités ornithologiques s'y sont succédées toute la journée. En après-midi, j'ai donné une causerie sur *Joie des Grives* à un public déjà nombreux, en faisant entendre les chants d'oiseaux réels qui m'avaient inspiré, après quoi l'orchestre a répété mon œuvre en entier. Les gens ont donc eu l'occasion de l'entendre une première fois avant le concert. Puis, un souper gastronomique s'est tenu sous un chapiteau, avec une causerie réunissant le musicologue Michel Veilleux, Pierre Gingras et moi-même. Ce fut très agréable et le public fut exemplaire dans sa participation active à cette journée et dans sa préparation à l'audition de *Joie des Grives*.

Clôturant le concert à la tombée de la nuit, *Joie des Grives* a été longuement applaudie, même si elle se termine tout en douceur, sans effet spectaculaire pour susciter les applaudissements. Plusieurs personnes sont venues me faire part de leurs commentaires, et certaines avaient perçu jusqu'à des détails très fins dans une musique souvent assez touffue. Je suis resté là longtemps et, alors que les gens se dispersaient, une pluie fine s'est mise à tomber. Elle s'était comme retenue jusque-là : nouveau clin d'œil de la nature.

Notes

1. Pour une définition du terme « diatonisme », voir la note 1 du chapitre « Sacrée musique », p. 247.

2. *Théorie de la composition musicale*, cité par Marc Vignal (2004), dans *Jean Sibelius*, Paris : Fayard, p. 609.

3. À la télévision de Radio-Canada. L'émission est animée par Charles Tisseyre.

4. Pour plus de détails sur cette œuvre, voir *Le chant des oyseaulx* (2008), Montréal : Triptyque.

LE MONDE ASPERGER (V)
DE BONNES NOUVELLES

Les forces de l'Asperger

Le portrait n'est pas tout noir, car la condition d'Asperger présente des forces. Voilà un secret bien gardé ! La clé pour une vie d'Asperger réussie et épanouie réside donc non seulement dans la prise en charge de ses difficultés, mais aussi dans la découverte et le développement de ses forces. Carol Gray et Tony Attwood ont fait la liste de ces forces potentielles[1]. Je trouve important de les mentionner, toujours en considérant qu'elles se cristalliseront peu à peu au cours de la vie et qu'il y aura des variantes d'une personne à une autre. Ces forces peuvent être regroupées en quatre familles.

Première famille. Paradoxalement, les Aspergers ont un avantage qualitatif dans les interactions sociales sur la majorité des points suivants :

- Leur relation avec les pairs est caractérisée par une loyauté absolue et le fait d'être totalement digne de confiance.
- Ils ignorent le sexisme, l'âgisme ou les biais culturels parce qu'ils sont capables de prendre les autres tels qu'ils sont.
- Ils disent ce qu'ils pensent avec franchise, quels que soient le contexte social ou les modes du jour.
- Ils ont la capacité de poursuivre leur idée ou leur perspective même en présence des pires embûches.
- Ils recherchent un auditoire ou des amis capables de s'enthousiasmer pour des champs d'intérêt particuliers.
- Ils écoutent les autres sans jugement ni suppositions continuels.

- Ils évitent de préférence les conversations superficielles. Ils recherchent les gens sincères, positifs et dotés d'un bon sens de l'humour.

Deuxième famille. Les Aspergers parlent l'«Aspergerois», un langage social caractérisé par au moins trois des traits suivants :

- Ils possèdent une volonté déterminée de recherche de la vérité.
- Leur conversation est exempte de sens cachés ou de motivations inavouées.
- Ils emploient un vocabulaire conçu en fonction d'un intérêt pour les mots. Ils sont fascinés par l'humour basé sur les mots[2].
- Ils utilisent de façon poussée des métaphores ou, comme je l'ai constaté chez moi, des ellipses complexes. Un psychiatre hollandais m'écrivait que le langage des Aspergers est «comme une musique».

Troisième famille. Les Aspergers ont des compétences cognitives caractérisées par au moins quatre des traits suivants :

- Ils ont une préférence pour les détails plutôt que pour l'ensemble.
- Ils montrent une perspective originale sinon unique dans la façon d'aborder les problèmes.
- Ils possèdent une mémoire exceptionnelle pour des détails oubliés ou ignorés par les autres.
- Ils font preuve de persévérance.
- Ils ont de la suite dans les idées.
- Ils acquièrent une connaissance encyclopédique («de type cédérom») sur un ou plusieurs sujets. Ils ont un goût de l'ordre et de la précision.
- Ils cultivent des valeurs claires et fermes, et leurs décisions ne sont pas influencées par des facteurs politiques ou financiers.

Quatrième famille. Voici les traits additionnels qui se retrouvent souvent chez eux :

- Ils sont responsables.
- Ils sont économes ; du moins, l'argent n'est pas une valeur pour eux.
- Ils ont une sensibilité aiguë à des expériences sensorielles spécifiques (son, toucher, vision, odeur, etc.).
- Ce sont des « héros sociaux méconnus », qui abordent les choses avec optimisme : même s'ils sont souvent victimes de la faiblesse des autres, ils demeurent confiants dans la possibilité de l'amitié véritable et de la justice.
- Ils font des études supérieures en plus grande proportion que la population normale.
- Ils aiment s'occuper des gens présentant un développement atypique.

Ma foi, ce n'est vraiment pas vilain. Où est la maladie là-dedans ? De quoi dans cette liste devrait-on guérir la personne Asperger ?

Les gens insécures auront tendance à qualifier ces forces d'arrogance. Or cette dernière se manifeste par des attitudes hautaines et méprisantes ne faisant pas partie du portrait Asperger. Ce qui peut passer pour de l'arrogance est plutôt une certaine rudesse dans la franchise et la transparence. Certains me jugeront peut-être arrogant d'écrire cela ! Je les invite à bien relire toute la présente section.

Cette liste appelle toutefois un commentaire. Placée en annexe à la toute fin du livre de Attwood, juste avant l'index, elle est si peu mise en valeur que des lecteurs pourraient ne jamais la lire. C'est très curieux et significatif, puisque le livre met l'accent sur les problèmes des Aspergers sans discuter de leurs forces. Le chapeau dépasse presque toujours, même chez les auteurs les mieux intentionnés. Le livre de Juanita P. Lovett[3] fait preuve d'un discernement exemplaire dans ses quatre premiers chapitres, mais le chapitre suivant rompt le charme et retombe dans le piège en affirmant que le cerveau des Aspergers présente des « anomalies », des « problèmes » et des « désordres ».

Des forces anormales!

La tâche n'est pas facile car, dans plusieurs ouvrages, tout ce qui nous est particulier est interprété de façon négative, y compris nos qualités! Voici un exemple typique de ces distorsions: «[Le cas de M.] met en évidence l'une des nombreuses bizarreries des individus autistiques, à savoir leur absolue candeur[4].» Peut-être la candeur n'est-elle pas de mise dans le monde neurotypique? Uta Frith ballotte ainsi entre l'éloge et le constat d'anormalité. L'éloge:

> «On remarque souvent que les individus autistiques ne con- naissent pas la modestie, la honte ou les sentiments de culpa- bilité. Ils trouvent les tabous sociaux difficiles à comprendre, de sorte que leur comportement en public tend à être identique à leur comportement en privé (...). Il est cependant certaines anomalies du comportement social des individus autistiques qui peuvent être perçues non pas comme des déficiences, mais comme des qualités exceptionnellement positives. Ces qualités sont bien rendues par des termes tels que candeur, honnêteté, sincérité. Les individus autistiques ne sont pas versés dans la tromperie, et ils ne cherchent pas à impressionner les autres. Ils ne sont pas manipulateurs, et les ragots ne les intéressent pas. Et comme ils n'ont pas un sens aigu de la propriété, ils ne sont pas envieux et ils aiment donner[5].»

J'aimerais vivre dans un monde où les gens seraient ainsi. Évidemment, je suis Asperger. Le monde n'est pas ainsi, «par conséquent (...), nous devons également tenir compte de ces aspects positifs afin de pouvoir comprendre en quoi consiste ce handicap[6]». C'est proprement stupéfiant: même nos qualités sont décrites comme des anomalies dues à un handicap! Je suis sans voix: puisque la normalité est l'inverse de l'anomalie, le ta- bleau implicite de la normalité est franchement affligeant. Est-ce vraiment dans un tel monde que nous vivons? Un monde sans candeur, sans honnêteté, sans sincérité, où la tromperie est de mise, la volonté d'impressionner, de manipuler, de colporter des ragots, d'envier l'autre et de se complaire dans ses richesses? Madame Frith n'a sans doute pas voulu aller jusque-là mais, entre les lignes, elle montre que l'éthique des autistes est différente de celle des neurotypiques. Cette dernière semble plus élastique, si élastique que le point d'ancrage peut être perdu de vue…

Pronostic à long terme

En 1999, Tony Attwood disait attendre les résultats d'études à long terme de l'évolution des enfants Aspergers. Nous attendons toujours. Cependant, sur une base préliminaire, les choses semblent de nouveau indiquer que le tableau n'est pas désespérant. «La personne finit par apprendre à améliorer la communication avec autrui, à comprendre les pensées et les sentiments d'autrui et à exprimer avec plus de subtilité ses propres pensées et ses émotions.» Attwood utilise une image en laquelle je me reconnais très bien :

> «Ce travail se compare au rassemblement des pièces d'un puzzle de mille pièces dont on n'aurait pas le modèle sur la boîte. Au fil du temps, des parties sont assemblées, mais l'image globale n'apparaît pas encore. Puis, on finit par avoir suffisamment d'«îles» du puzzle pour reconnaître enfin l'image dans son ensemble et toutes les parties retrouvent enfin leur place[7].»

Il ajoute que de nombreux Aspergers ont constaté qu'ils étaient parvenus à ce stade seulement dans la trentaine ; je peux le dire de moi-même, et encore… Attwood parle de *symptômes résiduels* chez l'adulte. Ce n'est pas là une sorte de guérison : on naît Asperger et on le reste. Comparé à ce que j'étais enfant ou adolescent, je pourrais dire que je possède de tels résidus mais, en réalité, ils ont été suffisants pour que je sois diagnostiqué à quarante-sept ans. Dès 1989, Uta Frith faisait la même observation : «Malgré des changements de comportement, l'autisme ne disparaît jamais. Pourtant, les individus autistiques compensent souvent leur handicap de façon remarquable[8].»

Un enfant Asperger ne deviendra pas un adulte neurotypique. Citées par Attwood, les recherches de Sula Wolff publiées en 1995 décrivent les Aspergers adultes comme des «adultes solitaires» ou présentant un «trouble schizoïde de la personnalité», décidément! Ce portrait se caractérise par des traits Aspergers atténués. Ces gens paraissent quelque peu détachés sociale- ment et émotionnellement. Ils sont sensibles à la critique, mais ne se conforment pas pour autant aux conventions sociales. Toujours préoccupés par leurs intérêts particuliers, ils utilisent un langage métaphorique inhabituel et se créent un monde imaginaire bien à eux. Aussi cités par Attwood, les travaux de Digby Tantam tendent à démontrer que les Aspergers adultes ont souvent des personnalités «très inhabituelles» qualifiées d'«excentriques à vie». Ce n'est pas péjoratif, au contraire, puis- que «ces gens sont des fils qui brillent dans la riche tapisserie qu'est la vie. Notre civilisation serait morne et stérile si nous n'avions pas, et ne chérissions pas ces personnes atteintes du syndrome d'Asperger[9].» Nous sommes et demeurerons des ori- ginaux: c'est correct, ce n'est pas péché. Je rappelle que Hans Asperger lui-même n'était pas pessimiste quant à l'avenir des enfants autistes qu'il avait examinés.

Je crois cependant qu'il est inexact de parler de résidus ou de traits atténués. Les Aspergers sont comme tout le monde: ils apprennent et évoluent, ils acquièrent de la maturité avec le temps et, si les conditions sont favorables, ils s'épanouissent, tout en demeurant ce qu'ils sont. Ce processus étant plus long que pour les neurotypiques, il s'agit de faire preuve de patience, de ne pas succomber au syndrome du «tout, tout de suite». Le processus est plus long à cause de la complexité de leur personnalité, mais aussi, et peut-être surtout, parce qu'il doit se faire dans un environnement neurotypique qui leur convient plus ou moins. Il peut de plus être entravé, ralenti, voire bloqué par les abus et sévices frappant tant d'Aspergers. Je reviendrai plus loin sur les éléments favorisant l'épanouissement des Aspergers.

La même chose s'applique d'ailleurs aux autistes Kanner. Cadet de la famille Barron-Blackburn et autiste Kanner, Olivier n'a commencé à parler qu'à quatre ans, probablement grâce aux services intensifs qu'il a reçus à L'Envol, un centre de stimulation de Victoriaville. Peut-être aussi que cela serait venu de toute façon grâce à un entourage familial favorable et compréhensif.

Toujours est-il qu'à onze ans Olivier peut aisément soutenir une conversation. Son père dit: « Olivier est non seulement capable de parler, mais il écrit mieux que son grand frère [Asperger] qui parle comme un enfant normal. Son français écrit est sans fautes. Pas de fautes de grammaire, pas de fautes de syntaxe, pas de fautes d'orthographe[10]. » Le temps est important pour nous: l'exemple d'Olivier devrait montrer aux parents désemparés qu'il ne faut ni paniquer ni se décourager.

Deux cultures

Il serait facile de reformuler les critères médicaux de l'autisme Asperger sur le mode positif. Par exemple, plutôt que de parler de « goût pour la routine » et de « comportements stéréotypés et répétitifs », on pourrait dire que, pour les Aspergers, stabilité, fiabilité, fidélité, persévérance, clarté, précision et ponctualité sont des valeurs fortes. Ces traits peuvent devenir problématiques, mais ils peuvent aussi se révéler précieux tant pour les individus que pour la collectivité. Quel employeur ne rêve pas d'employés de ce genre?

Dans cette optique, certains auteurs en viennent à affirmer que neurotypiques et autistes constituent deux cultures humaines différentes. Est-ce trop dire? Chose certaine, nous avons des valeurs et des idéaux différents. Il est possible que, pour un neurotypique, entrer dans la demeure d'un autiste soit une expérience un peu dépaysante. En visite chez les Barron-Blackburn, la journaliste Louise-Maude Rioux-Soucy a eu le sentiment de pénétrer dans un « univers feutré » où « la routine est reine ». Chez moi aussi, c'est un univers feutré. Il n'y a pas de bruit: la radio et la télévision sont rarement allumées. La lumière est tamisée. De jour, il n'y a que la lumière naturelle, qui est suffisante car nous n'avons pas de rideaux, et les stores ne sont baissés qu'à l'heure du coucher. Le soir, seules de petites lampes sont allumées. L'hiver, nous avons coutume de manger à la lumière d'une chandelle. Ce n'est jamais suréclairé: je déteste ça et Louise aussi. On est presque comme dans une église ou un monastère.

Deux cultures? Autiste de haut niveau, Brigitte Harrisson utilise cette métaphore informatique : « On a exactement le même équipement de base que vous, les neurotypiques, mais au lieu d'être connectés en Windows, on est connectés en Macintosh. » Ou encore, une comparaison avec les automobiles : les neurotypiques conduisent une voiture automatique, alors que les autistes conduisent la même, mais avec une transmission manuelle. L'entrée des données est manuelle, car elle se fait une seule à la fois, au prix d'une gymnastique cognitive complexe[11]. Mais manuelle ou automatique, l'important est de devenir bon conducteur.

Je vois peut-être un lien avec le fait que les physiciens ont découvert que la lumière se comporte à la fois comme une onde et comme un flot de corpuscules (photons). D'une certaine manière, la culture neurotypique est ondulatoire, alors que la culture Asperger est corpusculaire. La pensée neurotypique cherche à unir rapidement, presque simultanément, les informations provenant des différents sens et des émotions afin de construire rapidement un sens au monde en vue d'en tirer un avantage à court terme. C'est très bien ainsi. La pensée Asperger traite plutôt en lente succession ces mêmes informations, d'où le fait que les Aspergers s'intéressent d'abord aux détails plutôt qu'aux ensembles. Comme un faisceau laser, leur pensée se concentre en premier lieu sur des points. Pour les neurotypiques, cette manière de faire peut sembler tenir de la manie et paraître vide de sens. En fait, un Asperger agit ainsi pour laisser le sens émerger progressivement de la lente addition des détails. Il pense à long terme, ce qui est aussi très bien. Les Aspergers ont tendance à collecter longuement les faits avant d'en tirer une conclusion. Charles Darwin a multiplié les observations sur les plantes et les animaux et pris un temps considérable pour rédiger son ouvrage sur l'évolution des espèces vivantes. Le moine catholique Gregor Mendel a très minutieusement étudié les petits pois (!) avant d'en venir à formuler les lois de l'hérédité. Béla Bartók a inlassablement recueilli la musique folklorique de Hongrie (plusieurs milliers de pièces) avant d'en dégager les traits stylistiques réels et d'en faire une source de renouvellement pour la composition musicale moderne[12]. Aux yeux des neurotypiques, ces gens ont longtemps passé pour de vrais fous, mobilisés par des tâches apparemment ridicules, sans intérêt et sans finalité immédiate. Mais au bout du compte, après avoir suscité l'incompréhension, voire les sarcasmes, ils ont apporté une contribution remarquable sinon capitale dans leur domaine respectif. Nous avons donc une contribution valable à apporter, à quelque échelle que ce soit.

Chez les enfants neurotypiques, le développement des différentes dimensions de la personne se fait d'une manière synchrone : le physique, le cognitif, l'affectif tendent à progresser simultanément. Chez l'enfant autiste, le développement est non synchrone, d'où son malaise diffus et chronique favorisant la recherche d'isolement. Dans ce sens, considérer l'autisme comme un «trouble du développement» est correct. Mais en réalité, on pourrait plutôt parler de «développement de type chaotique». Je ne fais pas référence ici au simple désordre, encore moins à la désorganisation, mais bien au chaos de la *physique du chaos* et des mathématiques fractales[13]. La parenté est frappante parce que, dans les mathématiques fractales, la répétition, la réitération d'un événement à divers ordres de grandeur est une idée centrale et que, justement, chez l'enfant autiste, les comportements répétitifs sont typiques. Or, le chaos naturel tend à évoluer vers une sorte d'harmonie : le développement se fait, les processus fonctionnent, un ordre est éventuellement atteint. Cet ordre, les mathématiciens le nomment *attracteur étrange* ; il ressemble étonnamment aux intérêts particuliers des autistes, eux aussi des *attracteurs* souvent *étranges*. Comme les choses se passent chez eux de manière chaotique et non synchrone, les variations individuelles du développement sont beaucoup plus marquées que chez les enfants neurotypiques. Elles n'épousent pas les phases habituelles et relativement prévisibles décrites par la psychologie classique. Peut-être faudrait-il s'inspirer de la physique du chaos pour mieux comprendre et accompagner les enfants autistes ?

Les deux cultures sont aussi différentes en ce qui concerne la relation aux émotions. Les Aspergers montrent souvent un délai de compréhension et de réaction quant aux émotions. Plusieurs sont alexithymiques, comme moi. Les abus que subissent la majorité des Aspergers leur posent une difficulté supplémentaire dans la sphère émotionnelle. Les neurotypiques sont beaucoup plus prompts à comprendre leurs émotions et à y réagir. Certains disent des Aspergers que leur « quotient émotionnel » est faible. Peut-être. Les Aspergers éprouvent néanmoins les mêmes émotions que les neurotypiques, et celles-ci peuvent être tout aussi intenses. Aucun Asperger ne niera que les émotions sont importantes dans la vie. Par contre, elles sont aussi, par leur nature même, fugaces et volatiles. Elles peuvent donc tromper et se révéler de mauvaises conseillères en certaines circonstances. Bien considérée, l'attitude plus distante et pondérée des Aspergers peut alors être bénéfique pour équilibrer, contrebalancer l'attitude neurotypique, et cette dernière est utile aux Aspergers exactement pour la même raison. Le défi est d'arriver à nous comprendre mutuellement.

Accommodements raisonnables recherchés

Inversons les choses en formulant la pensée neurotypique de façon négative, juste pour le plaisir. Nous, Aspergers, sommes mal à l'aise avec les conversations informelles qui sautent du coq à l'âne en laissant incomplètes des idées ou des anecdotes. Nous pourrions dire que les neurotypiques ont de la difficulté à avoir de la suite ou de la cohérence dans les idées et qu'ils privilégient trop le court terme. Dans des conversations au restaurant, ce n'est pas grave. Mais dans d'autres sphères, cela peut devenir problématique et même nuisible. Le système politique que nous connaissons est vraiment neurotypique. Les politiciens pensent et agissent à court terme de façon à remporter la prochaine élection. Cela est acceptable pour régler des problèmes immédiats, mais beaucoup moins pour les problèmes complexes évoluant dans le long terme. On a favorisé l'automobile (et on continue à le faire) afin de stimuler l'économie, et les fruits ont été rapides à venir. Mais à long terme, on a créé des problèmes comme le réchauffement climatique, que la politique neurotypique a beaucoup de difficulté à aborder, voire à admettre. Les conversations neurotypiques échevelées, transplantées en politique, entravent les prises de décision. Les comités et les études se multiplient, causant des retards qui causent à leur tour des dépassements de coûts délirants lorsqu'une décision est finalement prise au terme de cette foire au bavardage, ou alors, des projets structuraux ne voient jamais le jour. Depuis que je suis adolescent, j'entends parler du retour des tramways à Montréal et d'un train à haute vitesse reliant Québec à Windsor: ces projets ont été étudiés sous toutes les coutures, mais les discussions sans discipline, les buts mal définis, les intérêts immédiats des uns et des autres font qu'en 2011 ils ne se sont toujours pas réalisés. Il serait possible de multiplier les exemples. Il faudrait un peu de pensée Asperger dans cela!

En raison de nos manières d'être, de penser et de faire, en raison aussi d'un discours généralement négatif sur l'autisme, accompagné d'un cortège d'expressions effrayantes, une sorte de réputation nous précède, voulant que nous soyons des «personnes difficiles». C'est un préjugé. Quelqu'un qui travaille à plein temps avec des Aspergers me confiait: «Les choses sont plus simples avec vous qu'avec les neurotypiques. C'est nous qui sommes compliqués, bien plus que vous!» Des tas de gens neurotypiques sont vraiment, mais vraiment très compliqués. C'est amusant: le logiciel de correction orthographique que j'utilise pour écrire ces pages ne veut pas valider le mot «neurotypique». Il me propose de le remplacer par «neurotoxique»: quel lapsus! Une intervenante qui nous connaît bien me disait aussi: «Les Aspergers sont des gens totalement fiables, très méthodiques et productifs. Vous n'êtes ni carriéristes ni "stratèges", donc pas manipulateurs.» Au bout de cet éloge, elle ajoutait: «Le monde se porterait mieux si nous étions tous Aspergers!» Et si c'était vrai? En bon Asperger, j'ai plutôt tendance à accepter les gens comme ils sont: je me dis que nous pouvons tous apprendre les uns des autres, que nos cultures respectives devraient contribuer de concert au bien commun. Cette collaboration peut nécessiter un certain temps d'adaptation mutuelle, mais ce n'est pas un défi insurmontable et, au bout du compte, ce serait gratifiant et enrichissant pour tous.

Un exemple d'accommodement. Les autistes (comme les surdoués) prennent à la lettre ce qu'on leur dit. En conséquence, si l'on attend d'eux quelque chose de précis, il faut formuler cette attente en évitant tout sous-entendu ou non-dit. C'est plus facile à dire qu'à faire! Un jour, deux animateurs m'interviewaient à la radio. Le premier m'a posé cette question: «Antoine Ouellette, vous avez composé une œuvre intitulée *Au jardin de Gethsémani*?» Ma réponse: «Oui.» Silence... Le deuxième animateur part à rire: «Alors oui, il l'a composée!», ce qui provoque le rire du premier, et le mien aussi, mais par incompréhension de la situation! Car j'avais bel et bien répondu à la question. Décodage tardif: on s'attendait en fait à ce que j'élabore au sujet de cette pièce, mais on le faisait d'une manière totalement indirecte et implicite, inadaptée à mon esprit. On a dû me prendre pour un idiot (quoique la suite de l'entretien se soit bien déroulée), et moi, j'ai trouvé assez ordinaires ces animateurs...

Plusieurs s'alarment de la hausse marquée des cas déclarés d'autisme. Je pense qu'une partie de nos problèmes découle au contraire du fait que nous ne sommes pas assez nombreux! Nous n'avons pas encore atteint la masse critique qui nous permettrait de faire sentir notre présence dans la collectivité et de l'influencer. Je souhaite que cela se réalise un jour.

Notes

1. Attwood, T. (2003). *Le syndrome d'Asperger et l'autisme de haut niveau.* Paris: Dunod, p. 176-178.

2. Woody Allen et Jean Leloup maîtrisent ce type d'humour: c'est probablement une des raisons pour lesquelles je les apprécie.

3. Lovett, J.P. (2005). *Solutions for Adults with Asperger Syndrome.* Fair Wind Press.

4. Frith, U. (1992). *L'énigme de l'autisme.* Paris: Éditions Odile Jacob, p. 75.

5. Op. cit., p. 231.

6. Op. cit., p. 232.

7. Attwood, T. (2003). *Le syndrome d'Asperger et l'autisme de haut niveau.* Paris: Dunod, p. 142.

8. Frith, U. (1992). *L'énigme de l'autisme*. Paris : Éditions Odile Jacob, p. 39. Le livre a été publié en anglais en 1989.

9. Ces considérations se retrouvent aux pages 141 à 143 du livre de Tony Attwood, en réponse à la question « Quelle est l'évolution à long terme ? »

10. Rioux-Soucy, L.-M. et Gravel, P. « Bienvenue à Autismapolis. Voyage intérieur au cœur d'une autre intelligence », dossier sur l'autisme paru dans *Le Devoir*, le samedi 10 octobre 2009, p. A12.

11. Op. cit., p. A12.

12. J'y reviendrai dans « Le monde Asperger VI », mais des gens célèbres sont fortement suspectés d'avoir été Aspergers, dont Darwin, Mendel et Bartók.

13. Plusieurs livres existent sur ces sujets. L'ouvrage suivant peut être une bonne introduction, un peu mais pas trop technique : Trinh Xuan Thuan (1998). *Le chaos et l'harmonie. La fabrication du réel*. Paris : Folio, collection Essais. Mieux encore, si vous parvenez à le trouver : *Les fractales. Art, nature et modélisation* (2004). Paris : Bibliothèque Tangente. Les illustrations sont extraordinaires.

LES Z'AUTRES

Si les autistes sont étranges pour les neurotypiques, c'est exactement le contraire pour les autistes! Les relations humaines «normales» apparaissent vraiment très compliquées, voire indéchiffrables. Certains autistes préféreront continuer de vivre dans leur monde. D'autres arriveront à évoluer sans trop de mal dans un monde neurotypique qui ne leur restera pas moins étranger. C'est mon cas, bien que l'apprentissage ait été laborieux comme l'ont montré mes récits d'enfance et d'adolescence. L'interface entre le monde neurotypique et le monde autiste demeure capricieuse.

De la solitude et d'étranges sentiments

Au collège Grasset, j'avais un groupe d'amis; je les nomme *amis* même si cette relation se limitait au cadre de l'institution. Je ne suis jamais sorti avec eux pour aller au cinéma, au concert ou au restaurant. Lorsque ma journée au collège se terminait, je revenais dans mon univers personnel et familial. À l'intérieur de ce groupe régnait une émulation stimulante qui n'a jamais dégénéré en compétition. Curieusement, dans ce milieu académique plus amical, j'ai bien réussi les cours d'éducation physique, au point que mes notes ont toujours été supérieures à la moyenne : ma foi, je devenais un athlète! Tout de même, les journées étaient denses, et les contacts sociaux, constants. Je ressentais souvent un intense besoin de solitude et désirais avoir un petit temps uniquement pour moi durant la journée, sans aucune autre présence. Mais comment faire dans un collège qui bourdonne d'activité? En explorant les lieux, j'avais découvert quelques rares endroits où ne passait presque personne. Il y avait notamment un petit escalier proche de l'auditorium qui aboutissait à la porte secondaire d'un local pour les arts, une porte qui était toujours fermée. C'était un endroit sombre et très calme. Aussi, entre les cours ou durant de rares pauses, j'y allais, m'assoyais pour rêvasser ou, mieux encore, pour ne penser à rien du tout. Ces moments de liberté que j'appréciais beaucoup m'aidaient à recharger mes batteries. J'étais seul à agir ainsi et espérais que personne ne viendrait troubler ma solitude. Qu'aurait donc pensé quelqu'un qui m'aurait surpris là ?!

Comme à Grasset, mes années en biologie se passent agréablement. J'ai de nouveau un cercle d'amis, et même un bon ami, Jean, doté d'un sens de l'humour irrésistible et qui manie les sacres avec brio! Nous faisons des travaux ensemble et allons dîner tous les deux dans les cafétérias de l'université. Nous sommes même allés, chose rarissime pour moi, trois ou quatre fois voir un film ou une pièce de théâtre. Mais nous nous sommes perdus de vue dès nos études terminées, comme ça, du jour au lendemain.

J'ai ressenti un sentiment nouveau et mystérieux pour Lucie, qui étudiait elle aussi en biologie. Je n'arrivais pas à identifier ce sentiment. Lucie prenait le même autobus que moi pour aller à ses cours. Je me disais que je devrais lui parler, mais je n'y arrivais pas. Le soir, je me couchais en me disant : « Demain, c'est certain, je vais lui parler. » Le lendemain, elle était dans le même autobus et encore je n'osais pas. De nouveau, le soir, je me couchais en me jurant que demain, vraiment, j'allais lui parler! Au lever, j'étais toujours aussi résolu. Puis, dans l'autobus, rien; je ne pouvais pas. Je me répétais que je lui parlerais entre les cours, mais sans plus de succès. Elle m'avait remarqué, et je crois bien qu'elle éprouvait le même sentiment pour moi. Un jour, lors d'une séance de laboratoire, comme elle travaillait tout près de moi, elle est venue me poser une question, puis une autre. C'était agréable. Je lui ai répondu au meilleur de ma connaissance, sans toutefois m'aventurer au-delà du sujet à l'étude. J'en étais incapable. Un an a passé ainsi sans que j'arrive à lier conversation avec elle, puis un autre. En troisième année, lorsque nous nous sommes tous levés à la fin d'un cours, mon regard a croisé celui de Lucie, qui me regardait aussi. J'ai failli pleurer tant je ressentais de peine. J'ai quitté le local. La fenêtre s'est fermée, et je n'ai jamais revu Lucie.

Lucie a été une sorte d'exception. Je ne sortais pas avec les filles. En fait, je ne sortais pas, sinon pour aller à des concerts, seul ou avec mes parents, ou au cinéma avec ma sœur Geneviève. Quelques compagnons s'en sont même inquiétés. Un jour, l'un d'eux m'a suggéré d'aller dans des bars ou des clubs. J'ai été étonné: cette idée ne m'était jamais passée par la tête. «Mais pourquoi ?» lui ai-je demandé en toute sincérité. «Bien, c'est là que tu as le plus de chance de rencontrer quelqu'un, de te faire une amie.» Je ne comprenais pas. Oui, j'aurais pu rencontrer quelqu'un dans ces endroits, mais il y avait peu de chance que ce soit quelqu'un pour moi puisque ces endroits ne me disaient absolument rien. Je ne sentais ni presse ni manque. Je n'y pensais en fait à peu près jamais et ne voyais aucune raison de forcer les choses, d'être proactif en la matière. Je me disais que ça arriverait quand ça arriverait et que ce ne serait pas grave si ça n'arrivait pas du tout. Je ne sais pas si cette situation préoccupait mes parents. Ils ne m'en ont jamais parlé et, s'il y avait des pressions sociales pour que je me fasse une amie, je n'en ai pas été conscient. Il devait pourtant y en avoir à en juger par celles, énormes, que je vois aujourd'hui s'exercer sur les ados pour qu'ils se «mettent en couple» de façon prématurée. Je ne suis vraiment pas un dépendant affectif!

Soigner les malades

L'été 1980 fut le premier de quatre passés à travailler comme préposé aux bénéficiaires au Centre hospitalier Notre-Dame-de-la-Merci, situé au bord de la rivière des Prairies, à quinze minutes de marche de la maison. Je m'étais pourtant juré de ne jamais travailler là. L'endroit m'épouvantait avec ses malades gravement atteints: cancers en phase terminale, Alzheimer, diabète avec dégénérescence, paraplégies, etc. Le directeur connaissait mes parents et avait suggéré que j'offre mes services pour l'été. Il ne faut jamais dire jamais, et j'ai accepté malgré mes peurs. Après une très courte et relaxe session de préparation avec un infirmier-cadre, j'ai commencé mon travail: changer les lits souillés, faire manger les malades qui ne pouvaient le faire eux-mêmes, donner des bains, changer de position les malades cloués dans leur lit, vider des urinoirs et des bassines, m'assurer que tout aille bien pour chaque patient, etc. Je ne me serais jamais cru capable d'une telle tâche. Pourtant, tout s'est bien déroulé. Je ne me suis pas senti affecté par l'état pénible des patients, me disant que j'œuvrais pour les aider, les soulager dans la mesure de mes moyens.

Il y avait quelques cas problématiques, dont le célèbre J..., un vrai obsédé; il fallait se méfier de ses mains, même affaiblies, et passer outre ses remarques scabreuses. Il nous appelait pour nous demander de le sucer! Nous devions toujours être un peu sur nos gardes : un pauvre monsieur confus et agité a tenté de m'envoyer au visage le contenu de son urinoir! Et la souffrance, le désespoir. Plusieurs patients alités, perdus ou comateux ne recevaient presque aucune visite. Quel peut bien être le rôle de l'art dans un univers où existent de tels maux?

À l'été 1983, l'atmosphère s'est dégradée à cause d'un conflit de travail. Un jour, je suis entré au département qui m'avait été assigné, mais la direction m'a demandé d'aller plutôt dans un autre où le préposé, malade, devait quitter. Pour rendre service, j'ai accepté. À la fin de mon quart de travail, alors que j'étais à mon casier pour me changer et que je discutais de la situation avec un collègue, un type du syndicat m'a entendu et est intervenu brusquement : « C'était pas ton problème! T'avais pas à aller là pour les boss. Dans la vie, chacun doit faire son affaire : c'est comme ça que ça marche, OK là? » J'ai été choqué, et ç'a été mon dernier été de travail à l'hôpital.

À la Woody Allen

En mai 1982, ayant obtenu mon baccalauréat en sciences biologiques, j'ai pris la décision la plus téméraire de ma vie. Ma moyenne générale m'aurait permis d'être accepté dans une faculté contingentée, comme la médecine. J'aurais aussi pu poursuivre des études supérieures en biologie, faire une maîtrise sur l'écologie d'une espèce d'oiseau, ou sur son chant, puis continuer au niveau doctoral. Tout cela était possible; ma vie aurait été très

194

différente, et je crois que j'aurais été heureux dans cette voie. Cependant, les choses ne se sont pas passées ainsi. Au cours de la dernière année, j'avais décidé qu'une fois ces études terminées (et il était hors de question que je ne les termine pas: je finis toujours ce que j'entreprends) j'irais en musique, et j'ai préparé ce passage avec soin. J'ai fait part de cette intention à des amis étudiants. Certains ont été consternés. Une collègue n'en revenait tout simplement pas: «Tu réussis bien en sciences! Qu'est-ce que tu vas aller faire en musique?» C'était inimaginable.

Septembre 1982 a donc marqué le début de mes études universitaires en musique. Depuis quelques mois, je m'étais lié d'amitié avec Marie, une jolie jeune femme intelligente et talentueuse. Comme moi, elle avait fait des études en biologie avant de se réorienter en musique, où elle excellait comme pianiste autant que comme chanteuse. Nous nous sommes rencontrés à l'occasion pour jouer, notamment la *Sonate* d'Edvard Grieg. Au même moment, je suis tombé en amour avec les films de Woody Allen et, justement, son nouveau film prenait l'affiche. J'ai donc invité Marie à aller le voir. C'était *Comédie érotique d'une nuit d'été*. Mon Dieu que j'ai eu honte durant la représentation! Quel culot avais-je eu! C'était la première fois que j'invitais une fille à sortir, et voilà le film que j'avais choisi! Son titre n'avait pas suffi à me mettre en garde. Marie n'a pas semblée choquée: nous avons beaucoup ri, ce qui a d'autant augmenté mon malaise. En dépit de ma difficulté à saisir les sentiments précis des autres, j'ai réalisé que mon amie s'était faite très élégante et qu'après le film elle était joyeuse et avait pour moi un regard bien particulier.

Mais il y avait un problème. Le passage en musique fut difficile sur le plan émotionnel. Je n'en étais pas conscient: c'était mon corps qui sonnait l'alarme. J'avais de terribles troubles digestifs, des diarrhées jour après jour, que rien ne semblait pouvoir calmer. Je maigrissais beaucoup et me traînais péniblement à mes cours. Cet état m'angoissait, et j'ai subi plusieurs examens médicaux, tous négatifs. Je n'avais rien. Pourtant, je me sentais tout croche. Lorsque je suis allé au cinéma avec Marie, je filais ainsi depuis déjà plusieurs jours. Les malaises étant devenus très gênants, je me suis replié sur moi et j'ai réduit mes sorties. Je n'ai pas rappelé Marie et, puisque depuis le début de notre amitié c'était toujours moi qui l'appelais, notre relation a cessé là, brusquement, dans le silence. J'en étais malheureux mais ne pouvais faire autrement, incapable de lui parler de mes problèmes, d'autant plus que les médecins n'arrivaient pas à trouver ce dont je souffrais. Mon état s'est lentement amélioré lorsqu'à l'hiver suivant je me suis mis à faire de la natation. J'apprendrai plusieurs années plus tard que je venais de connaître mon premier épisode sévère de syndrome du côlon irritable.

J'ai revu Marie une fois quelques années plus tard. Elle était avec une amie, et cette dernière m'a invité à aller prendre un café avec elles. J'ai bafouillé une excuse pour refuser, tandis que Marie me fusillait du regard et que sa copine insistait gentiment. Seigneur: j'ai l'impression qu'il s'agit d'un film de Woody Allen! Je n'ose imaginer ce que Marie a pensé de moi, et j'ai bien peur de l'avoir grandement blessée.

Vers 1983, lors d'une session de chant choral au Domaine Forget, j'ai rencontré Brigitte, qui travaillait là comme monitrice pour les groupes d'enfants. C'était la plus belle jeune femme du monde, à la fois discrète et épanouie, d'un chic magnifique, avec une petite touche d'excentricité qui me séduisait. Nous nous sommes immédiatement plu. Elle logeait dans une chambre de la fameuse grange. Le matin après le déjeuner, elle s'assoyait sur la galerie de la grange pour boire un café très corsé qu'elle se préparait. Nous avons pris l'habitude de passer alors d'agréables moments ensemble. Aux repas, j'allais souvent la rejoindre. Les tables de la cafétéria étaient grandes, et plusieurs personnes se retrouvaient à la même. Dans ce contexte sans intimité, je me sentais pétrifié et, malgré toute ma volonté, je n'arrivais pas à tenir une conversation. Brigitte a dû me trouver bien étrange! Néanmoins, la soirée venue, elle et moi nous retrouvions pour jaser amicalement en contemplant le ciel, les étoiles filantes et les aurores boréales. Je me sentais alors heureux et paisible. Le dernier soir, après le concert final, Brigitte est venue me voir et m'a présenté ses parents. Puis, elle m'a pris à part pour, chose incroyable, m'inviter à aller passer la fin de la soirée avec elle. J'en tremblais de joie et d'honneur, mais j'ai figé, perdu tous mes moyens et refusé avec une totale maladresse. J'en ai ressenti une profonde peine. Brigitte a dû être très déçue et ne pas comprendre mon comportement. Tout de même, elle m'a laissé son numéro de téléphone à Québec : la porte n'était donc pas fermée. Mais j'ai eu tellement honte que je ne l'ai jamais appelée.

J'admire le génie féminin. En société, je me sens plus à l'aise avec les femmes qu'avec les hommes. Cependant, dès qu'il pouvait y avoir autre chose que de l'amitié, mon comportement devenait erratique. Constatant ce fait, j'ai choisi d'éviter cette possibilité. Maryse, femme forte et émancipée, avait déjoué mes plans en m'invitant quelques fois à sortir. Mais un jour, elle m'a raconté que, pendant qu'elle se mettait du vernis à ongles, un perce-oreille s'était pointé sur la table : elle l'avait noyé dans le vernis ! Elle me racontait ça en riant ; pourtant, ce n'était plus une enfant, mais une adulte qui trouvait comique son geste sadique. Je n'ai plus accepté ses invitations.

Un bon public

Durant mon baccalauréat, j'ai eu quelques bons amis, typiquement dotés d'un solide sens de l'humour. Encore une fois, c'était des amitiés d'études : je suis rarement sorti avec eux, mais nous allions souvent manger ensemble le midi. J'ai refusé toutes les invitations à des partys où je savais à l'avance qu'il allait y avoir de la beuverie. Je déteste voir des gens ivres : je trouve ça dégradant. J'entendais parler de fêtes où les gens se saoulaient jusqu'à ne plus tenir debout et à vomir partout. Ils semblaient fiers de leurs prouesses et trouvaient ça bien drôle. Curieux plaisir.

Certains profitaient de mon immense naïveté. Un incident m'a longuement troublé. J'allais souvent aux concerts de Radio-Canada présentés à la salle Claude-Champagne. Pour assister à ces concerts gratuits, il fallait se procurer des laissez-passer et faire la file devant l'escalier menant à la salle jusqu'à ce que les placiers fassent signe de monter. Un soir, j'étais seul, mais j'avais deux billets. Un compagnon d'études est venu me rejoindre. Il

197

me dit qu'il aimerait assister au concert, mais qu'il ne reste plus de billets. Je lui dis en avoir deux : il se met en ligne avec moi et commence à discuter. Cela me fait plaisir et je lui offre le billet. L'heure arrive et nous montons vers la salle. Je m'aperçois qu'il devient moins loquace. À peine rendus à nos sièges, il me quitte pour aller retrouver ses amis sans même me dire merci. Je passe le concert seul et, après, je pleure de cette trahison...

J'ai toujours été bon public. Le sentant, des tas de gens m'ont fait des confidences gênantes. Un jour où j'attendais l'autobus, un inconnu a lié conversation avec moi en s'épanchant sur une tentative de suicide qu'il avait faite ! Des collègues étudiants me confiaient sans pudeur des choses très personnelles et très embarrassantes. J'en ai appris des vertes et des pas mûres au fil du temps, même si j'ai horreur des commérages et si je n'ai jamais sollicité de telles confidences. C'est comme si l'on voyait en moi quelqu'un à qui il est possible de tout dire sans se sentir jugé.

Peut-être cela vient-il, paradoxalement, du fait d'être autiste ? Plusieurs m'ont gentiment reproché de ne pas savoir m'imposer, me vendre, et même de ne pas être assez « pit-bull ». Quelqu'un a été jusqu'à me proposer de suivre des cours d'arts martiaux pour pallier ce déficit. Depuis les débuts publics de ma musique, il m'est souvent arrivé d'être comme un « homme invisible », de ne pas être mentionné pour mon travail ou de voir mon nom déformé. Un article positif à mon sujet dans un grand journal me rebaptisait « André Ouellet ». Alors que je participais à une table ronde au Salon du livre de Montréal, l'animateur, qui ne devait pas avoir ses bonnes lunettes, m'a présenté comme étant Anne Lauber ! Une personne du domaine culturel m'a même suggéré de changer de nom ou, du moins, de prendre un nom d'artiste. Cette suggestion me rebutait mais, par moments, l'idée m'a trotté dans la tête, et je me suis procuré les formulaires légaux à cette fin. La vie est étrange.

J'étais passé en musique en toute naïveté. Les idées de performance, de compétition, de recherche de prestige m'étaient étrangères au point que je ne pensais pas qu'elles puissent exister chez mes collègues. Un triste événement m'a détrompé. En 1983, un étudiant en composition électroacoustique luttait contre un cancer et se savait condamné. Courageusement, il a continué de venir à ses cours aussi longtemps qu'il l'a pu, s'aidant d'une canne pour marcher dans les derniers temps. Une étudiante du même programme me confia : «On a assez hâte qu'il lève les pattes! Comme ça, on aura son temps de studio!» Lorsque le pauvre garçon est décédé, cette étudiante et d'autres du même genre ont poussé le cynisme jusqu'à écrire de beaux textes en sa mémoire : «Cher M., nous te garderons en notre cœur, etc.» Quelle hypocrisie! Bientôt, ces gens allaient donner des leçons à la société entière sur l'importance des arts et tout le tralala... En décembre 1983, une grève étudiante a éclaté. J'étais contre et n'avais aucune intention de me conformer aux moyens de pression : personne ne m'a jamais imposé ses vues, dicté quoi faire et encore moins quoi penser. Malgré l'interdiction qui nous était faite, j'allais à mes cours, car certains professeurs continuaient de les donner. Un jour, un de nos représentants est venu nous sortir d'un cours en nous faisant la morale : «La grève a été votée de façon démocratique : vous devez être solidaires.» On exigeait que nous boycottions même les cours d'instrument. Je m'en fichais : mes cours avaient lieu non à la faculté, mais chez le professeur, Yuli Turovsky. Voilà qu'un jour, alors que je remettais mon instrument dans sa caisse après mon cours, un étudiant est arrivé pour le sien : eh oui, un des meneurs de la grève étudiante! Je ne lui ai pas dit bonjour, je lui ai juste fait un petit sourire : il m'a bien compris.

Dépité par cette grève qui se prolongeait, j'ai cherché un travail pour changer d'ambiance. Je savais que des recherchistes étaient demandés pour les émissions musicales de Radio-Canada. J'ai donc passé une entrevue pour *Musique en fête* et ai été embauché sur-le-champ. Avec la réalisatrice Lorraine Chalifoux, quelques recherchistes réguliers et l'animatrice Renée Larochelle, nous formions une équipe de rêve, et l'émission se classait parmi celles obtenant les meilleures cotes d'écoute de la radio FM de Radio-Canada. Rapidement, j'ai acquis la réputation de faire des choix musicaux hors des sentiers battus. J'ai même provoqué un petit scandale en programmant *Violin Phase*, de Steve Reich : l'antenne locale du Saguenay–Lac-Saint-Jean s'est décrochée du réseau parce qu'on a cru que le disque était défectueux ! J'ai réalisé une centaine de dossiers sur des musiciens, des cinéastes, des artistes visuels, des scientifiques, la culture autochtone, etc. Ce fut une expérience de travail profitable, tant pour affiner ma méthode de recherche que pour augmenter mes connaissances et pour explorer un immense répertoire musical.

Demande en mariage

En dépit de ma ferme résolution d'éviter toute relation autre qu'amicale avec les femmes, j'ai fait encore pire que précédemment ! La situation m'a cependant pris par surprise. En juillet 1984, bravant enfin ma peur de l'avion, je suis allé en France faire un stage au Centre d'études supérieures de civilisation médiévale de Poitiers. Ce séjour a été agréable, avec des cours intéressants et des visites de magnifiques églises romanes. Les Québécois du stage, nous, passions pour des « touristes » : pour nous, c'était une première occasion d'admirer l'architecture médiévale sur place et nous étions émerveillés.

Des amitiés estivales s'étaient liées et, à la fin, nous avons échangé nos coordonnées postales pour, peut-être, rester en contact. Ce fut le cas entre moi et Annick, jeune Marseillaise. À notre retour, nous avons correspondu par lettres, puisque le courriel n'existait pas encore. Nous nous racontions nos vies, nos activités, notre travail, etc. Je trouvais cette amitié épistolaire géniale : à distance, par écrit et sans proximité physique, je me sentais à l'aise de m'ouvrir. Très autiste... Cependant, sans que je me doute de quoi que ce soit, Annick, elle, y voyait autre chose. Cela a duré trois ans, jusqu'à ce qu'en juillet 1987 je retourne en France. De façon inattendue, le Domaine Forget m'a offert, ainsi qu'à quelques autres habitués, de participer à un stage de chant choral à Viviers, en Ardèche. Toutes les dépenses étant payées, sauf le billet d'avion, je n'allais pas laisser passer pareille aubaine !

Je suis donc retourné en France, dans une jolie petite ville, pour chanter sous la direction du chef allemand Fritz Weiss.

Les stagiaires français remarquaient que j'étais différent et me le disaient. Les autres Québécois faisaient souvent la fête et entraînaient le groupe à chanter des chansons à répondre, alors que moi, je me tenais à l'écart. Je me retirais à l'occasion sur la colline surplombant la ville et rêvassais en contemplant le paysage. Le dimanche, j'allais à l'église. J'étais à peu près le seul du groupe à le faire, mais je tenais à remercier Dieu pour ces beaux moments. Comme Viviers n'est pas très loin de Marseille, Annick m'avait proposé d'aller passer là-bas quelques jours après le stage, dans sa famille. J'ai été bien reçu, et nous avons visité Marseille et ses environs : j'ai beaucoup aimé cette ville malgré la réputation assez négative de certains quartiers. Le moment de mon départ étant arrivé, Annick est venue me reconduire à la gare où je devais prendre le train pour Paris. Nous nous sommes assis sur un banc en attendant mon train. Annick a alors eu quelques gestes non équivoques ; elle m'a embrassé passionnément, poussant l'audace jusqu'à mettre sa langue dans ma bouche. Des sensations fortes m'ont envahi, que je n'avais jamais éprouvées. J'étais extrêmement troublé. Le train m'a sauvé : nous nous sommes quittés avec des sentiments très différents. Se méprenant, un passager qui avait vu la scène m'a dit : « Vous la reverrez, votre amoureuse ! »

À mon retour à Montréal, j'étais tout chamboulé. À peine quelques jours plus tard, Annick m'envoyait une lettre explicite : elle m'aimait, désirait que nous nous mariions et ayons des enfants, etc. Mon anxiété a atteint des sommets stratosphériques. Jamais je n'avais imaginé pareille tournure des événements ni ne l'avais souhaitée, et je pensais arriver à éviter des choses du genre. Mais non, et cette fois, c'était pire encore ! Pourquoi ne me laisse-t-on pas tranquille ? Je suis un déchet : on me l'a dit avec violence dans le passé. Comment se peut-il alors que des femmes, belles et intelligentes de surcroît, puissent s'intéresser à moi au point d'être amoureuses ? Dans cet état d'esprit hautement perturbé, je lui ai écrit dans une lettre suintant le désarroi qu'il m'était impossible de m'engager ainsi. J'ai vécu là certains des pires moments de ma vie : je ne désirais que me recroqueviller et ne plus jamais sortir de ce cocon. Annick m'a répondu de façon très émotive, en pleurant toutes ses larmes : je lui avais brisé le cœur. J'étais désemparé, effondré. Tout ce mal que je faisais sans l'avoir voulu !

Œuvre publique

Autour de trente ans, j'ai commencé à diffuser mes œuvres, à diriger des chœurs et à enseigner. C'est tard, peut-être trop pour vraiment «percer». Néanmoins, ce fut une chance pour moi, car tout cela s'étant fait lentement et progressivement, j'ai pu acquérir de l'expérience à mon rythme. Or le rythme d'apprentissage des situations relationnelles est plus lent chez nous, autistes, à plus forte raison lorsque s'y ajoute le stress propre à la prestation publique.

À l'automne 1986, j'ai eu l'occasion de faire mes premières armes en enseignement universitaire en remplaçant au pied levé une professeure souffrant d'une labyrinthite. Puis, une première charge de cours complète m'a été offerte à l'Université de Montréal : Histoire de la musique au XVIIIe siècle. J'ai été contacté à la dernière minute et, chose bizarre, aucun guide pédagogique n'était remis aux nouveaux chargés de cours, aucun plan cadre, aucun syllabus, aucune personne-ressource en cas de besoin. Bref, «arrangez-vous, mais donnez un bon cours». On me dira plus tard que même le meilleur pédagogue doit donner sept fois un cours pour qu'il soit vraiment rodé. J'ai dû commettre plusieurs maladresses dans cette première charge : je n'aimerais pas me revoir ! Tout de même, je pense m'en être bien tiré. Au début de 1991, j'ai reçu un coup de fil du département de musique de l'UQÀM. On m'offrait de remplacer en cours de session une professeure de musicologie qui venait de se blesser dans un accident d'automobile. J'ai aimé cette expérience : le climat était détendu, les étudiants, talentueux et dénués de prétention. Ils ont dû aussi m'apprécier puisqu'en janvier 1992 le directeur m'a offert une première charge complète, sur la musique du XXe siècle. Ce fut à nouveau stimulant, mais j'ai dû affronter ma première difficulté majeure.

Scandalisé par les idées du compositeur états-unien John Cage (qui avait composé une pièce entièrement silencieuse), un étudiant m'a remis un travail de recherche sur Cage uniquement fait de feuilles blanches! J'ai appris: pour éviter les situations du genre, j'ai remanié mon plan de cours en y précisant en toutes lettres mes exigences, y compris celles qui me semblaient les plus évidentes.

J'observais les réactions des étudiants, j'écoutais leurs commentaires et lisais avec attention leurs évaluations afin de m'améliorer. J'ai aussi suivi des sessions de perfectionnement pédagogique offertes au personnel enseignant. À partir de 1992, j'ai donné des cours en continu à l'UQÀM, en formule magistrale autant qu'en formule séminaire. Au début d'une session, je suis toujours nerveux. Je m'y prends d'avance pour préparer et faire imprimer plan de cours et recueils de textes destinés aux étudiants. Ainsi, tout le matériel est prêt à temps. J'arrive toujours tôt à mes cours, afin de placer mes effets dans le local avant que n'entrent les étudiants. À la première rencontre, je les accueille un à un, leur souhaitant la bienvenue et leur donnant un exemplaire du plan de cours en mains propres. Mes cours commencent et se terminent à l'heure. La première rencontre n'est jamais écourtée. Je présente le cours, son contenu, ses exigences. Je passe un diaporama pour introduire le contexte de l'époque couverte par le cours: événements politiques et historiques marquants, contexte social, évolution de la pensée, lien entre la musique et les autres arts. En vingt ans d'enseignement, j'ai rarement annulé un cours: les étudiants savent que je serai toujours là et ponctuel. Je peux donc dire que j'exerce mon enseignement d'une façon consciencieuse.

En 1995, mes groupes ont été fusionnés. Pour un cours, j'avais deux groupes différents comptant une vingtaine d'étudiants chacun, ce qui me donnait deux charges de cours. À cause de coupures budgétaires, j'avais désormais un seul groupe de cinquante à soixante étudiants (et même jusqu'à quatre-vingts), donc une seule charge de cours. Mon salaire venait de baisser de 50%: qui dit mieux? Mais je ne me suis jamais vraiment préoccupé de mes revenus. Pendant plusieurs années, je ne demandais même pas l'assurance-emploi, à laquelle j'aurais pourtant eu droit l'été. D'un côté, remplir ce genre de formulaires m'a toujours rendu anxieux ; de l'autre, sachant que j'aurais un cours à l'automne suivant, je me disais que je n'avais pas de raison valable de demander l'assurance-emploi ! Il est sûr que j'ai perdu de l'argent à cause de ces scrupules (typiquement autistes : l'honnêteté jusqu'à la naïveté). Finalement, mais un peu à contrecœur chaque fois, je me suis décidé à faire les demandes.

Mes débuts en enseignement tombaient d'une façon quasi providentielle. En septembre 1990, une nouvelle réalisatrice a pris la barre de *Musique en fête* à Radio-Canada. Après une bonne première saison, son comportement est devenu de plus en plus erratique. Je n'étais pas seul en cause : elle s'en prenait à tout le monde, terrorisait l'animatrice, criait contre les techniciens du studio et se défoulait sur son assistante. Les plaintes contre elles ont été nombreuses, mais sans effet. La saison 1991-92 fut ma dernière.

À peu près au même moment, j'ai fait l'apprentissage de la direction chorale. J'y reviendrai plus loin. Quelles sont les émotions que j'éprouve à diriger ? Honnêtement, j'ai de la difficulté à les cerner. Je trouve que diriger est intéressant, mais je l'ai toujours vécu un peu comme dans un rêve. J'aime préparer les éditions des pièces que je fais travailler. J'aime faire apprendre les pièces aux choristes, et il m'est rarement arrivé d'être lassé de faire répéter tel passage posant des difficultés. En fait, ma patience est presque inépuisable. Les choristes m'ont dit que j'avais « une main de fer dans un gant de velours », et je crois avoir obtenu de bons résultats. L'aspect social de ce travail m'a toutefois souvent pesé. Les absences aux pratiques m'agaçaient : en tant que chef, je devais toujours être présent, alors je m'attendais à ce qu'il en aille ainsi de chaque choriste. Mais j'ai fini par comprendre que, si la présence du chef est tenue pour acquise par tous, les choristes sont, eux, bien indulgents pour eux-mêmes à ce chapitre. Cela m'a un peu dérouté, mais j'ai dû faire preuve de tolérance. Je me suis aussi rendu compte que, dans un groupe, des inimitiés peuvent se développer à mon insu. C'est toujours avec grande surprise que j'apprenais que tel choriste ne voulait pas chanter à côté de tel autre, que tel choriste ne pouvait supporter la présence de tel autre, etc.

Louise

J'ai vécu chez mes parents jusqu'à l'âge de trente et un ans. Je sais qu'ils ont été parfois déçus de ce que je ne participais pas tellement aux échanges familiaux en relançant la conversation. Au cours des soupers, ma mère me posait des questions sur ma journée. Cela commençait doucement par une ou deux interrogations auxquelles je répondais comme toujours en peu de mots. Mes réponses ne devaient pas être suffisantes, puisque ma mère y allait aussitôt d'autres questions. Plus elle m'en posait, plus mes réponses tendaient vers des monosyllabes, ce qui l'incitait à poser encore d'autres questions qui me faisaient devenir de plus en plus hérissé. Je n'aimais pas être le centre d'intérêt, et je crois m'être souvent montré sec ou cassant pour que la conversation passe enfin à autre chose.

Cependant, un changement majeur est survenu dans ma vie. En 1988, j'ai rencontré Louise lors d'un cours sur le jardinage biologique. Elle aussi se mêlait peu aux autres participants; je l'ai remarquée alors qu'elle dégustait un curieux sandwich d'où débordaient d'étranges pousses végétales. Nous avons lié connaissance. Puis un jour, elle m'a invité chez elle. J'y suis allé, très intimidé. Louise m'a servi un repas végétarien constitué de plats et d'ingrédients dont je n'avais aucune idée. De façon espacée, nous nous sommes revus. Infirmière, elle était adepte non seulement du végétarisme mais aussi de la bicyclette (même en hiver) et du recyclage (chose rare à l'époque). Elle chantonnait souvent et, un jour, elle m'a étonné : « Ce que tu chantes là, c'est un organum de Léonin! » Léonin est un compositeur de la période gothique. Je n'en revenais pas! Combien de personnes à Montréal, même parmi les musiciens érudits, connaissent un air de Léonin?! Elle m'a dit qu'elle avait emprunté à la Phonothèque un disque de musique de cette époque qu'elle avait beaucoup aimé. C'était vraiment extraordinaire : Louise était une perle rare!

Lentement, nos rendez-vous se sont faits plus fréquents. Finalement, nous avons décidé de nous marier. Pourquoi les choses ont-elles cliqué cette fois ? Nous nous aimions, bien sûr, mais c'était toute une nouveauté pour moi que d'accepter une relation de ce type. J'avais un peu mûri, et le fait que nous nous soyons connus par le biais d'un intérêt commun a certainement joué un rôle positif, de même que l'absence de toute hâte dans le développement de notre relation. Comme Louise avait beaucoup souffert de problèmes familiaux, je pouvais sympathiser avec elle, ayant moi aussi vécu mon lot de difficultés. Nous avons cultivé une profonde complicité. Bien des gens nous disaient que nous nous ressemblions beaucoup, au point que Louise est quelquefois passée pour ma sœur.

Comme nous appréciions l'ambiance des monastères, nous sommes allés passer quelques jours à l'abbaye Saint-Benoît-du-Lac en février 1991. Louise logeait à la maison des dames à deux pas de l'abbaye, et moi, à l'hôtellerie du monastère. Nous nous rencontrions pour les offices et pour faire de longues promenades dans les environs. Cette dimension spirituelle a elle aussi été déterminante. Par souci de cohérence, il était d'emblée clair que je n'accepterais de partager ma vie avec une femme que dans le cadre d'un mariage, et d'un mariage religieux. Il était aussi clair qu'il n'était pas question de vivre un temps en union de fait, d'« essayer pour voir si ça marche ». Autrement, je n'aurais pas accepté : je n'aurais pas pu vivre dans un état contradictoire. Certains diront : « Voilà bien la rigidité des autistes ! » Pour moi, faire concorder convictions avec façon de vivre est une question d'honnêteté, et les autistes...

Mais la question ne s'est pas posée et, le 12 octobre, notre mariage a été célébré à l'église Saint-Marc. Un buffet de mets végétariens a suivi, et un violoneux que j'avais entendu jouer dans le métro est venu nous faire danser. L'idée qu'un mariage à l'église coûte cher est fausse : avec un peu d'imagination, ce peut être une belle célébration à un coût modeste. Ce qui coûte cher, ce sont les à-côtés d'ordre social qu'on est libre d'accepter ou non. Puis, j'ai rejoint Louise à notre appartement, en quittant le nid familial pour une nouvelle vie. Louise et moi avons choisi de nous marier religieusement, librement et en toute connaissance de cause. Ce choix était-il si socialement atypique? Même des gens qui le savaient insistaient pour désigner Louise comme ma *conjointe*, mon *amie* ou ma *copine*. Des collègues de travail de Louise me désignaient comme son *chum*, mot que je déteste et qui ressemble à un éternuement.

Pour la cérémonie du mariage, je désirais composer une pièce d'orgue qui y serait jouée. Ne connaissant pas l'orgue, j'ai pris contact avec Raynald Arseneault, organiste titulaire de Saint-Marc. Au fil des rencontres, il m'a expliqué l'instrument et ses ressources. Il m'y a donné libre accès pour que j'essaie mes idées sur l'orgue et, à la fin de l'été, ma pièce était terminée. J'ai donné la partition à Raynald, qui avait accepté de la jouer à notre mariage. Ce fut extrêmement émouvant de l'entendre durant la célébration! Après coup, Raynald m'a avoué qu'il avait songé à se désister. D'une durée de dix minutes, la pièce dépassait ce à quoi il s'était attendu. De plus, il m'a avoué avoir été déstabilisé par son langage et avoir eu beaucoup de difficulté à le cerner. Puis, il avait travaillé l'œuvre, et sa magie avait peu à peu opéré. Raynald en a donné une interprétation magnifique.

Nous avons fait notre voyage de noces dans Charlevoix, où nous avons gravi le mont du lac des Cygnes dans le parc des Grands-Jardins. Le paysage était fantasmagorique: un incendie de forêt avait brûlé une partie de ce parc l'année précédente, et la nature était en phase de reconstitution. La vue d'en haut offrait un panorama grandiose, et Louise m'y a chanté une chanson de Gilles Vigneault.

Musique d'ailleurs

À l'occasion, de petits incidents venaient me rappeler que composer de la musique autre que populaire pouvait passer pour une bizarrerie. En septembre 1993, Sylvie Lambert a donné *Psaume* en concert, une pièce pour violoncelle seul, et a reçu un *standing ovation*. Comme Sylvie ne savait pas la pièce par cœur, elle m'avait demandé de lui tourner les pages de la partition au concert. Pendant les applaudissements, elle m'a invité à saluer le public à ses côtés. Étonnée de ce fait, une dame m'a demandé pourquoi la violoncelliste avait fait saluer son tourneur de pages! Sylvie devait redonner *Psaume* à Trois-Rivières. La dame qui organisait le concert est venue la voir juste avant sa prestation, catastrophée et apeurée: «Cette pièce-là, c'est de la musique contemporaine! Il n'est pas question que vous jouiez ça ici!» Cette bonne personne qui venait de survivre à un cancer était convaincue de ne pas pouvoir traverser une nouvelle épreuve...

Une œuvre composée au cours de cette période me semble bien illustrer l'esprit Asperger. Terminée en 1989, *La légende du peuple des airs* (opus 13) est un opéra-ballet d'une heure où la danse et l'expression corporelle sont aussi importantes que le chant. J'ai écrit moi-même le livret, en lien organique avec la musique. L'histoire m'est venue en rêve, d'où son caractère surréaliste. Un garçon vit prisonnier de ses rêves, tellement que la nuit se trouve bloquée en son cours sans que ne revienne le jour. Il rêve de voler: rejetant les jeux de ses camarades, il les oblige à construire une machine volante. Mais, sous la force des événements et la guidance d'un Hibou dont il refusera longtemps l'aide, le garçon réalise que le vrai sens de son rêve n'était pas le désir de voler mais bien celui de chanter. Dès qu'il se met à chanter, le temps reprend son cours et le jour tant attendu se lève enfin... L'œuvre ne se résume pas à une fantasmagorie. Solitaire, le personnage principal est muet comme certains enfants autistes: ce n'est qu'à la toute fin qu'il découvre sa voix. Ce personnage n'est pas un adulte: c'est un enfant. Or justement, mes traits Aspergers étaient plus marqués à l'enfance et à l'adolescence. J'aimerais entendre cet opéra tant il doit être féerique, avec des voix d'enfants, un ensemble instrumental intégrant un synthétiseur et deux clarinettes couplées sur système d'écho. C'est de circonstance: je formule le rêve de le voir mis en scène et dansé par une de nos troupes de cirque.

L'idée de solitude, de marginalité hante une autre pièce. En 1990, j'ai été touché par les gravures dépouillées et stylisées de l'artiste amérindien Benjamin Chee Chee. Elles annonçaient le geste désespéré d'un artiste qui allait s'enlever la vie prématurément. J'ai donc composé une sorte de requiem à sa mémoire : *Gravures*, pour clarinette, clarinette alto et clarinette basse, toutes trois couplées sur un système électroacoustique traitant le son en écho, voix de femme, piano et percussions (opus 14). La voix féminine intervient en coulisse à trois moments : c'est la voix de la mère de l'artiste, qui avait abandonné son enfant en bas âge. *Gravures* se déroule en un climat onirique mais douloureux, comme une grande aspiration vers la lumière toujours contredite par la présence de la mort. Un de mes regrets est qu'à ce jour cette pièce qui m'est chère n'a pas été jouée.

De l'eau sur le pont

La période de ma vie autour de trente ans a donc été riche en nouveautés. Je me sentais comme un petit bateau sur une mer agitée et sous un ciel bleu. Je suis arrivé à garder le cap, mais de l'eau éclaboussait le pont ! Il m'arrivait d'avoir des crises de pleurs soudaines. De jour, je parvenais à bien fonctionner mais, en soirée, des pensées tourmentées m'envahissaient à mesure que l'obscurité tombait et se mettaient à tourner dans ma tête. Au moment du coucher, une de ces pensées me prenait d'assaut avec violence. Louise avait beau tenter de me raisonner, je me couchais toujours dans un état d'agitation mentale incompatible avec la venue du sommeil. Des épisodes de plus en plus graves d'insomnie m'ont assailli, me rendant irritable, nerveux et anxieux. C'était un terrible cercle vicieux. Mon expérience du secondaire m'avait rendu expert en dissimulation et dans l'art de prendre un masque de sérénité, mais en réalité, j'arrivais à peine à conserver mon équilibre intérieur. Alors, des symptômes physiques se sont manifestés.

En décembre 1996, j'ai dû consulter un dermatologue pour un eczéma persistant sur la main droite. Il m'a prescrit une crème à la cortisone qui a fait effet quelques jours. Puis, les cloques revenant, la surface affectée s'agrandissant, il m'a prescrit une crème plus forte. L'effet fut encore une fois temporaire ; le problème s'aggravait, avec des plaies ouvertes au sang et de l'infection. Le médecin m'a prescrit des antibiotiques et une autre crème, en disant que si elle ne fonctionnait pas, il ne pourrait rien faire de plus pour moi. L'infection est disparue mais pas l'eczéma. J'ai obtenu les coordonnées d'une médecin recourant au besoin, sans le publiciser, à des pratiques alternatives. Ma «sorcière» m'a prescrit des médicaments homéopathiques. C'est avec le plus grand scepticisme que j'ai suivi ce traitement. Pourtant, en moins de quatre jours, les cloques avaient disparu et, après dix jours, il ne restait plus aucune trace d'eczéma.

Mes allergies respiratoires s'étaient transformées. Au lieu de souffrir de crises d'éternuements, j'étouffais la nuit. Je toussais jusqu'à transpirer et à avoir envie de vomir. J'ai enduré cela longtemps, même si mon insomnie en était aggravée. Les cauchemars devenaient de plus en plus fréquents, et je me sentais effrayé le soir venu à la simple idée d'aller me coucher. En février 1997, j'ai consulté mon médecin en l'informant pour la première fois de ces problèmes. Il diagnostiqua de l'asthme et me prescrivit des médicaments appropriés. Il diagnostiqua aussi mon état général comme étant de l'anxiété contextuelle et me prescrivit des somnifères. Le sommeil s'est amélioré, mais mon état demeurait précaire. Mon médecin n'a cependant pas diagnostiqué de dépression. Mais je ne lui disais pas tout, passant sous silence les pensées suicidaires qui m'effleuraient l'esprit à l'occasion. Un scénario se répétait : au secondaire, je n'avais pas non plus parlé à mes parents des abus que je subissais. Ce n'est pas que je voulais paraître invulnérable, c'est plutôt que cet aspect de mon monde intérieur était comme barré, enfermé en moi, incommunicable. J'ai finalement demandé à être vu par un psychiatre. Ce dernier confirma le diagnostic d'anxiété contextuelle et me rassura sur le fait que je ne pouvais pas être considéré comme en dépression. Si je ne l'étais pas, je n'ose imaginer l'extrême souffrance d'une vraie dépression !

Ma situation de contractuel me pesant de plus en plus, j'ai jonglé avec l'idée de me réorienter et de refaire des études en audiologie. En 1994, j'avais rencontré Raymond Hétu à ce sujet, qui enseignait à l'Université de Montréal. Audiologiste réputé, il était aussi artiste photographe. Peu après, j'ai appris avec stupeur qu'il venait de périr dans un accident d'automobile en revenant d'une de ses expositions. Je n'ai pas donné suite à mon idée de me réorienter. L'idée de quitter la musique allait toutefois me traverser à nouveau l'esprit en plusieurs occasions au cours des années à venir.

Je n'en avais pas encore vraiment conscience, mais mes prestations publiques me causaient un stress gigantesque. Perfectionniste à l'excès, je ne savais pas où poser mes limites et, en fait, je n'avais même pas conscience qu'il soit possible d'avoir des limites en la matière. À l'université, j'étais souriant et d'humeur égale. Un jour, une professeure me croisa dans le corridor. Je me sentais très fatigué, mais mon masque était parfait et rien ne paraissait. En me voyant, elle me dit: «Antoine, tu es comme un ange», en ajoutant que mon exemple lui donnait de l'énergie dans ses moments de fatigue! Session après session, les étudiants évaluaient mes cours avec d'excellentes notes et des commentaires élogieux. Bien sûr, quelques-uns n'aimaient pas les cours: les remarques de ces étudiants me cachaient les compliments pourtant bien plus nombreux que je recevais. Après ma journée d'enseignement, je revenais en métro. Mon masque restait en place jusqu'à ce que je sorte de la station et que je marche les deux coins de rues jusqu'à la maison. Durant ce court parcours, je me sentais de plus en plus lourd et épuisé à chaque pas, et j'arrivais chez moi vidé, abattu. J'ai continué ainsi pendant des années, sans me rendre compte à quel point la situation pouvait être dangereuse.

Les relations interpersonnelles forment un monde difficile pour les autistes, un monde qui est source de stress social. Certaines de mes pièces le reflètent assurément, comme *Perceneige*[1] (opus 29; 2000) ou *Roseaux* (opus 38; 2006-08), pour cor anglais et orchestre de chambre (cordes et piano). Cette dernière œuvre, inquiète et instable, reflète ma confrontation d'alors avec l'univers des troubles mentaux, surtout dans son second mouvement. Celui-ci débute par une mélopée incantatoire pour se transformer en une danse de tempo modéré, le seul épisode avec une métrique stable. À la fin de cette danse, la note mi devient de plus en plus insistante, martelée par le piano. Au son de cette cloche anxieuse, les cordes créent un nuage harmonique sans hauteurs déterminées sur lequel se superpose une phrase paradoxalement calme du cor anglais. Mais le nuage est agité de spasmes, et les cordes descendent lentement en glissandos : une longue descente vers le registre grave. Sans qu'une note se fixe, la musique s'éteint, comme menée vers le néant. J'avoue que ce passage m'effraie, mais j'aime cette œuvre en laquelle d'autres personnes pourraient peut-être se retrouver...

Note

1. Le 15 février 2009, *Perce-neige* a été présentée en première par le Prince Edward Island Symphony Orchestra, sous la direction de James Mark. Le public l'a très bien accueillie et la presse l'a décrite comme une «musique sensuelle» (*sensual music*), ce que j'ai trouvé plutôt drôle. Avant le concert, on m'a demandé de participer à une table ronde. J'étais très intimidé puisque je maîtrisais mal l'anglais parlé. Je m'en suis tout de même bien tiré, car les gens ont été des plus gentils avec moi. Ce séjour m'a donné l'occasion de confronter ma peur bleue de l'avion, d'autant plus que, juste avant mon départ de Montréal, un appareil venait de s'écraser à Buffalo...

LE MONDE ASPERGER (VI)
NOTRE HISTOIRE

Notre histoire

À la suite de mon diagnostic, j'ai réalisé que nous, Aspergers, avions une histoire! Des parcelles en sont connues, mais cette histoire reste à écrire. Ce sera une tâche ardue puisque les critères diagnostics n'ayant été établis qu'à une époque récente, il est hasardeux de faire de la rétrospective historique. Le récit de notre histoire sera douloureux par moments. Avant les travaux du docteur Asperger, nous avons été nommés «idiots savants», puis déclarés atteints de «psychose infantile». Il est probable que plusieurs Aspergers des siècles passés ont connu l'internement et ses conditions de vie lamentables autant qu'inappropriées. Peut-être aurais-je moi-même connu ce sort si j'avais vécu au XIXᵉ siècle. De fait, le plus ancien cas d'autisme reconnu comme tel vient de l'Hôpital de Bethlem, l'asile d'aliénés mentaux de Londres, et a été décrit en 1799 par l'apothicaire de l'institution. Il s'agit d'un garçon de cinq ans qui y a été interné. Pourquoi? Parce qu'il ne jouait jamais avec d'autres enfants et ne s'y attachait pas. Au contraire, il jouait tout seul avec des soldats de plomb et semblait très absorbé par ce jeu[1]. Voilà en effet une raison sérieuse justifiant d'enfermer un enfant!

Ce cas est considéré dans la littérature comme la preuve incontestée du fait que l'autisme existe depuis longtemps. En réalité, les autistes existent depuis plus longtemps encore, et les Aspergers ont été bien acceptés dans certaines cultures. En Russie, le phénomène du *yourodstvo* est documenté depuis le XVᵉ siècle. C'est le fait de gens hors de l'ordinaire, les *yourodivy*, terme dont le sens semble mal rendu par les traductions en français : innocent, bienheureux ou fou de Dieu. Homme ou femme, le *yourodivy* est un individu qui, passant pour un idiot, dénonce de façon assidue le mal et l'injustice. Il possède le don de voir et d'entendre ce qui est caché aux autres, et révèle ses visions sous des formes souvent paradoxales, un peu comme il en va pour les paraboles de l'Évangile. Son excentricité était acceptée. Le pouvoir lui-même lui accordait un droit de critique et le respectait, chose rarissime alors. Le tsar comme le peuple écoutaient attentivement ses paroles étranges. Il arrivait au *yourodivy* de transgresser les lois, mais on ne lui en tenait pas rigueur puisqu'il faisait preuve d'une totale intégrité morale. Certains s'imposaient des restrictions sévères : modes et luxes ne figuraient pas dans leur vie. Le prestige n'était pas une fin pour le *yourodivy* et il n'avait d'ailleurs pas d'ambitions sociales. C'était un individualiste qui ne proposait pas de programme politique et ne cherchait pas à former de mouvements collectifs[2]. Ces personnes appartiennent à la culture russe et sont liées à l'univers religieux. Néanmoins, elles correspondent en plusieurs points au portrait typique de l'Asperger. Les traits autistiques des Innocents russes ont été mis en lumière pour la première fois en 1974, par Natalia Challis et l'historien Horace W. Dewey, et de façon « convaincante » selon Uta Frith[3].

Madame Frith retrace un phénomène similaire chez les mystiques occidentaux, notamment chez certains compagnons de saint François d'Assise[4]. Cela ferait remonter la présence documentée de personnes autistes à aussi loin que l'an 1200. Uta Frith laisse même entendre que plusieurs prophètes bibliques étaient autistes, qu'ils avaient des « comportements excentriques et irrationnels », un « langage inhabituel », une « vie en marge de la société », « une candeur et une indifférence totales à l'égard des conventions sociales », le tout « embelli par la légende », croit-elle ! La pratique clinique semble indiquer que plusieurs Aspergers sont attirés par le religieux et la spiritualité. C'est mon cas. Ces observations laissent entrevoir que les autistes sont là depuis les débuts de l'humanité.

Les Innocents russes étaient ainsi par nature. Mais à partir du XVIIIe siècle, des gens instruits, des intellectuels, des artistes se sont faits *youridivy* pour pouvoir critiquer la société à leur tour, en toute liberté[5]. Voilà un cas unique dans les annales Aspergers : le mimétisme délibéré de notre profil par des personnes normales ! Les vrais *yourodivy* ont malheureusement été pris au dépourvu par cette imposture qui marqua le début d'un désintérêt général envers le phénomène *yourodstvo*. Des usurpateurs bien intentionnés ont ainsi provoqué le déclin de la reconnaissance à l'égard des *yourodivy*. Dommage pour nous.

Cependant, ce type de personne se rencontre encore dans la littérature russe du XIXe siècle. Le meilleur exemple vient du roman *L'idiot* (1869), de Fédor Dostoïevski, avec son personnage principal, le Prince Mychkine. Dans une lettre, l'écrivain russe parle ainsi du récit en gestation :

> « Une idée me tourmentait depuis longtemps, mais je craignais d'en tirer un roman parce que l'idée est trop difficile et que je n'y suis pas bien préparé, même si cette idée est tout à fait séduisante et que je l'aime. Cette idée consiste à représenter un homme totalement beau. Rien n'est plus difficile, surtout à notre époque. »

Il écrira aussi à sa nièce : « Il n'y a qu'une seule personne positivement belle, c'est le Christ. » Dans ses esquisses, Dostoïevski va plus loin : « Le Prince Mychkine, c'est le Christ. » Les commentateurs ont donc donné depuis une interprétation théologique du roman. Cependant, le Prince est un Christ bien curieux. Il n'enseigne pas, ne fait pas de miracles et, lorsqu'on lui pose la question, il n'arrive même pas à dire s'il croit vraiment en Dieu. Alors que Jésus remettait les péchés, le Prince Mychkine agit tout au plus, et encore d'une façon passive, comme une sorte de révélateur : à son contact, les gens prennent conscience de leurs fautes et de leurs limites. Bien qu'il éprouve de la compassion pour les autres et de la curiosité pour leur âme, le Prince a un comportement affectif erratique. Il ne semble même pas œuvrer pour le bien. Alors, est-il le Christ ? Dostoïevski porta un jugement dur sur son roman : « J'en suis mécontent. Il n'exprime pas la dixième partie de ce que je voulais exprimer. Cependant, je ne le désavoue pas et je garde de l'amour pour mon idée avortée[6]. »

Si on délaisse cette interprétation théologique, on constate que le Prince, faute d'être le Christ, est un Asperger! Évidemment, il s'agit d'une création littéraire, mais l'écrivain s'est inspiré d'un type de personne auquel la culture russe était sensible et qui rejoint le *yourodivy*. À la lecture du roman, non seulement j'ai remarqué les traits Aspergers du Prince, mais je me suis reconnu dans plusieurs de ses attitudes.

Le Prince Mychkine

Le roman débute alors que le Prince Lev Nikolaïévitch Mychkine est âgé de « 26 à 27 ans ». Cette période èst difficile pour lui; dans ma propre vie, la vingtaine a été particulièrement inconfortable, et c'est le cas pour plusieurs Aspergers. Le Prince est dans le train en route pour Saint-Pétersbourg. Il revient d'un séjour de quatre ans en Suisse, où il est allé soigner auprès d'un médecin spécialiste son épilepsie et son « idiotie ». Lui-même se dit idiot et, en parlant de sa préadolescence, il précisera qu'il était alors « complètement idiot »! Ses manières d'être feront que les autres personnages du roman lui donneront à leur tour ce qualificatif.

De ses souvenirs de voyage en train depuis la Russie vers la Suisse, il raconte: «Je regardais tout sans mot dire (…). Je me souviens de la tristesse intolérable qui m'envahissait; j'avais envie de pleurer; tout m'étonnait et m'inquiétait. Ce qui m'oppressait affreusement, c'était la sensation que tout m'était étranger.» Arrivé en Suisse, le Prince a changé d'état d'esprit non en rencontrant des gens, mais en entendant un âne braire! «Cet âne me fit une profonde impression et, je ne sais pourquoi, un plaisir extrême.» Il s'est alors intéressé aux ânes, découvrant qu'ils sont «utiles, laborieux, robustes, patients, peu coûteux et endurants. À travers cet animal, ma sympathie alla à la Suisse tout entière, de sorte que ma mélancolie se dissipa complètement.» Tous rirent de lui lorsqu'il raconta cette anecdote. En Suisse, c'est surtout avec les enfants qu'il s'était lié, même si ceux-ci se moquaient de lui au début. Il s'est pris d'affection pour une jeune femme malade, rejetée par tous les villageois à cause d'une affaire de mœurs : il a alors montré, sans revendiquer quoi que ce soit, son profond sens de la justice. Seul avec les enfants, il sera aux côtés de Marie lorsqu'elle mourra. Autrement, il ne s'est lié à aucun adulte « normal » pendant ces années.

Dans le roman, très peu est dit sur sa famille, comme s'il n'en avait pas. Ayant vécu quatre ans hors de Russie, il constate qu'il connaît peu l'âme russe. Lorsqu'il l'examine, il l'idéalise sans arriver à s'identifier à un groupe humain concret. À son retour en Russie, le Prince est perçu comme un homme doux et extrêmement naïf. Comme il a touché un important héritage, plusieurs personnes tentent de lui soutirer de l'argent, mais il réussit à déjouer une tentative de fraude : les coupables se vengeront en publiant dans un journal un violent article diffamatoire contre lui. Le Prince croit en la bonté des gens même si de nombreuses expériences personnelles auraient dû le détromper : il trouve toujours des excuses à tous. Bon public, il attire à lui les confidences et indiscrétions de tout un chacun.

Si certains pensent que son idiotie est une sorte de ruse, c'est parce qu'en fait le Prince a un haut niveau d'intelligence ; il fait preuve d'intérêts particuliers, comme la calligraphie ancienne, dont il connaît toutes les nuances. Mais il est d'une extrême maladresse en société. Tous remarquent son curieux parler, les expressions insolites qu'il utilise et sa tendance à prendre les expressions des autres au pied de la lettre. Au cours d'une soirée réunissant plusieurs personnes dans un salon, il est « complètement seul dans un coin et enchanté de l'être ». Mais, lorsqu'un sujet l'intéresse, il peut soudainement devenir intarissable. Il parle et parle, jusqu'à devenir très anxieux. Le Prince est conscient de sa maladresse sociale :

« Je sais que je suis ridicule quand j'aborde certains sujets. Je suis dans ma vingt-septième année et je me rends compte cependant que je me conduis comme un enfant (...). Je crains toujours que mon air ridicule ne compromette ma pensée et ne discrédite mon idée principale. Je n'ai pas le geste heureux. Les gestes que je fais sont toujours à contretemps, ce qui provoque les rires et avilit mon idée (...). Aussi, je sais que le mieux que je

217

puisse faire, c'est de rester coi et de me taire. Quand je me tiens tranquille et garde le silence, je parais même raisonnable. »

Combien de fois ai-je eu exactement les mêmes sentiments et éprouvé la tristesse de paraître si maladroit alors que je voulais dire quelque chose d'important !

Le Prince recherche la présence et l'amitié de gens dotés d'un bon sens de l'humour, mais sans bien discerner les véritables intentions de ceux-ci, ce qui provoquera un drame avec Rogojine. Le regard des autres a sur lui un pouvoir très spécial. C'est en contemplant les yeux du portrait de Nastassia que s'amorce le drame au début du roman. À plusieurs reprises, lorsqu'il marche dans la ville, il sent des yeux : « Il crut soudainement distinguer dans la foule une paire d'yeux incandescents qui le dévisageaient étrangement. Il chercha d'où venait ce regard, mais ne distingua plus rien. » Même pour lui, ses sentiments sont confus et indéchiffrables ainsi qu'il en allait dans ma propre vingtaine : les sentiments comme terre inconnue.

Le roman se termine alors que le Prince est retourné dans l'état où il se trouvait avant son séjour en Suisse : le « malheureux idiot » sera replacé dans l'établissement suisse. Venu de la folie, il y est retourné. En fait, soumis à un stress social intense, le Prince est arrivé au point où il n'a plus été capable de le gérer. Il a alors décompensé. Peut-être l'histoire se serait-elle terminée autrement si le Prince avait vécu aujourd'hui… Oui, je sais, c'est un personnage de roman mais, pour moi autiste, il est vrai[7] !

Présence des autistes dans l'imaginaire

Outre le Prince Mychkine, les exemples de personnages fictifs autistes sont nombreux, allant de Sherlock Holmes à Monsieur Spock de *Star Trek*[8]. Don Quichotte commence ses aventures après avoir pris à la lettre des récits de chevalerie. Le personnage de Lisbeth Salander dans la trilogie *Millénium* de Stieg Larsson est une Asperger perturbée par la maltraitance subie dans sa jeunesse. Même l'ambiguïté de son identité sexuelle illustre un aspect de la condition Asperger. La chose devient presque explicite lorsque, étonné par les déductions de Lisbeth, son comparse, le journaliste Mikael Blomkvist, a ces pensées : « Le syndrome d'Asperger. Ou quelque chose comme ça. Un talent pour voir les schémas et comprendre des raisonnements abstraits là où les autres ne voient que le plus complet désordre[9]. » Le personnage de Max du film d'animation *Mary & Max* de Adam Elliot (2009) est, lui, explicitement Asperger. Constatant cette présence, Uta Frith en tire une conclusion intéressante : « Des thèmes très variés ont été bâtis – et continuent de l'être – autour de l'autisme. Ils prouvent que les différentes facettes de ces troubles ne concernent pas seulement ceux qui les rencontrent personnellement, mais font partie de la conscience collective[10]. »

Un mythe moderne se rattacherait au monde autiste : celui des robots. C'est à nouveau Uta Frith qui a relevé la chose : « Le thème de l'automate intelligent mais sans âme a donné lieu à quelques-uns des mythes modernes les plus puissants. J'ai la conviction que l'existence de l'autisme a énormément contribué à ce thème[11]. » Certaines personnes semblent en effet nous percevoir comme des automates plus que comme des humains. Lorsqu'un autiste est passé à une émission de télévision, ma sœur m'a dit qu'il ressemblait vraiment à un robot (il était surtout intimidé d'être en direct). Le fait que beaucoup d'autistes excellent en informatique renforce cette impression. Des auteurs formulent les critères du syndrome d'Asperger d'une manière évoquant les robots : langage formel, intonations étranges, voix inhabituelle, usage limité des gestes, langage corporel gauche ou maladroit, regard fixe, etc.[12]. Cette « ressemblance » ne doit pas occulter le fait que les autistes ont une dimension émotionnelle aussi intense que les neurotypiques, même s'ils la vivent différemment. Mais nous voir comme des robots fascine et trouble à la fois. « Bien que les machines intelligentes possèdent un grand nombre de qualités humaines, il leur manque une humanité fondamentale et insaisissable », écrit Uta Frith, qui ajoute :

> « La métaphore du robot reproduit symboliquement la coexistence de deux versants contrastés chez les individus autistiques : leurs capacités physiques et intellectuelles d'une

part, et leur insuffisance affective d'autre part, que l'on perçoit à travers leurs relations personnelles. Mais le mythe rend ce contraste particulier étonnamment constructif. En effet, à travers lui, c'est le détachement affectif lui-même qui est vu comme un atout et même comme quelque chose d'attrayant. La frontière qui sépare l'homme de la machine est donc plus que jamais insaisissable[13]. »

Les autistes sont donc présents depuis longtemps dans l'humanité et sa conscience collective.

La folie des génies ?

Néanmoins, nous ne sommes pas des machines! Si le docteur Asperger parlait de «psychopathie», il faut considérer la suite éclairée de ses propos. Asperger est le premier à avoir parlé de l'*intelligence autistique*. «Selon lui, l'intelligence autistique a ses caractéristiques propres, opposées à celles de l'intelligence et du savoir-faire conventionnels. En fait, il pensait même que ce type d'intelligence était un ingrédient indispensable à toute grande création artistique ou scientifique[14].» Asperger ne voyait donc pas l'autisme comme une déficience intellectuelle: les recherches subséquentes allaient d'ailleurs lui donner raison. Le fait de parler en son temps d'une autre forme d'intelligence était franchement avant-gardiste, de même que lier l'autisme avec l'art et la science! Et pourtant...

«On lit partout ce que les autistes ne font pas, mais jamais on ne lit ce qu'ils font», déplore Brigitte Harrisson[15]. Rompant avec cette tendance, le livre de Norm Ledgin, *Syndrome d'Asperger: ces autistes qui changent le monde*[16], met en valeur les forces des Aspergers, sans taire leurs difficultés. Le syndrome d'Asperger y est vu comme «la folie des génies». L'auteur propose treize grandes personnalités comme modèles d'inspiration pour les jeunes Aspergers, des modèles réconfortants, valorisants, stimulants. Ces personnalités n'ont pas été diagnostiquées de leur vivant mais, selon l'auteur, elles répondent à suffisamment de critères pour suggérer qu'elles étaient Aspergers. Parmi elles se trouvent plusieurs musiciens: les compositeurs Wolfgang Amadeus Mozart et Béla Bartók[17], l'acteur et chanteur Paul

Robeson, interprète des *Negro Spirituals*, le pianiste Oscar Levant, lié aux comédies musicales de Broadway, le pianiste canadien Glenn Gould[18] et le violoniste John Hartford. Ledgin inclut aussi l'acteur, réalisateur et producteur cinématographique Orson Welles, qui a révolutionné le cinéma avec *Citizen Kane*. Des scientifiques qui ont marqué profondément leurs disciplines font partie du groupe : Charles Darwin, Gregor Mendel, Marie Curie (deux fois Prix Nobel), Albert Einstein et l'astrophysicien Carl Sagan. Finalement, un politicien de grande envergure : Thomas Jefferson.

Ils ne sont pas dans ce livre, mais j'ai lu ailleurs que d'autres personnages marquants sont soupçonnés d'avoir été ou d'être Aspergers, dont Michel-Ange, Vincent Van Gogh et Bill Gates. Si je mets mon chapeau d'historien de la musique et considère certains critères Aspergers, d'autres noms me viennent aussitôt à l'esprit[19]. On ne saura jamais si ces gens étaient Aspergers, mais il existe des indices en faveur de cette hypothèse. Si tous l'étaient, on peut se demander ce que serait le monde sans la pensée Asperger... En passant, le Prince Mychkine était trop humain pour être le Christ, « vrai Dieu et vrai homme ». Mais comme homme, Jésus présentait de nombreux traits Aspergers !

Ledgin constate que plusieurs Aspergers se sont intéressés à la fois à la musique et à la science, comme moi, et que plusieurs ont tendance à être ambidextres. Mais le rayonnement des Aspergers est surtout d'ordre éthique. Tony Attwood notait parmi leurs qualités le fait d'être des « héros sociaux méconnus ». D'une part, ils valorisent l'honnêteté, la franchise, la transparence, la justice, la compassion et ont du dégoût pour la manipulation de l'autre. D'autre part, ils aiment s'occuper des gens présentant un développement atypique. Troisième président des États-Unis, Thomas Jefferson (1743-1826) fait partie de la liste des Aspergers de Ledgin, de façon d'autant plus convaincante que non seulement il en rencontre presque tous les critères, mais que sa sœur Élizabeth aussi correspond à ce portrait, de même que son frère jumeau. Pauvres parents, diront certains ! Jefferson considérait que ses meilleures contributions avaient été la Déclaration d'indépendance des

États-Unis (qu'il a rédigée en 1776), la création de l'Université de Virginie et son texte fondamental sur la liberté de religion. Sa bonté faisait l'unanimité, tout autant que son excentricité, qui était de notoriété publique. Politicien atypique qui parlait très peu mais écrivait beaucoup, il s'intéressait aussi au droit, aux langues, à l'agriculture, aux sciences naturelles et à l'architecture. Libéral, tenant d'un idéalisme humanitaire, Jefferson faisait la promotion d'un gouvernement décentralisé et s'opposait à l'esclavagisme, qu'il a cherché à abolir. Sur ce dernier point, il était en avance non seulement sur son époque mais sur lui-même, puisque des esclaves travaillaient dans la plantation familiale ! On ne peut tout changer d'un seul coup.

Jefferson a exercé une grande influence sur le philosophe Henry David Thoreau, autre excellent candidat au titre d'Asperger émérite. Étiquetée comme «transcendantaliste», sa philosophie pourrait constituer une véritable charte éthique d'un monde Asperger. Thoreau était un ascète : il a vécu en solitaire deux ans au bord d'un marais, expérience qui lui inspirera son livre classique *Walden ou la vie dans les bois* (1854). Sa pensée est individualiste, ou plus justement *personnaliste,* parce qu'elle se fonde sur la compassion et prône (déjà) la simplicité volontaire. Spirituelle, elle traduit un immense respect pour la nature. Cette philosophie est radicalement pacifiste : Thoreau s'est désolidarisé du gouvernement de son pays en refusant de payer un impôt spécial pour financer la guerre contre le Mexique. Après avoir purgé la peine de prison qui lui avait été imposée pour ce «crime», il a écrit l'essai *Sur la désobéissance civile* (1849), livre phare qui aura une influence déterminante sur Gandhi et bien d'autres jusqu'à nous. Il a de nouveau défié l'opinion publique et les politiciens en prenant la défense de John Brown, un militant anti-esclavagiste qui fut pendu comme «terroriste».

Ces Aspergers, et les autres moins connus, ont réalisé ce qu'ils ont réalisé non pas *malgré* leur condition, mais bien *grâce* à elle. Seule la pensée autiste pouvait mener à de telles réalisations : c'est ça, une *autre intelligence.* Si ces gens avaient été «guéris» de leur autisme à l'enfance, ils n'auraient pas pu faire leurs contributions à l'humanité. En effet, qui donc à part un Asperger pouvait se passionner, comme Mendel, au XIXe siècle, dans un obscur monastère, pour des petits pois à la surface lisse ou à la surface ridée ?! Et pourtant, c'est cette passion qui l'a mené à formuler les premières lois de l'hérédité et à paver la voie au génie génétique d'aujourd'hui. Malgré ses fragilités, la pensée autiste est précieuse et devrait être considérée comme telle.

Décidément, un monde Asperger ne serait pas un monde de robots ! L'art y trouverait sa place.

L'autiste créatif

Associer l'autisme à la créativité, et même à la créativité géniale, peut sembler audacieux parce que cela va à l'encontre du préjugé selon lequel les autistes ne se livrent qu'à des activités routinières et répétitives. Ce trait se remarque surtout chez les enfants, et je pense que ces comportements sont en bonne partie des réflexes de protection face à une anxiété qui n'est pas encore apprivoisée. Mais ces enfants grandissent et peuvent apprendre à gérer leur anxiété. À partir de là, si les conditions leur sont favorables, ils peuvent se révéler évolutifs et créatifs. Si je regarde ma musique, j'y observe une évolution très marquée au fil du temps, et une capacité à se développer, à se renouveler en intégrant constamment de nouveaux éléments, tout en conservant son identité propre. Un musicien qui s'est amusé à comparer mes premières pièces avec les plus récentes m'a fait part de son grand étonnement quant à cette dimension évolutive : « On dirait presque que ce n'est pas le même compositeur qui les a écrites. » Et pourtant, oui.

D'autres personnes laissent entendre que les autistes n'ont pas d'imaginaire. Un article affirme : «Quel que soit leur niveau de fonctionnement, l'absence ou la grande pauvreté d'imagination ne facilite pas la vie des personnes TED. En l'absence d'imaginaire, elles se voient forcées de se réfugier dans une routine rigide mais sécurisante, dans un univers prévisible autant qu'artificiel. » Mais le même article parle de Donna Williams, une auteure australienne de best-sellers et artiste pluridisciplinaire diagnostiquée autiste[20] ! Ailleurs, un court article résumant des idées émises lors d'une table ronde de la Journée internationale de sensibilisation à l'autisme soutient que l'intelligence autiste «est une intelligence qui peut très souvent être tournée vers l'académique[21]». La chose n'est pas clairement définie. Veut-on dire que plusieurs autistes feront des études supérieures, ou que leur mode de pensée est livresque, plus imitatif que créatif? Si on considère les artistes suspectés d'avoir été Aspergers, l'épithète «académique» ne colle vraiment pas. Glenn Gould était tout sauf un pianiste conformiste, pour ne parler que de ce seul cas.

En 2009, le peintre et sculpteur manitobain Ryan Smoluk a été retenu pour le Prix Never Quit de la fondation Toyota, décerné à des résidents des Prairies qui ont fait preuve de persévérance et de volonté pour surmonter des défis et des revers personnels. Ryan Smoluk est autiste, et ses contributions à la sensibilisation à l'autisme lui ont aussi mérité un prix du lieutenant-gouverneur du Manitoba[22]. Folie douce, l'autisme est une condition compatible avec la créativité. À mesure que les personnes autistes sortent du placard et que leurs contributions sont portées à l'attention du public, il devient manifeste qu'elles sont aussi créatives et imaginatives que les neurotypiques, qu'elles peuvent s'illustrer dans de nombreux domaines, depuis la recherche scientifique jusqu'à la création artistique. Le reste relève de la capacité d'accueil des autres.

Sisyphe entre optimisme et tristesse

Sigmund Freud aimait interpréter la psychologie humaine en se référant aux mythes de l'antiquité grecque. Dans ces récits, il se trouve un personnage se rapprochant de la condition autistique: Sisyphe, le fondateur légendaire de la ville de Corinthe. Condamné aux Enfers, Sisyphe devait faire rouler éternellement un lourd rocher sur une pente. Parvenu au sommet, le rocher retombait au bas de la pente, et Sisyphe devait recommencer son travail sans fin. Comme ce personnage, les autistes répètent souvent des tâches. Comme lui, les autistes ont souvent l'impression de devoir recommencer à zéro.

Mais qu'avait donc fait Sisyphe pour être condamné à ce travail absurde? Sur les raisons du châtiment de Sisyphe, les versions diffèrent. Dans l'une d'elles, Sisyphe avait enchaîné Thanatos (la Mort), venu l'accompagner aux Enfers. Dans une autre, il avait déjoué Hadès, le gardien de la Mort, pour revenir à la vie. Dans une troisième, il avait osé dénoncer Zeus pour ses fornications adultères. Dans tous ces cas, qu'il a donc bien fait de botter le derrière de ces vauriens ! Mais puisque les versions diffèrent, c'est comme si Sisyphe avait été condamné sans raison valable : sa différence avait suffi pour qu'il soit ciblé. Dans le domaine de l'autisme aussi, les causes sont nébuleuses. De plus, la différence des autistes suffit souvent à les faire abuser par les autres. L'histoire de Sisyphe est donc celle de la condamnation de l'être différent par les forces de la majorité.

Sisyphe recommence sa tâche avec un optimisme toujours intact. Mais peut-il être heureux, totalement heureux, lorsque les gardiens de la Mort l'obligent à toujours recommencer ? Peut-être Sisyphe entrevoit-il que sa persévérance lassera la cruauté futile de ses tortionnaires ? Peut-être espère-t-il que les témoins de cette condamnation abusive se lèveront pour dire aux bourreaux que cela suffit ? Les personnalités citées par Ledgin ont apporté des contributions marquantes. Pourtant, plusieurs d'entre elles ont éprouvé de réelles difficultés professionnelles et ont vécu à couteaux tirés avec le milieu dans lequel elles œuvraient. Est-ce dû à leur non-conformisme, à leurs idées nouvelles ? Est-ce dû à leur caractère entier, à leurs hauts idéaux moraux ? À la combinaison de ces raisons ? Les autistes sont des excentriques, souvent des outsiders : involontairement, ils peuvent donc déranger. La « rigidité d'esprit » qui nous est quelquefois attribuée ne nous est pas exclusive : le monde neurotypique peut lui aussi être fortement normatif, conventionnel et rigide. Marie Curie a reçu une lettre des États-Unis lui demandant si elle avait l'intention de faire breveter ses découvertes. Le traitement des tumeurs malignes par la radiation étant vu comme un outil médical révolutionnaire, il y avait là un enjeu considérable. Après réflexion et discussion avec son mari Pierre, Marie a répondu qu'il était impossible de garder les droits parce que ce serait « contraire à l'esprit scientifique ». Cette position admirable en faveur de la vérité, typiquement Asperger, a fait que les Curie sont demeurés pauvres et n'ont pas profité de la manne qui s'offrait à eux.

Avec le Prince Mychkine, Dostoïevski a touché du doigt cette tristesse particulière pouvant habiter les Aspergers. Ce Prince garde ses distances avec les célébrations collectives, alors que l'être humain est réputé être un animal social. Faute de bien savoir se vendre, son expertise en calligraphie n'est pas reconnue à sa juste valeur. Il est la personne à qui on ne pense pas, celle qu'on oublie, un homme invisible considéré comme un étranger même par son entourage, ou encore la personne qu'on abuse. Paradoxalement, la simple présence de cet « homme invisible » est un puissant facteur d'évolution, positive ou négative, pour les autres. Au contact du Prince, aucun personnage ne demeurera tel qu'il était au début du roman. Tout cela mis ensemble concourt à cette sorte de tristesse diffuse qu'un Asperger ressent souvent et que souligne Juanita P. Lovett[23]. Le physicien Albert Einstein ne savait pas qu'il était Asperger, mais son inclusion dans le livre de Ledgin est justifiée. Épris de justice sociale et fervent pacifiste, il se sentait néanmoins seul et portait une mélancolie dont il était conscient. Ce fond de tristesse Asperger, il l'a décrit en 1931, à cinquante-deux ans, dans son essai *Comment je vois le monde* :

> « Mon sens passionné de la justice et de la responsabilité sociales a toujours étrangement contrasté avec l'absence prononcée du désir d'entrer en contact direct avec d'autres êtres et d'autres ensembles humains. Je suis en vérité un « voyageur solitaire » et n'ai jamais eu le sentiment d'appartenir de tout mon cœur à un pays, à un foyer, à des amis ou même à ma famille immédiate : vis-à-vis de tous ces attachements, j'ai toujours ressenti une certaine distance, un besoin de solitude[24]. »

Je me retrouve dans ces phrases qui collent bien à la psychologie Asperger. Ma quête musicale est celle d'un « voyageur solitaire ». C'est pourquoi il m'est impossible de définir ma musique en fonction d'un mouvement, d'un courant ou d'une esthétique autre que la mienne. Cela ne signifie pas qu'elle ne peut émouvoir autrui, pas plus que les travaux de Einstein n'ont eu de validité que pour lui seul.

Alors, est-il possible d'être un Asperger heureux ? Totalement heureux ? Je ne le sais pas ; je ne le crois pas. Peut-être que ce fond de tristesse vient tout simplement de ce que nous ne sommes pas assez nombreux. Reste que la recherche du bonheur personnel ne semble pas représenter pour un Asperger le sens premier de l'existence.

Tous les Aspergers ne sont évidemment pas des génies. Par contre, il devrait être possible pour chacun d'eux de s'épanouir.

Notes

1. Frith, U. (1992). *L'énigme de l'autisme*. Paris : Éditions Odile Jacob, p. 41.
2. Volkov, S. (1980). Introduction de *Témoignage. Les mémoires de Dimitri Chostakovitch*. Paris : Albin Michel.
3. Frith, U. (1992). *L'énigme de l'autisme*. Paris : Éditions Odile Jacob, p. 67.
4. Op. cit., p. 70 à 75.
5. Ces considérations se basent sur l'introduction de Solomon Volkov pour *Témoignage. Les mémoires de Dimitri Chostakovitch*. Volkov considère ce compositeur comme un *yourodivy* « volontaire » à cause de son attitude face au régime soviétique.
6. Les citations sont tirées de la préface au roman d'Alain Besançon dans l'édition parue chez Gallimard et reprise chez Folio. Celles du roman viennent de la même édition.
7. Il s'agit de la tendance à prendre les choses au pied de la lettre. Par ailleurs, « le cerveau ne fait pas la différence entre des états imaginaires ou des faits réels (...). La réalité commence dans l'imagination. De fortes scènes intérieures constituent un événement au même titre qu'une situation extérieure. » Corneau, G. (2010). *Revivre !* Montréal : Éditions de l'Homme, p. 156.
8. Frith, U. (1992). *L'énigme de l'autisme*. Paris : Éditions Odile Jacob, p. 76 et 82.
9. Larsson, S. (2006). *Les hommes qui n'aimaient pas les femmes. Millénium 1*. Paris : Actes Sud, p. 498.
10. Frith, U. (1992). *L'énigme de l'autisme*. Paris : Éditions Odile Jacob, p. 86.
11. Op. cit., p. 80.
12. Traits tirés des critères diagnostics de Gillberg et Gillberg (1989), dans Attwood (2003). *Le syndrome d'Asperger et l'autisme de haut niveau*. Paris : Dunod, p. 171 et 172.
13. Frith, U. (1992). *L'énigme de l'autisme*. Paris : Éditions Odile Jacob, p. 81 et 82.

14. Op. cit., p. 77 et 78.

15. Rioux-Soucy, L.-M. et Gravel, P. «Bienvenue à Autismapolis. Voyage intérieur au cœur d'une autre intelligence», dossier sur l'autisme paru dans *Le Devoir*, le samedi 10 octobre 2009, p. A12.

16. Ledgin, N. (2008). *Syndrome d'Asperger. Ces autistes qui changent le monde*. Paris : Éditions Salvator.

17. Cette inclusion me semble fondée, comme en témoigne cette anecdote. Le jeune Bartók a épousé Marta Ziegler sans le dire à personne, pas même à sa mère, avec qui il vivait alors. Pour lui, le mariage était un choix personnel ne concernant en rien la société (je me retrouve bien là). Marta était son élève de piano depuis deux ans. Au dîner, après une leçon en avant-midi, Bartók a tout simplement dit à sa mère : «Marta va rester.» Sans plus !

18. Autre inclusion justifiée. Très tôt, Gould a cessé de donner des concerts en public, préférant enregistrer des disques dans la solitude d'un studio. Mais ses traits Aspergers sont peut-être brouillés par la consommation délirante qu'il faisait de médicaments psychotropes.

19. Pour plusieurs raisons, Haydn pourrait être un bon candidat, peut-être même encore meilleur que Mozart.

20. Dubé, Doris. «La créativité : outil d'accomplissement», *L'Express*, printemps 2009, numéro 2, p. 38.

21. «L'autisme en 3 questions», quotidien *Métro* (Montréal), le jeudi 2 avril 2009, p. 7.

22. «Chaque image raconte une histoire», magazine *Club Toyota*, printemps-été 2009, p. 13.

23. *Solutions for Adults with Asperger Syndrome*. Fair Wind Press, 2005.

24. Cet essai est publié en français par Flammarion, dans la collection Champs. Contrairement à d'autres Aspergers, Einstein a connu la gloire, mais ce fut par la force d'équations mathématiques, des œuvres d'un type qui n'est pas sujet aux aléas de l'interprétation subjective comme l'est une œuvre musicale, par exemple.

Sacrée musique !

Tous les autistes ne sont pas croyants, mais il semble fréquent qu'ils soient attirés par le religieux, la spiritualité. Cette tendance fait d'ailleurs partie, nous l'avons vu, de leur histoire. Au contraire, les surdoués ont tendance à être athées. Alors, quelle est ma relation avec le religieux ? S'il réside en moi une petite part athée – ma tendance dissociative –, la foi l'emporte haut la main. J'ai hésité à aborder ce thème sensible mais, par souci d'honnêteté, je plonge dans cet aspect du monde autiste.

Sous le charme

Suis-je né croyant ? Possible que oui, bien que je reconnaisse que des gens m'ont guidé dans la foi par leur enseignement et leur témoignage. Enfant, ma foi était pure, directe, naïve. Elle s'est approfondie depuis, mais elle n'a peut-être pas tellement changé.

En deuxième année du primaire, Pierre, un compagnon de classe souffrant d'asthme, décéda. Craignant ma sensibilité, l'enseignante a prévenu mes parents : «Il serait mieux qu'Antoine ne vienne pas au salon mortuaire avec la classe ; ce n'est pas obligatoire, vous savez. » Mais à sa grande surprise, j'ai été un des premiers à vouloir y aller. Quand je suis revenu à la maison, j'étais resplendissant : «Que c'était beau ! Pierre était couché comme dans un jardin de fleurs. » Au salon, devant la dépouille de mon camarade, je m'étais mis à chanter un cantique : «J'étais dans la joie, Alléluia, quand je suis parti vers la maison du Seigneur. » La mère du petit Pierre confia à la mienne : «Antoine nous a beaucoup consolés en chantant. » Elle avait été très touchée.

Nous avions des exercices dans l'église afin de nous préparer à notre première communion. Dans un corridor, il y avait une affiche sur laquelle un personnage était dessiné: toute sa tête n'était qu'un grand nez. Chaque fois que nous le croisions, j'éclatais de rire. Compagnons et compagnes me rappelaient à l'ordre: «Chut! On va dans l'église: il faut être sérieux.» Et tous prenaient une mine très sérieuse. Plusieurs reprochent à l'Église sa rigidité, sa sévérité, ses rites sombres. Et pourtant, tous les ans à Pâques, de nombreuses personnes se réunissent, consacrent temps et énergie à monter *Requiems, Passions, Chemins de croix, Dernières paroles* en musique, bref à cultiver précisément le lugubre. C'est à n'y rien comprendre. Même sans Gros Nez, une messe était pour moi un moment de joie, la célébration de la résurrection de Jésus et le partage de son pain de vie. Qu'y a-t-il de triste là-dedans? Cela dit, je m'étais préparé avec application à recevoir le sacrement. Pendant les mois qui ont précédé, j'accompagnais ma mère à la Sainte Table pour la communion au cours de la messe en disant que c'était «pour m'exercer avant le grand jour».

De l'électricité dans un jardin

Ma sœur Catherine jouait de la flûte traversière. De septembre 1979 à juin 1983, nous avons formé un duo et joué aux messes du dimanche à notre paroisse, Saint-Joseph-de-Bordeaux. Notre répertoire était constitué de musique de l'époque baroque, d'un peu de style classique et du XXe siècle. Pour varier le menu, j'ai composé quelques pièces, dont une série pour les dimanches du Carême et pour la Semaine Sainte. En mai 1982, j'ai réuni quelques-unes de ces pièces en un tout continu intitulé *Au jardin de Gethsémani*, mon opus 3. En 1988, je réviserai la partition sous sa forme définitive avec l'ajout d'un troisième instrument: le piano électrique, qui entoure la flûte et le violoncelle d'un halo harmonique immatériel.

Chose curieuse, cette pièce est à la fois ma plus jouée (jusqu'en Hollande et au Mexique) et la plus discutée. Par exemple, lors de sa première en concert à l'École Rudolf-Steiner, on m'a averti que, selon la philosophie de l'école, les jeunes ne devaient être exposés qu'à des choses naturelles. En conséquence, on refusa le piano électrique sous prétexte que «les enfants

pourraient être perturbés par ses résonances artificielles»!
Nous avons donc utilisé un piano acoustique. Bien sûr, le piano
électrique n'est pas un instrument de *musique classique*. Mais le
violon lui-même ne l'a pas été avant l'époque baroque. Et puis,
qu'est-ce qu'un instrument de musique classique sinon tout
instrument qu'un compositeur décide d'utiliser dans ses œuvres
de façon pertinente? George Gershwin n'a-t-il pas demandé des
klaxons d'automobiles dans *An American in Paris*?! Quoi qu'il
en soit, certains musiciens refusent de jouer ma pièce au piano
électrique, si bien qu'elle est habituellement interprétée au piano
acoustique contre ma volonté. Autre exemple : lorsque la pièce
a été présentée dans le cadre de la Quinzaine du violoncelle des
Productions Traquen'Art, un responsable a émis des réserves
quant au titre : «*Au jardin de Gethsémani*... C'est religieux, ça...
Des gens pourraient se sentir blessés. Il faudrait changer le
titre.» Commentaire étonnant : change-t-on les titres des œuvres
religieuses de Bach ou de Mozart? Mon étonnement s'est multiplié lorsque j'ai appris par hasard que ce monsieur était lui-
même un laïc engagé dans l'Église! Il quittera Traquen'Art peu
après et il ne sera plus question de changer le titre de ma pièce.
Aurait-on un problème avec le religieux au Québec?

Saint Grégoire et Saint-Cyr

À l'université, le premier cours d'histoire de la musique me
réservait une surprise. Donné par Dujka Smoje, il portait sur la
musique médiévale. Pour nous accueillir au local, elle a fait jouer
un disque de l'Ensemble Venance-Fortunat intitulé *Le mystère de
la Résurrection*. Dès les premières notes, j'ai été saisi, illuminé. Je
ne connaissais pas cette musique, mais le choc dépassait largement celui de la nouveauté. La première pièce du disque était
un bref organum à deux voix, une composition anonyme du
XIIe siècle sur la mélodie grégorienne *Benedicamus Domine*. La
vie est étrange. Cette pièce ne ressemblait en rien aux musiques
qui me passionnaient alors, et voilà que cette minute et demie
de musique provoquait en moi un bouleversement comme je
n'en avais jamais connu! Les musiques que j'aimais tant jusque-
là ont pâli, comme en un cataclysme instantané, irréversible et
totalement imprévisible[1].

Ce choc m'amena vers le chant choral. Nous étions quelques amoureux de musique médiévale à la faculté, et nous nous sommes regroupés autour de Jean-Pierre Pinson, qui enseignait la musique ancienne. En septembre 1985, nous avons formé le Chœur grégorien de Montréal, en toute modestie! Nous étions sept ou huit et, bientôt, nous avons donné des prestations dans l'immense église Saint-Jean-Baptiste. Nous avons eu un plaisir fou à découvrir et à travailler ce répertoire. L'expérience a duré jusqu'en mai, alors que monsieur Pinson a appris le non-renouvellement de son contrat d'enseignement. Il quittera Montréal, et le Chœur grégorien de Montréal sera dissous.

En septembre 1989, Dom André Saint-Cyr, alors maître de chant chez les moines bénédictins de Saint-Benoît-du-Lac, fondait le Chœur grégorien de l'église Saint-Jean-Baptiste. Comme il ne pouvait pas venir à Montréal toutes les semaines, il lui fallait un assistant pour assurer une pratique sur deux. Il entendit parler de moi et me proposa le poste. C'était un nouveau défi, mais la situation présentait un grand avantage: je pouvais faire mes armes en direction sans avoir à assumer la charge d'être directeur. Mon travail consistait à déchiffrer les pièces avec les choristes, et Dom Saint-Cyr imprimait ensuite son interprétation. J'avais un rôle presque diplomatique dans la dynamique du groupe. Ce chœur était ouvert tant aux femmes qu'aux hommes mais, malgré toutes ses qualités, Dom Saint-Cyr tolérait tout au plus la présence des femmes. Il ne pouvait pourtant pas s'en passer: elles représentaient plus de la moitié de ses choristes et étaient plus fidèles que les hommes lors des répétitions. Lorsque Dom Saint-Cyr n'était pas satisfait, c'était inévitablement du côté des femmes qu'il se tournait pour nous corriger. Il y a eu quelques sérieuses tensions: les dames n'appréciaient pas toutes l'attitude du chef. Alors, lorsque c'était ma semaine, je les ménageais, les félicitais, les remerciais pour leur constance, et les tensions s'atténuaient jusqu'à la semaine suivante.

Après avoir dirigé pendant deux ans le Chœur grégorien du Service des activités culturelles de l'Université de Montréal, j'ai fondé en septembre 1993 l'ensemble Grégoria, chœur grégorien en résidence à la paroisse Saint-Mathieu. C'était une église de style moderne et sans résonance, mais le loyer était gratuit grâce à la sympathie de l'abbé Laurent Mainville. Nous avons multiplié les activités. En octobre, nous avons chanté pour un «mariage anthropologique». Ce n'était évidemment pas un mariage religieux, et la célébration a été assez mélodramatique! Le 4 décembre, nous avons donné un concert dans les Laurentides au profit de l'organisme d'aide aux pauvres Moissons des Pays d'En-Haut. Le 9 décembre, nous avons chanté à l'extérieur en soirée, rue Sainte-Catherine au centre-ville, proche du magasin La Baie. Plusieurs personnes s'arrêtaient pour nous écouter entre leurs achats des fêtes. Un jeune homme nous a fait la demande spéciale de chanter un *Salve Regina*. Comme nous en avions un dans notre répertoire, nous le lui avons chanté, et il en a été ravi. Le 20 mars 1994, aux Vêpres solennelles du Carême à la chapelle de la basilique Notre-Dame de Montréal, nous avons donné entre autres des psaumes en français, psaumes dont les paroles ont bien amusé une choriste : «Quand on chante en latin, au moins, on ne comprend rien!» Dans le chœur, il y avait une grande diversité : certains avaient la foi, d'autres non; nous avons eu un choriste protestant, une Arménienne, une Éthiopienne et deux choristes juives. La participation de l'une de ces dernières a causé une commotion dans sa famille : «Tu chantes des chants catholiques!» Mais lorsque j'ai rencontré sa mère, celle-ci a bien vu qu'il n'y avait pas de «danger» et que je ne cherchais pas à convertir sa fille. Au printemps, une équipe de l'émission *Second Regard* (télévision de Radio-Canada) nous a suivis et a réalisé un reportage à notre sujet pour témoigner du regain d'intérêt pour le grégorien.

La composition de mon chœur a changé avec le temps. Ce fut d'abord un groupe mixte, puis pendant plusieurs années un ensemble exclusivement féminin, à l'exception de ma seule personne. Cette transformation n'était pas un choix délibéré : chaque année, le nombre d'hommes diminuait, et nous n'arrivions plus à en recruter. Le grégorien n'est d'ailleurs pas qu'une affaire d'hommes! Il est intégré de longue date dans la liturgie de monastères féminins. Des femmes ont contribué de façon remarquable au renouveau grégorien du XXᵉ siècle: Justine Ward, auteure d'une méthode pédagogique longtemps considérée comme une référence, Chanterelle del Vasto, qui en a laissé des interprétations exceptionnelles sur disque, Marie-Claire Billecocq (une des principales rédactrices du *Graduale Triplex*, la «bible» des grégorianistes), Anne-Marie Deschamps, fondatrice de l'Ensemble Venance-Fortunat, etc. Que j'aime cette musique! J'apprécie qu'une musique donne l'impression de venir du fond des âges ou des profondeurs de l'Être. J'ai malheureusement dû interrompre cette activité à cause de mon doctorat. Un jour, peut-être, j'y reviendrai.

Le grégorien comme révélateur

Le petit organum de même que le grégorien ont été une révélation pour la composition. Ces musiques m'ont aidé à mieux discerner ce que je cherchais et à cristalliser mon style. Cette progression s'est opérée sur quelques années. De 1982 à 1987, j'ai continué à composer comme auparavant, mais avec plus d'assurance. Certains éléments du grégorien trouvaient en moi un écho profond: le diatonisme[2], le caractère monodique (mélodie pure, sans accompagnement), la pensée modale (je n'entre pas dans le détail), le rythme non pulsé et non mesuré, la résonance du son. Le chant grégorien date d'une époque où les églises étaient construites en pierre, ce qui leur conférait une acoustique réverbérante où le son vit pleinement. Le grégorien ne nécessite pas d'accompagnement, car la résonance du lieu fait que la mélodie s'accompagne elle-même. C'est dans cet esprit que j'allais utiliser la résonance dans mes pièces. Par exemple, au piano, je demande que l'on tienne longuement la pédale forte. Dans *L'Esprit envoûteur*, j'utilise des percussions comme le vibraphone, les cymbales suspendues et les tam-tams («gongs») pour prolonger les notes des autres instruments et créer des halos de résonance.

Malgré tout, je sentais qu'un élément manquait pour créer la musique dont je rêvais. Cet élément me fut donné par l'étude de la musique *contemporaine*. Aux sessions d'automne 1984 et d'hiver 1985, j'ai eu la chance de suivre l'enseigne-ment du compositeur Serge Garant par l'intermédiaire du cours *Analyse d'œuvres contemporaines*. Je dis chance, parce que monsieur Garant devait décéder en novembre 1986, à l'âge de cinquante-sept ans. Passionné, il avait consacré sa vie à la diffusion de la musique contemporaine. À travers ses analyses expertes de partitions, j'ai découvert comment écrire des polyphonies non mesurées et comment communi-quer adéquatement mes intentions aux interprètes. Ce fut pour moi un apport capital. Ma musique ne sonne pas du tout comme celle de monsieur Garant, mais j'éprouve beaucoup de reconnaissance envers lui pour ce qu'il m'a appris.

Si le grégorien a été un révélateur, je ne composais pas pour autant une sorte de néo-grégorien. Je m'en suis tout de même approché en une occasion. En 1987, dans le cadre d'un sémi-naire sur le drame liturgique médiéval, j'avais transcrit le drame *Le massacre des Innocents*, à partir du fac-similé d'un manuscrit du XIIe siècle. Pourquoi ce choix? Peut-être parce qu'il est ques-tion de l'innocence (enfant, je voulais devenir un Innocent) et de son assassinat. Ce travail a dépassé les exigences du cours: j'ai reconstitué toute la mise en scène, composé des parties instrumentales (nécessitant des instruments anciens), j'ai comblé les lacunes du manuscrit en m'inspirant d'autres sources de l'époque. Bref, c'est une œuvre achevée que j'ai donnée, avec un appareil critique détaillé. En juin 1988, j'ai fait le même travail pour un autre drame du même manuscrit: *Le Jeu de l'Étoile*. Cette partie, suivie du *Massacre*, forme un tout complet d'une durée d'une heure, auquel j'ai donné le titre *L'Ange de Bethléem* (opus 11) et qui raconte l'histoire de la Nativité jusqu'au meurtre d'enfants ordonné par le roi Hérode.

Une Messe pour le Vent qui souffle

Après avoir joué ma pièce pour orgue à notre mariage, Ray-nald Arseneault m'a présenté Gisèle Guibord, organiste titulaire à l'église Saint-Sacrement et interprète dévouée de musique nouvelle, en particulier québécoise. J'ai donné un exemplaire de la pièce à Gisèle. Quelques jours plus tard, elle m'a téléphoné: «Je ne comprends pas cette écriture, et puis, c'est très répétitif.» Elle n'était pas du tout intéressée à la joindre à son répertoire. Ma déception a été brève puisque un autre organiste, Patrick Wedd, a décidé de la jouer en concert le 2 mai 1993 à l'église Saint-Marc-de-Rosemont. Ma pièce avait alors pris pour titre *Communion* et, des idées m'étant venues en grand nombre, elle était devenue le quatrième des cinq volets d'une grande fresque organistique en projet qui porterait le titre d'*Une Messe pour le Vent qui souffle*. Grâce à l'entremise de Jacques Boucher, la Société Radio-Canada me commanda cette œuvre pour 3 500 dollars. Ma première commande! Le 11 juillet, *Une Messe pour le Vent qui souffle* (opus 18) était achevée, et son interprétation par Patrick Wedd a eu lieu le 6 mars 1994, sur les grandes orgues de l'église Saint-Jean-Baptiste lors des Concerts Spirituart. Dans la partition, chacun des cinq mouvements est précédé d'une citation biblique en exergue. Ces citations parlent du vent comme porteur de la Parole de Dieu, et le vent alimente l'orgue, d'où le titre de la *Messe*. Au concert, un narrateur a lu ces citations sur un ton funèbre. Mais l'événement a été couronné de succès, avec une assistance record pour cette série. Toutefois, aucun critique ne s'était déplacé. Peu après, elle fut diffusée à l'émission *Tribune de l'orgue* de Radio-Canada.

Entre-temps, Raynald est devenu très malade. Sa maladie, le sida, étant arrivée au stade terminal, il a dû être hospitalisé. Louise et moi sommes allés le voir plusieurs fois pour lui tenir compagnie, l'aider à boire et à manger. Il souffrait atrocement, mais acceptait son état avec sérénité. Un jour, en voulant lui donner à boire, Louise a renversé un peu d'eau sur sa poitrine par accident. Il a été saisi puis s'est mis à rire, et nous aussi. Ce fut peut-être son dernier éclat de rire. Il nous a dit que la fidélité était la plus belle chose dans un couple et nous a invités à la cultiver sans cesse. Il avait été marié avant de découvrir son homosexualité et de contracter sa maladie à la suite d'aventures risquées. Puis, il était revenu à la foi, une foi qui lui avait inspiré de belles œuvres musicales au cours des dernières années de sa vie. Raynald s'est éteint en janvier 1995. En juin, la revue *L'Agora* a publié un article que j'ai écrit à son sujet. J'ai été très touché qu'il ait pensé à moi dans son testament en léguant «à mon ami Antoine» sa collection de partitions orchestrales.

La *Messe* allait connaître une belle carrière, jouée en tout ou en partie par plusieurs organistes et enregistrée sur disques SNE. Elle a même reçu un honneur rare lorsque l'écrivain Jean O'Neil a fait imprimer cette dédicace dans son nouveau roman, *Stornoway*: «À Thérèse et à Antoine Ouellette, qui a écrit *Une Messe pour le Vent qui souffle.* » J'ai été extrêmement touché. Autre surprise: Gisèle Guibord m'a contacté. Elle avait entendu un extrait de la *Messe* à la radio et l'avait trouvé «magique». Elle désirait la jouer! J'étais franchement étonné et, en parlant avec elle, j'ai pensé qu'elle avait oublié l'épisode de son premier contact, beaucoup moins positif, avec ma pièce. Le 27 juillet 1997, Gisèle a interprété l'*Offertoire* à Notre-Dame-du-Cap. Le public a été enchanté par cette musique extatique qui, selon moi, est, avec la *Communion*, le plus beau mouvement de l'œuvre.

Une vieille dame venue me féliciter était complètement déconcertée: «Vous êtes jeune! Comment ça se fait que vous ayez composé une messe?» Ah, les artistes, chère madame, des gens étranges... Je confesse à la Bienheureuse Laïcité que je suis coupable d'avoir composé un certain nombre d'œuvres d'inspiration ouvertement religieuse. Curieusement, ce sont celles qui ont eu le plus de rayonnement à ce jour. Je ne suis toutefois pas un spécialiste de musique sacrée. D'ailleurs, je pense qu'au fond, le premier véritable sujet d'une pièce musicale reste la musique elle-même. Il y a la musique, et il y a le religieux. Les deux sont distincts pour moi, bien qu'ils puissent se rencontrer et s'éclairer mutuellement. Mais suis-je donc en train de m'excuser?!

Un autre projet sacré

Peu après avoir achevé *Une Messe pour le Vent qui souffle*, j'ai désiré concevoir une autre œuvre religieuse, mais de plus grande ampleur, et axée sur la lumière de la Résurrection. Dans le répertoire classique, l'évocation de la Résurrection est rarement inspirée. Même Jean-Sébastien Bach, dans le *Credo* de sa *Messe en si mineur*, la traite en sortant ses fanfares de trompettes et de timbales! Cette manière de mettre en musique des textes (surtout des textes sacrés) me fait rigoler et me semble tenir de la parodie. De telles imageries sont d'ailleurs absentes du grégorien.

Pour notre mariage, Louise et moi nous étions offert une icône de la Vierge à l'Enfant réalisée par une artiste d'origine roumaine. Quelques mois plus tard, j'ai découvert un livre bien particulier: *Prends chez toi Marie, ton épouse,* du Père Henri Caffarel. La couverture m'a fasciné: sans titre, toute noire, avec la représentation d'une femme et d'un homme portés l'un vers l'autre dans le style des icônes byzantines. Ce livre est l'un des rares à aborder le thème de l'amour de Marie et Joseph. En janvier 1994, Louise et moi avons rencontré le Père Lucien Coutu, fondateur du Centre Emmaüs, qui nous a initiés à la spiritualité de l'Orient chrétien, à la signification des icônes et à la pratique de la méditation hésychaste, très ancienne forme de méditation chrétienne basée sur la respiration et la répétition intérieure d'une invocation. Il m'est alors venu à l'esprit une musique où les mélodies seraient entourées d'un halo de lumière, comme le sont les personnages des icônes. Pour réaliser cette idée, j'utiliserais les cloches (cloches tubes, carillons éoliens, cloches liturgiques), de même que d'autres percussions métalliques (cymbales, gongs, triangle, etc.) et un piano électrique pour avoir un instrument de timbre métallique au large ambitus. À l'intérieur de cet instrument se trouvent des lames de métal accordées, frappées par des marteaux. (À nouveau le piano électrique! Voilà bien «la capacité des autistes de poursuivre leur propre perspective malgré les embûches» notée par Tony Attwood.)

En 1994, j'ai projeté de réaliser le tout vers l'an 2000. Cette piste a orienté la recherche du sujet. L'an 2000: 2000 de quoi? Du christianisme. Mais encore? De la venue de *Dieu parmi nous.* C'est ce que le christianisme a de plus étonnant: le fait que le Dieu Créateur du Ciel et de la Terre se soit dépouillé des attributs de sa divinité pour se faire homme et venir vivre parmi nous. Folie! Donc, j'achète. Mais quel angle choisir? J'ai opté pour le plus dérangeant: un homme et une femme qui s'aiment et voient leur projet bouleversé par la venue incroyable de *Dieu parmi nous*. L'histoire de Marie et de Joseph, de leur rencontre, de leur destin unique jusqu'à sa fin terrestre avec le décès de Joseph. Des moments de joie, comme dans toute vie humaine : rencontre, fiançailles, mariage, naissance ; des moments difficiles aussi : exil, mégalomanie sanguinaire du pouvoir, mort... La vie et l'enseignement de Jésus, qui ont déjà inspiré tant d'œuvres musicales, seraient traités indirectement, comme une lumière éclairant le sujet de l'intérieur. Car l'amour de Joseph et Marie est aussi leur amour pour ce Dieu audacieux. Le Père Lucien Coutu me parle du scandale causé par l'icône sur la couverture du livre du Père Caffarel dans les milieux chrétiens orientaux. Le mouvement des deux personnages l'un vers l'autre laisse penser qu'il y a eu union physique, ce qui est contraire à l'Évangile et à la Tradition. Cet amour entre Marie et Joseph semble causer beaucoup de malaise. L'Occident a contourné le problème en représentant Joseph sous les traits d'un vieillard. Ce côté non-conventionnel me plaît et me stimule : ce sera le sujet d'un oratorio, une première en musique.

Me voilà parti pour la gloire, dans un projet impossible, invendable mais gigantesque et exigeant[3].

Rêve ou réalité ?

Les planètes se sont alignées à partir du mois de mars 1996, grâce à Monseigneur Bertrand Blanchet, évêque de Rimouski et docteur en biologie (qui a trouvé le sujet de mon projet « assez singulier »), grâce également à Pierre Montgrain, professeur de violon au Conservatoire de Rimouski et fondateur de l'Orchestre symphonique de l'Estuaire (OSE), ainsi qu'à sa conjointe Annie Lévesque. J'ai alors travaillé de façon intensive à *L'Amour de Joseph et Marie*. J'en ai achevé le texte en m'inspirant de plusieurs sources : Bible, livres liturgiques, textes d'auteurs contemporains et ma propre méditation. Les détails se sont mis en place. Le basson solo sera comme un narrateur faisant le lien entre des parties de l'œuvre avec une mélodie à la fois décidée et intériorisée. Je rendrai hommage aux musiques inspirées par le christianisme au fil du temps en insérant des allusions aux chants liturgiques hébraïque, grégorien, byzantin, slave et même au Negro Spiritual. Le sous-titre, *Oratorio pour le troisième millénaire du christianisme*, sera une façon de souligner l'importance considérable du christianisme dans la musique occidentale et universelle : l'invention de la notation musicale et de la polyphonie vers le IXe siècle découlent directement du chant grégorien. Puis, une idée imprévue s'est imposée. Même si l'oratorio est une affirmation de foi, j'ai décidé de le faire se terminer de façon ouverte par une question. Un enfant vient sur scène devant l'orchestre et s'adresse à tous : « Dis-moi, c'est comment le Ciel ? » Aussitôt, la musique se tait, laissant chaque auditeur face à sa propre réflexion. Lancée par un enfant, la question semble naïve, mais elle est fondamentale : quelle relation ai-je avec la spiritualité, avec le religieux ? Que reste-t-il de cet héritage, quelle est sa pertinence aujourd'hui ?

Au début de 1997, je me suis rendu à Rimouski. Pierre et Annie m'ont invité à dîner dans un restaurant. Quand je leur ai présenté les cinquante premières pages de la partition, la complicité est devenue évidente. Pierre comprenait d'instinct le langage de l'œuvre. Les deux étaient enchantés. Même s'ils n'en ont vu que les premières minutes, ils ont accepté de tout faire pour monter l'oratorio et entreprendre sans délai les longues démarches nécessaires. Ma composition la plus ambitieuse en termes de durée et d'effectifs a trouvé preneur avant même d'être achevée ! Était-ce un rêve ? Lorsque j'en parlerai à mon retour, beaucoup se montreront sceptiques, considérant que l'entreprise tient de la mission impossible perdue d'avance. Pourtant, Pierre et Annie m'ont téléphoné peu après, tout joyeux : ils projetaient de donner l'oratorio non pas une fois mais bien quatre fois, dans quatre villes de l'est du Québec. Ce sera fait en collaboration avec des chœurs, des organismes de concerts et de nombreux partenaires dans chacune de ces villes[4]. Les solistes seront Guillaume Saint-Cyr, onze ans, de la Maîtrise de Québec, dans le rôle de l'ange, Isabelle Charron, mezzo-soprano, dans le rôle de Marie, et Alexandre Malenfant, basse, pour les rôles de Joseph et du Psalmiste. J'étais étourdi par cette ronde de noms. Tout s'était enclenché si rapidement que c'en était à peine croyable ! Vers quoi étais-je donc en route ?

Une création épique

Le gouvernement m'avait refusé toute aide financière pour composer l'oratorio. La demande de bourse que j'avais faite avait été rejetée. Pourquoi ? Je cite : « Le jury a trouvé le projet très ambitieux, et sa thématique, très riche. Nous doutons qu'un compositeur puisse mener un tel projet à bien. » Je n'en revenais pas. Quelle confiance dans les capacités créatrices des artistes ! Il y avait dans ce jury deux compositeurs aussi peu connus que moi, mais sans aucun doute géniaux. Cherchait-on à torpiller l'affaire ? Ténacité des autistes : j'ai terminé mon travail « infaisable » à mes frais, ce qui représente une brique de trois cents pages. En mars 1999, l'édition de l'œuvre étant terminée, le matériel a été expédié aux participants. Puis, le projet de tournée a obtenu une somme importante grâce au programme spécial des bourses du millénaire du gouvernement du Canada : le rêve fou aura lieu !

À l'automne 1999, les premières répétitions se sont tenues à Rimouski ; les musiciens ont applaudi le *Chant d'amour 1* dès la première lecture. Au total, l'oratorio rassemblait plus de deux cents personnes, chanteurs et instrumentistes : une équipe extraordinaire. L'événement avait aussi reçu l'appui d'institutions et de commanditaires tellement nombreux qu'il m'est impossible de les mentionner ici. Combien de fois une nouvelle œuvre de musique classique d'ici a-t-elle suscité tant de dévouement ? En complément de programme du concert, on donna l'*Hymne à la joie* de Beethoven, un voisinage qui ne m'intimidait nullement (chanter la fraternité humaine sur des rythmes militaires, très peu pour moi !). L'oratorio rayonne d'un souffle soutenu de la première à la dernière note. Les tableaux s'y enchaînent avec naturel en donnant l'impression d'une seule mélodie étendue sur soixante-dix minutes. Chaque participant s'est engagé à fond, et le résultat s'annonçait remarquable.

Les concerts se sont déroulés à l'image de l'œuvre, soit dans des conditions épiques. J'ai quitté Montréal en auto avec Louise et mes parents le 9 avril 2000 en direction de Rimouski dans une gigantesque tempête de neige. Sur des dizaines de kilomètres, des autos, des camions et des autobus étaient sortis d'une route très glissante, alors que la visibilité était des plus réduite. Nous avons tout de même atteint notre destination sains et saufs. Le 11 avril, toute la troupe s'est levée à quatre heures et demie du matin, et la caravane d'autobus s'est dirigée vers Matane pour prendre le traversier vers Baie-Comeau, sur la Côte-Nord. C'est en la salle de spectacle de cette ville qu'a eu lieu la création de *L'Amour de Joseph et Marie*. Avant le concert, les participants étaient nerveux : j'ai dû m'adresser à eux. De mon côté, je n'avais pas la moindre moiteur, pleinement confiant de la réussite de notre entreprise. Je dois toutefois avouer que, depuis les derniers mois, l'anxiété m'avait fait maigrir de quelques kilos... L'événement a fait salle comble en dépit de l'enneigement des routes, et l'oratorio a été accueilli avec enthousiasme.

Le lendemain, nous avons repris le traversier pour Matane, de nouveau dans une tempête déchaînée : des vagues de plus de cinq mètres agitaient le bateau, tellement que les départs suivants ont été annulés. Le capitaine, très calme, nous a invités à monter à la salle des commandes. J'y suis allé avec quelques autres participants. La vue était vertigineuse et, avec les vagues, nous arrivions à peine à tenir debout. Ce fut une mauvaise idée d'aller là : redescendu au niveau des passagers, j'avais l'estomac chaviré et je suis resté assis tout le reste de la traversée. Presque tous les passagers avaient le mal de mer ; les seaux passaient de l'un à l'autre. Personne ne bougeait, à l'exception des membres de l'équipage et de quelques heureux insensibles au tangage. Louise comptait parmi ces élus et apportait aux gens son aide d'infirmière. Arrivés à Matane, nous étions blêmes à faire peur. Mais nous devions immédiatement prendre l'autobus vers Gaspé alors que la tempête redoublait d'intensité. Nous avons eu droit à quatre heures de route dans le blizzard et, là encore, un ange veillait : les routes ont été fermées juste après notre passage. Finalement arrivés à bon port, un repas nous a été servi : plusieurs n'ont pas beaucoup mangé.

Le 13 avril, nous avons donné notre second concert, à la cathédrale de Gaspé, remplie à pleine capacité. Malgré les indispositions digestives de plusieurs, le concert a été superbe et l'oratorio a résonné de tous ses feux. Chose étrange, l'évêque de Gaspé n'est pas venu nous saluer, ce qui a déçu plusieurs personnes. Nous avons appris par la suite que le monsieur vivait une situation personnelle problématique. Il était tombé amoureux d'une femme à tel point qu'il allait rompre ses vœux pour vivre avec elle. Et moi, j'arrivais avec *L'Amour de Joseph et Marie*! Belle image du déphasage social des Aspergers... Le lendemain, nous avons repris la route vers Paspébiac. Cette fois, le soleil était au rendez-vous et, pourtant, seul un public clairsemé a assisté au concert car, chose incompréhensible, celui-ci n'avait pas été annoncé du tout.

Puis, nous avons fait route vers Rimouski pour le dernier concert dans la cathédrale. Ce fut l'apothéose. Depuis des jours, il n'y avait plus de places disponibles même si plusieurs chaises avaient été ajoutées dans les allées. Plus de mille personnes remplissaient la cathédrale, et ce fut certainement la plus belle réussite musicale de la tournée, les interprètes maîtrisant de mieux en mieux la partition. L'oratorio a été salué par une longue ovation debout. Tout le monde était ravi et heureux. Des journalistes ont relaté la soirée en des termes élogieux. Dans *Le Rimouskois*, le critique Laurent Leblond a écrit que «l'oratorio propose des moments tout à fait remarquables, dont ces tableaux renversants sur le mariage et la Nativité», en soulignant «la valeur indiscutable d'une œuvre très achevée». Radio-Canada a enregistré le concert pour le retransmettre sur ses ondes en décembre.

«On ne peut servir à la fois Dieu et l'argent»

Le thème religieux m'a vraiment inspiré ces années-là. Étais-je donc pris d'une sorte de délire mystique?! Mais non, ma foi n'a jamais été délirante; elle est plutôt calme, discrète et bien assumée. Là comme ailleurs, les courants extérieurs ne m'ont pas influencé: j'assume mon excentricité, ma marginalité. Je suis fier de partager cette foi avec tant de gens sur tous les continents (car je n'ai jamais vu le christianisme comme *occidental*). Pour moi, Dieu n'a jamais été une «explication». Les tentatives pour démontrer son existence, ou sa non-existence, m'ont toujours laissé indifférent. Je ne pratique ma religion ni parce que... ni pour… : je n'ai aucune visée utilitariste. Pour moi, il s'agit d'être là, la messe étant un lieu privilégié où Dieu est tout proche. Même si le prêtre est «ennuyant», ce qui est sans aucune importance, je pratique. C'est suffisant. Peut-être ai-je des exigences minimalistes quant à la vie ?

J'avoue que la mystique de la Sainte Consommation n'est pas ma tasse de thé, car j'aime conserver ce qui fonctionne bien. J'ai porté jusqu'à l'âge de quarante-cinq ans la petite montre que mes parents m'avaient offerte pour mes huit ans ! Je mène une vie spartiate, volontairement. Déjà enfant, j'étais épouvanté par ce qu'on appelait l'«argent», cette chose qui, sans être Dieu ou venue de Lui, jouissait visiblement d'une sorte de pouvoir surnaturel auprès des adultes. Une intervenante qui travaille avec des Aspergers a résumé ainsi mon lien à l'argent, qui est typiquement autiste : «Pour vous, l'argent n'est qu'une utilité, pas une valeur et, si c'était possible, vous vous en passeriez.» Dix sur dix ! Jamais, *jamais*, je n'ai rêvé d'être riche ; encore moins de posséder une grosse maison, une auto de luxe et d'autres trucs du genre. Le fait qu'une personne en possède ne m'impressionne ni ne m'épate. Je n'attribue aucun prestige particulier à la richesse matérielle de qui que ce soit : cela me laisse froid, sinon me choque, car cette accumulation se fait rarement sans exploiter, filouter ou déposséder d'autres personnes.

À mes yeux, le système économique actuel constitue une aberration où les rapports humains tendent à être monnayés, donc pervertis. Riches ou pauvres, nous sommes tous devenus prisonniers et esclaves de cette aberration. Pire : bien qu'elle en ait été la première responsable, la droite est sortie de la crise économique de 2008-2009 plus influente, arrogante et radicalisée que jamais. Ce sont pourtant les États, ces méchants États, qui ont massivement investi de l'argent *public* pour la sauver de la catastrophe. Cherchez l'erreur ! Un des regrets de ma vie est donc de devoir, contre mon gré, participer un peu à cette absurdité.

La religion se danse-t-elle?

Pour rétablir ma santé après la crise mentale de juin 2006, je me suis astreint à la pratique d'exercices physiques quotidiens. C'était impératif pour mon équilibre. Mais quel ennui! Un jour, j'ai vu à la télévision un reportage sur un homme pratiquant le bharatanatyam à Vancouver. Il s'agit d'une danse classique de l'Inde du Sud, habituellement interprétée par les femmes. J'ai été séduit par la beauté de ces mouvements gracieux et énergiques. Je me disais que ces gestes complexes m'aideraient à acquérir une meilleure conscience de mon corps et une meilleure coordination. Peut-être cette danse touchait-elle la part féminine de mon esprit et que, sur ce plan, sa pratique aiderait à harmoniser mon être? J'ai donc pris contact avec Jai Govinda par courriel. Il m'a écrit qu'une de ses anciennes élèves, danseuse profession-nelle, enseignait à Montréal. J'ai contacté cette élève, Ginette Dion, et, en octobre 2006, j'ai commencé à suivre des cours avec elle, moi qui n'avais jamais dansé! Comme j'avais opté pour des cours privés, ma professeure a pu m'accorder tout le temps nécessaire pour que j'apprenne les pas de base à mon rythme.

Ma décision d'apprendre le bharatanatyam a surpris mon entourage. Personne ne connaissait cette danse et, quand je la décrivais, on me regardait d'une curieuse façon. On craignait que je me joigne à une sorte de secte hindouiste, mais je n'avais aucune intention d'embrasser une nouvelle religion et, de toute façon, Ginette n'a rien d'un gourou. Une tante s'est étonnée que je puisse aller en retraite chez les bénédic-tins et, en même temps, pratiquer cette danse qui rend hom-mage à des divinités étranges. J'ai en effet pratiqué des danses dévotionnelles et narratives. J'aime bien ces dieux, comme le doux Ganesha avec sa tête d'éléphant, ou Krishna qui joue de la flûte, mais je ne leur rends pas dévotion en dansant: je pense plutôt... à mes pas. Je trouve d'ailleurs difficile de rendre dans mes gestes et mon visage les péripéties et les émotions d'une histoire. Heureusement, il y a aussi des danses abstraites dans le répertoire du bharatanatyam. Je n'ai pas vraiment de

245

talent, mais j'aime cette danse qui me fait un bien énorme physiquement et mentalement. J'ai suffisamment progressé pour pouvoir me joindre aux autres débutants de Ginette à l'hiver 2007 et même participer à un petit spectacle en juin ! Je continue depuis avec plaisir, mais suis revenu à la formule des cours privés, ne me sentant pas à l'aise dans un groupe.

Un jour, Ginette m'a demandé d'écrire une pièce de musique pour la danse. Elle avait l'idée de reprendre le conte oriental de l'oiseau de feu dont Stravinsky avait fait un ballet, mais en le traitant dans le style du bharatanatyam. Elle m'a donc commandé ce ballet. Au départ, il ne devait durer que dix minutes mais, comme nous nous sommes emballés pour le projet, la chorégraphie s'est allongée pour atteindre plus de vingt minutes, avec une introduction, trois tableaux et un *mangalam*, salutation finale. Je composais la pièce au fur et à mesure qu'elle me donnait ses feuilles avec les gestes, les pas de danse et les détails de l'histoire. C'était la première fois que j'écrivais pour la danse, d'une façon presque instantanée, sans avoir le plan d'ensemble à l'avance. Ginette et ses danseuses s'attendaient à une musique dans la tradition de l'Inde du Sud. Ma pièce, *Sattvika : l'Oiseau danse* (opus 39), l'est, oui, mais elle est tout autant dans mon style : je ne peux faire autrement. C'est donc une sorte d'hommage à la musique indienne dans un langage contemporain, comme d'ailleurs la chorégraphie que Ginette a conçue. Elle a proposé de monter le ballet à l'Université Concordia en juin 2008. Ses danseuses ont commencé à apprendre la chorégraphie sans musique. Entre-temps, j'ai réuni des musiciens : Alexandre Lavoie à la flûte indienne, Hugues D. Thériault au saxophone soprano, Patrick Graham à la percussion. Pour compléter l'effectif, je jouerais aussi des percussions, notamment de ces bâtons servant à marquer les pas de danse (autre première pour moi). Geneviève Dugré, sociologue et élève de Ginette, a accepté de jouer le tampura. La première répétition réunissant danseuses et musiciens a été une commotion ! Sur le coup, les danseuses étaient déconcertées par la musique et avaient de la difficulté à y faire correspondre les pas dansés. Je savais que ça marchait : je l'avais composée sur mesure pour la chorégraphie. Finalement, en apprivoisant la pièce et en s'apprivoisant mutuellement, les choses se sont placées.

Le ballet a reçu un bon accueil; j'ai trouvé merveilleux de voir ma pièce dansée, et avec des costumes magnifiques[5]. À l'été 2009, je l'ai recomposée pour orchestre symphonique de type Haydn[6], sous le titre *L'Oiseau danse* (opus 40): vingt minutes de fantaisie, de rythmes dansants. C'est relativement simple à monter. Un orchestre serait-il intéressé ?

Notes

1. Toutes, sauf celle de Jean Sibelius (1865-1957), pour laquelle je conserve une immense admiration. Le thème des cors du *Finale* de sa *Cinquième Symphonie* me bouleverse, avec son superbe contrechant. Ce seul passage éclipse tout ce qu'ont écrit les autres compositeurs du tournant des XIXe et XXe siècles.

2. Note technique. Il existe différentes définitions du diatonisme, dont celle-ci que j'adopte: une pièce diatonique utilise exclusivement les notes d'un mode ou d'une gamme. Une pièce diatonique est donc construite sur un nombre limité de sons. Le chant grégorien procède ainsi, comme la musique classique de l'Inde et plusieurs musiques du monde.

3. L'oratorio est en onze tableaux: *Prélude* (orchestre), *Rencontre*, *Fiançailles*, *Chant d'Amour 1* (orchestre), *L'Ange, Mariage, Nativité, Méditation, Fuite en Égypte, Chant d'Amour 2* (voix et orchestre), *La mort de Joseph*.

4. Il me faut à tout le moins mentionner ceux-ci: évêché de Baie-Comeau et Ensemble vocal Rossini (dirigé par Micheline Boulanger) pour la Côte-Nord; évêché de Gaspé et chœur Les voix du large (dirigé par Carmen Léger) pour Gaspé et Paspébiac; évêché de Rimouski et Chœur du Conservatoire de Rimouski.

5. Les danseuses étaient: Julie Beaulieu, Kim Girouard, Sylvie Mayer et Manon Tjelios. Pour la salutation finale (*mangalam*), les autres danseuses et danseurs du groupe se sont joints, et Ginette également: dix personnes ont dansé cette section conclusive.

6. C'est-à-dire: les bois par deux, deux cors, deux trompettes, percussions pour trois instrumentistes (la *100e Symphonie* de Haydn en demande quatre!) et les cordes.

LE MONDE ASPERGER (VII)
DIRE ET ACCEPTER

Premières réactions

Dès que j'ai connu mon diagnostic, je l'ai communiqué à mes parents. Ils m'ont assuré que cela ne changeait rien à leurs yeux et qu'ils m'acceptaient comme j'étais, comme ils l'avaient d'ailleurs toujours fait – ce que je savais bien. Je les aime et les admire : ce sont des gens qui avaient vraiment la vocation de parents.

À la réunion de La clé des champs qui a suivi, j'ai fait part du diagnostic au groupe ; cela a provoqué une certaine surprise, mais j'ai été bien accepté. La semaine suivante, une participante s'est échappée. Elle a confié qu'elle avait quitté son emploi précédent parce qu'il y avait là des employés autistes embauchés dans le cadre d'un programme d'insertion sociale et que leurs comportements la troublaient, la rendant très anxieuse. J'ai tiqué sans mot dire, mais une animatrice est intervenue : « Ça va, Antoine ? Comment te sens-tu ? » Constatant son impair, la participante s'est aussitôt reprise : « Antoine, tu fonctionnes bien mieux que moi en réalité et je te prie de m'excuser. » Oui, on peut à la fois être Asperger et « bien fonctionner » : l'un n'empêche pas nécessairement l'autre.

J'ai commencé à tâter le terrain ici et là pour savoir comment était perçu l'autisme. J'ai rencontré un chercheur en neurosciences. Alors que nous discutions à son bureau, j'ai remarqué quelques livres sur l'autisme dans sa bibliothèque. Sans dire un mot sur mon cas, je lui ai demandé ce qu'il pensait à ce sujet. Il m'a dit qu'il était maintenant « démontré » que l'autisme était causé par des lésions irréversibles au cerveau au cours du développement fœtal. Il me parlait de cette hypothèse comme d'une certitude : les chercheurs ont souvent des opinions bien arrêtées. Il a ajouté qu'un autiste était «totalement incapable d'empathie» et m'a exposé la «règle des trois tiers»: un tiers des autistes arriveront à fonctionner seuls mais ne pourront que faire un travail de type limité et répétitif, un tiers auront besoin d'un suivi régulier et un tiers devront être placés en institution ou compter sur l'aide constante de proches, même pour les tâches les plus banales de la vie courante. Bref, un tableau désespérant. Je ne l'ai pas détrompé tant il semblait sûr de son fait.

Peu avant Noël, je suis allé me confesser (eh oui) à l'oratoire Saint-Joseph. Le bon père a écouté ma confession, et je lui ai dit que je venais d'apprendre que j'étais autiste. Il m'a aussitôt dit: «Tous les péchés de ta vie te sont pardonnés.» Alléluia! J'en ai eu le cœur tout léger, jusqu'à ce qu'une question me vienne à l'esprit: est-ce à dire qu'un Asperger est une sorte d'irresponsable dont la folie l'empêche de distinguer le bien du mal? Puis, j'ai annoncé ma condition à une collègue de longue date. Sa réaction a été pire encore que si je lui avais confié que j'avais un cancer en phase terminale! Effrayée, elle m'a dit: «Tu n'as dit ça à personne, j'espère! N'en parle jamais! Cela te nuirait certainement.» N'en revenant pas, elle a ajouté: «Tu donnes pourtant de très bons cours! Les étudiants t'apprécient beaucoup.» Encore une fois, l'un n'empêche pas l'autre: les Aspergers font souvent d'excellents pédagogues, dévoués à leurs étudiants. Bref, tout ce qui concerne la santé mentale est entouré de tabous et de peurs.

L'importance de dire

Un jour, à l'université, j'ai entendu une étudiante dire à des collègues, lors de la pause de mon cours, qu'elle faisait son stage en pédagogie dans une école et qu'il y avait un enfant autiste dans sa classe: «C'est vraiment difficile. Je ne sais pas quoi faire avec lui: il me rend folle!» Je ne suis pas certain que les futurs enseignants soient adéquatement préparés à composer avec la présence d'enfants atypiques dans les classes. Ce jour-là, j'ai pris la décision de me préparer à sortir du placard.

C'est important de le faire parce que nous avons, nous aussi, des talents, des forces. Je souhaite tout d'abord que les

Aspergers eux-mêmes en soient conscients. Je désire aussi que leur entourage et la population en général connaissent nos qualités et sachent que nous pouvons réaliser de belles choses pour peu qu'on nous en donne l'occasion en respectant notre excentricité. Être autiste, être Asperger, ce n'est pas du tout se bercer dans une chaise à longueur de journée en marmonnant des formules mathématiques. Il est important de le dire pour combattre les préjugés, affirmer notre dignité, notre potentiel et, éventuellement, apporter notre contribution.

Ma sortie vise aussi à ce que les Aspergers osent investir leurs énergies de la meilleure façon, en acceptant sans crainte qui ils sont. Au cours de ma vie, j'ai fait beaucoup d'efforts pour avoir l'air normal dans la sphère publique, afin de ne pas subir d'abus comparables à ceux qui m'ont tant fait souffrir. Peut-être même que je suis en partie responsable d'avoir été un «homme invisible», préférant cette souffrance au risque de trop m'exposer et donc d'être repéré. Je suis certain qu'au bout du compte cela a été fortement anxiogène. Je ne suis pas neurotypique; je ne changerai pas ni ne désire le faire. Mes stratégies de dissimulation n'ont d'ailleurs obtenu qu'un succès relatif: même avec les meilleurs efforts, quelque chose transparaissait et me faisait passer pour une personne étrange, originale, hors de l'habituel. Je soupçonne que plusieurs Aspergers ont agi ainsi, surtout ceux qui n'ont pas reçu leur diagnostic tôt. Elle-même Asperger, l'auteure Liane Holliday Willey a donné à son livre un titre significatif: *Pretending to Be Normal*[1], «Prétendre être normal». Aujourd'hui, je réalise que c'est de l'énergie perdue. J'ai mieux à faire car, en dépit de tout, j'ai été et suis toujours très productif.

J'ignore comment réagiront les uns et les autres à ma déclaration. Les réactions pourront être diverses et contradictoires. Car il y a des risques à dire. Liane Holliday Willey en distingue quatre:

1) Le syndrome d'Asperger n'est pas une condition «spectaculaire», plutôt quelque chose de subtil, d'indéfini dans la personne. Certains pourront donc conclure qu'il s'agit d'une sorte d'invention psycho-pop adoptée par des gens pour se trouver une excuse facile, voire pour justifier des comportements qui autrement seraient considérés comme socialement inacceptables.

2) Une fois mis au courant du fait qu'une personne est Asperger ou autiste, des abuseurs pourraient chercher à l'exclure d'une association, d'un club, d'un comité ou même de son emploi. Il est vrai que ces gens-là n'attendent pas de savoir pour attaquer. La discrimination a beau être illégale, il reste facile de l'exercer en préservant les apparences de la légalité.

3) Certains pourraient associer la personne Asperger aux gens présentant des troubles mentaux menant à l'agressivité (alors que les Aspergers ne sont pas plus agressifs que les neurotypiques) et lui suggérer des formes de soutien ou des traitements inadéquats.

4) La personne Asperger, réalisant que désormais les autres savent, pourrait être tentée de se retirer encore davantage de la société, se sentant trop exposée, vulnérable à la critique des autres, ou étiquetée d'une manière réductrice[2].

Ces risques sont réels : l'avenir dira ce qu'il en sera pour moi. Je pense tout de même que le fait de dire peut arranger des choses. Après avoir appris mon diagnostic, ma mère m'a confié que, jusque-là, elle avait mis mes comportements sur le compte de ce qu'elle croyait être un immense orgueil. Peut-être que d'autres personnes que j'ai croisées ont fait de même, ou que des gens ont voulu se lier d'amitié avec moi mais n'ont pu y parvenir à cause de mes manières déroutantes. J'ai pu passer pour distant ou égocentrique, mes réactions ont pu être interprétées comme des marques de prétention, d'arrogance ou de suffisance. Des paroles que j'ai prononcées, des gestes que j'ai posés (ou que je n'ai pas posés) ont pu donner de moi une image négative. Rien de cela n'a jamais été dans mes intentions. Comme je ne connaissais pas ma condition avant une date récente, comment aurais-je pu expliquer, par exemple à mes collègues, que si je ne fraternisais pas avec eux en dehors du travail, que si je n'acceptais pas les invitations pour un dîner ou une fête, ce n'était pas parce que je me considérais comme supérieur à eux mais parce que, tout simplement, je me sentais mal dans de telles circonstances sans savoir au juste pourquoi ? Une telle explication (qui n'en est pas une) aurait ajouté au problème, et la perception qu'on a de moi ne s'en serait pas trouvée améliorée. Que pouvais-je dire ? « Connais-toi toi-même », enseignait Socrate.

Le docteur Laurent Mottron fait preuve d'ouverture devant les écrits, témoignages et récits autobiographiques des personnes autistes, mais signale néanmoins que ces textes « restent peu utilisés au niveau scientifique et pratique ». Il admet, chose que j'espère avoir évité dans mon propre livre, que « ces biographies sont difficiles à lire pour les non autistes (...). Elles ont souvent comme seul objet la description d'un paysage interne, de la logique et des mécanismes qui y prévalent, et des "incidents de frontière" entre deux mondes. » Mais il ajoute à juste titre que « c'est [aussi] le cas d'une bonne partie de la littérature[3] ». Beaucoup de gens parlent de notre condition, la décortiquant et l'interprétant selon diverses écoles de pensée. C'est très bien, pour autant que cela ne se fasse pas sans nous ! À défaut de quoi, le danger est réel de verser dans ce que le docteur Mottron nomme le « normocentrisme ». C'est pourquoi je tenais à relater mon cheminement avec mes mots, mon éclairage de biologiste, de musicien, d'homme et, bien sûr, d'Asperger. La recherche scientifique elle-même gagne à tenir compte des témoignages de l'intérieur.

Un peu, beaucoup, passionnément

En novembre 2008, j'ai rencontré au Salon du livre de Montréal une psychologue, auteure d'un ouvrage sur l'autisme qui venait de paraître. Je lui ai dit que j'étais Asperger, et elle m'a demandé si je m'étais autodiagnostiqué. Cette question m'a paru incongrue. Avant mon diagnostic, je ne connaissais presque rien de l'autisme et n'avais jamais entendu parler de l'Asperger. J'ai finalement compris qu'il arrive que des gens s'autodiagnostiquent et se déclarent Aspergers ou autistes sans confirmation médicale. Cette perspective hérisse ma fibre de scientifique !

Toute personne croyant présenter des traits autistiques devrait chercher à être évaluée par des personnes compétentes. L'absence de confirmation peut mener à de fausses pistes, car la condition autistique est complexe. Son diagnostic passe par l'administration de tests standardisés reconnus ; il nécessite une expertise, un regard neutre, indépendant, extérieur. Avoir des tendances introspectives plus ou moins asociales, ne pas réussir affectivement, socialement ou professionnellement ou, encore, se sentir envahi par la paranoïa, la dépression, des obsessions ou des compulsions n'est pas être autiste : ce peut être beaucoup d'autres choses et, si une personne en est là, il lui est essentiel de se faire évaluer. Il peut être dangereux de ne pas le faire et d'imaginer toutes sortes de choses en se basant sur des lectures diverses.

Cette idée d'autodiagnostic m'a aussi fait comprendre que certaines personnes se disent autistes pour se donner un genre, en s'appropriant une condition entourée de mystère et presque devenue à la mode. J'ai ainsi lu un texte où un artiste se dit « un peu autiste » : quelle drôle d'idée ! À moins que ce soit une résurgence du *youridivy volontaire* ? Il est vrai que la démarche pour obtenir un diagnostic en santé mentale peut être longue et ardue, particulièrement pour les adultes.

La question de l'autodiagnostic se pose autrement. Je donne des cours, des conférences. J'accorde des entrevues aux journaux, aux revues, je participe à des émissions de radio et même de télévision en direct. Je crée des œuvres musicales en dehors des sentiers battus, que j'arrive à faire jouer à l'occasion. J'écris des textes, des articles et des livres. En plus d'avoir bien réussi mes études en sciences autant qu'en musique, j'ai obtenu le plus haut titre universitaire, celui de Ph. D. J'ai des tas d'idées à développer. Pour les personnes mal informées, qui ne connaissent l'autisme qu'à travers des personnages de cinéma ou des idées reçues, il peut être difficile de m'identifier à l'image qu'elles se font d'une personne autiste. Sur la base de leurs préjugés, certaines pourraient donc dire que je suis juste « un peu autiste », voire remettre en question mon diagnostic[4]. Or, on est autiste ou on ne l'est pas. C'est une autre affaire de saisir que les Aspergers sont aussi différents les uns des autres que le sont les personnes neurotypiques entre elles. Oui, il y a des autistes qui possèdent moins de possibilités que d'autres. En quoi serait-ce donc surprenant ? Il y a des neurotypiques qui ont eux aussi moins de possibilités que d'autres. Ce qui est vrai pour les uns l'est autant pour les autres. De toute façon, personne n'excelle dans tout : combien pourraient réparer eux-mêmes la transmission de leur automobile ? Moi, je ne serais même pas capable de changer un pneu ! Cela posé, je suis bel et bien autiste Asperger. Lorsque je vois ma nièce Isabelle, je réalise que je suis Asperger et non autiste Kanner comme elle, qui passe les réunions de famille dans son monde. Pourtant, je réalise aussi que je suis autiste comme elle, car je ressens dans ces mêmes réunions le désir de me retirer. Je sais que cela ne se fait pas, que ce ne serait pas accepté. Alors, au lieu de le faire physiquement, il m'arrive de le faire mentalement. Au bout d'un moment, je cesse de prendre part activement à ces échanges qui finissent par me fatiguer, et m'évade dans mon monde intérieur pour me reposer un peu.

Deux précisions. D'abord, des circonstances propres à mon histoire personnelle m'ont aidé, sur lesquelles je reviendrai. Ensuite, ce que je fais n'est pas uniquement le fruit d'une facilité innée que j'aurais, mais le résultat d'un travail assidu, d'une expérience acquise sur plusieurs années. Je n'ai commencé à enseigner qu'autour de trente ans, de même pour le fait de donner des conférences ou de diriger des chœurs. Je ne me serais pas vu le faire à dix-huit, vingt ou même vingt-cinq ans. Je suis conscient d'avoir fait d'énormes progrès au fil du temps et je me suis aidé en suivant des sessions de perfectionnement. De plus, les outils de La clé des champs m'aident à bien gérer le stress social.

L'acceptation

La chose la plus importante pour aider une personne Asperger à bien vivre est l'acceptation : l'accepter comme elle est et la guider dans la maîtrise progressive de ses forces et faiblesses. C'est le mot-clé à graver en lettres d'or : acceptation. Accepter quoi ? Pas une mode (tatouage, piercing, etc.), ni un vernis culturel, ni le port d'un signe religieux[5], non : tout bonnement quelque chose qui est donné et qui n'a rien de honteux. Quelque chose, ou plutôt quelqu'un, une personne. En effet, avant d'être des autistes, nous sommes des personnes !

Je parle d'*acceptation*, au sens positif, et non de *résignation*. L'acceptation a été l'un des principaux moteurs du progrès social au cours des dernières décennies, une étape vers l'intégration. Alors, il en ira pour les autistes comme il en a été pour d'autres groupes aujourd'hui acceptés. Toutes sortes de groupes se lèvent pour affirmer leur différence à hauts cris. Pourquoi pas les autistes ?

Il paraît que certaines cultures acceptent mieux le fait que leur enfant soit Asperger : « C'est ainsi que Dieu nous l'a donné. C'est la grâce de Dieu. » Quelle sagesse ! En valorisant la performance, d'autres cultures encore ont tendance à pousser l'enfant pour qu'il développe au maximum ses intérêts particuliers, jusqu'à en devenir un expert. Mais en Occident, la tendance est plutôt de chercher à normaliser l'enfant. Les autistes prennent les autres comme ils sont : le corollaire est qu'eux-mêmes s'acceptent comme ils sont. La démarche de normalisation va contre leur nature, car elle exige qu'ils ne s'acceptent plus. Le grand risque est de renforcer leurs tendances anxieuses, ce qui peut les pousser à consommer trop de médicaments (certains présentant un fort risque de dépendance en plus d'effets secondaires sédatifs et dépresseurs). Aussi, les résultats sont incertains. Pour tenter de la normaliser, on avait inculqué à une jeune femme Asperger qu'elle devait se forcer à bien regarder son interlocuteur dans les yeux. Alors, elle se plaçait devant lui et fixait ses yeux avec un regard comme vissé. Avait-elle l'air moins étrange ainsi ? Était elle mieux acceptée avec ce comportement qu'avec celui qu'elle avait spontanément ?

Pour les parents, avoir un enfant TED peut être difficile. Pourtant, la non-acceptation est terrible, car elle se double d'un discours présentant l'autisme uniquement comme une *plaie*, une plaie qu'il *faut* combattre et *guérir*. Une *plaie* : j'ai lu ce terme épouvantable dans quelques textes ! Cette vision empêche de faire la juste part des choses. Au printemps 2008 s'est tenue une marche pour l'autisme. Les médias étaient présents, et j'ai vu à la télévision un reportage où de jeunes Aspergers étaient interviewés. Parce qu'ils se faisaient dire sans cesse qu'ils faisaient pitié et qu'ils vivaient avec une *plaie*, ces jeunes se plaignaient de leur état. Le premier s'exprimait mieux que moi à son âge. Le second trouvait la vie « très difficile » : « J'ai vingt-trois ans et je vis encore chez mes parents. » J'étais vraiment scandalisé. Personne ne pouvait donc lui dire que des jeunes neurotypiques de vingt-trois ans, et même plus âgés, vivent encore chez leurs parents ? Qui aide-t-on en tenant un pareil discours ? Certainement pas les enfants, et pas davantage les parents. Alors, à quoi ça sert ?

Il faut prendre garde aux discours qui rejettent d'emblée toute acceptation de la condition autistique. La revue *L'Express*, publiée par la Fédération québécoise de l'autisme et des autres troubles envahissants du développement, est excellente ; elle cultive un ton serein et informe adéquatement. Mais ailleurs, on peut lire des articles surchargés d'émotivité et de négativisme au point d'en devenir agressants pour les lecteurs, a fortiori les lecteurs autistes, qui auraient de quoi trouver là des raisons pour sombrer dans le désespoir le plus noir. Un article traite, comme s'il s'agissait d'un fait avéré, d'un vaste complot de la communauté médicale et du gouvernement pour taire les causes véritables de l'autisme qui seraient, selon les rédacteurs, les vaccins. Je cite : « Incroyable, mais vrai. J'ai même entendu à plusieurs reprises, de la part des médecins de la santé publique, que pour sauver la masse, il faut sacrifier quelques personnes. » Écrire ça revient à discréditer la profession médicale et les autorités publiques. Comment ensuite collaborer avec elles ? Ailleurs encore, on n'aura que de bons mots pour les traitements expérimentaux, comme si là aussi il n'y avait pas d'argent à faire.

Pas étonnant alors que « l'expérience que vivent les parents [à qui on apprend que leur enfant est autiste] ressemble au deuil. Il s'agit pour les parents de faire le deuil de l'enfant "normal" qu'ils attendaient et d'apprendre à aimer celui qui présente des faiblesses, des lacunes[6]. » Pourtant, l'enfant « normal » a lui aussi des faiblesses et des lacunes. Et puis : un deuil ! Chers parents, faites plutôt la fête de votre enfant : vous avez la chance d'en avoir un, alors que d'autres couples qui en voudraient n'en ont pas. Il est différent ? Ne le sommes-nous pas tous ? Je lis encore : « Les parents vivent une perte d'énergie et sont envahis par un *sentiment de culpabilité.* Plusieurs éprouvent de la colère (…), une croix à porter (…). Ils perdront l'estime d'eux-mêmes, auront un *sentiment d'impuissance et de solitude* (…). Certains parents refuseront d'avoir d'autres enfants[7].» Voilà les tristes résultats de la dramatisation et de la non-acceptation. De nouveau, ça aide qui et ça sert à quoi? Je tiens à dire aux parents qu'ils n'ont pas à se sentir coupables. De quoi donc le seraient-ils? Je rappelle aussi que nous, autistes, ne sommes pas malheureux du seul fait de notre condition.

Je ne veux pas juger durement ces discours. Ils viennent souvent de parents déconcertés par leur enfant autiste, révoltés contre ce que certains leur présentent comme un «coup du destin» et démunis par le manque de soutien. Certains cas sont effectivement lourds, lorsque à l'autisme s'ajoutent différentes problématiques de santé. Ces cas demandent un dévouement pouvant tenir de l'héroïsme. Ces parents ont beaucoup apporté aux autistes en sensibilisant la société, en créant des ressources et en prenant leur défense dans les situations fréquentes de discrimination et d'abus. Pour ces raisons, il faut leur être reconnaissant. Cependant, il faut aussi demeurer critique.

La conséquence d'un diagnostic tardif

Il m'arrive de me dire que j'ai peut-être eu de la chance d'avoir été diagnostiqué tardivement. Que se serait-il passé si j'avais été diagnostiqué tôt? Je me serais renseigné sur l'Asperger. Qu'aurais-je trouvé? Un discours ponctué de termes terrifiants. Je n'ose imaginer l'impact psychologique qu'auraient eu sur moi pareils propos! Je me serais démoralisé et aurais adopté une attitude défaitiste. Aurais-je alors été en mesure d'entreprendre tout ce que j'ai entrepris et de réussir tout ce que j'ai réussi dans l'ignorance de ma condition? J'en doute. Je constate tout ce que j'ai fait et cela me rend serein quant à ma condition. Avec la maturité, je suis conscient qu'être Asperger m'a fait éprouver des difficultés, mais je suis tout aussi conscient que cela m'a aidé à réaliser des choses dont je peux être fier. Surtout, la maturité m'a blindé contre le négativisme.

Par contre, avec un diagnostic précoce, j'aurais peut-être réévalué ma décision de quitter la biologie pour la musique. Peut-être alors aurais-je poursuivi en biologie. Lorsque j'ai terminé mon baccalauréat, la spécialisation en science écologique représentait une voie d'avenir dans laquelle j'aurais pu contribuer au mieux-être de la société. J'aurais continué à composer parallèlement à mon activité scientifique professionnelle. Peut-être aurais-je tout de même étudié en musique, mais alors, j'aurais fait preuve de davantage de sens critique quant aux possibilités réelles de carrière en ce domaine. Sans diagnostic, j'ai abordé la musique de façon idéaliste, à partir de mon seul intérêt personnel, sans me prémunir contre les aspects problématiques du milieu musical, que j'ignorais complètement. Dans cet état d'esprit, je me suis naïvement retrouvé devant une réalité fort différente de ce que je croyais, réalité qui m'a souvent donné l'impression de vivre en Absurdistan, un univers vraiment bizarre où la quête de la beauté s'entremêle à des choses douteuses.

Il demeure qu'un diagnostic est un outil de connaissance de soi.

Après l'acceptation et le dire

Au cours des dernières décennies, un petit bout de chemin a été parcouru dans la compréhension et l'acceptation de la condition autistique. Grâce au travail de spécialistes et d'autistes, l'autisme est peu à peu vu non comme une fatalité mais comme une *autre forme d'intelligence*. C'est ainsi qu'on aidera les autistes à exploiter leur plein potentiel.

Un exemple : la mise au point de méthodes d'apprentissage pertinentes. À une autre forme d'intelligence devrait correspondre une autre façon d'apprendre. L'équipe du docteur Mottron cherche donc à concevoir de nouvelles approches éducatives fondées sur les particularités de l'esprit autiste plutôt que sur l'idée de normaliser. On exposera ainsi les autistes à du matériel doté d'une certaine régularité, comme le langage écrit, que les autistes assimilent très rapidement. Le docteur Mottron fait remarquer que «devant une caisse de jouets, l'enfant autiste se mettra à faire des appariements, des séries par formes ou par couleurs. Si vous favorisez ces activités-là avec du matériel écrit, comme des lettres aimantées, vous le ferez entrer dans un code, celui des lettres, dont il finira par détecter la régularité[8]. »

Les enfants autistes aiment lire, même sans comprendre, mais un jour ils saisissent et semblent le faire tout d'un coup. La chercheure Isabelle Soulières signale que « certaines personnes autistes ont appris à lire en regardant les encyclopédies de leurs parents. Cela ne nous serait pas venu à l'idée de donner une encyclopédie pour adultes à un enfant de quatre ans, alors que c'est justement ça qui peut déclencher l'apprentissage de la lecture chez un autiste[9]. » C'est précisément ainsi que j'ai appris à lire : avec les jeux de lettres dans la neige de mon grand-père et les encyclopédies de mes parents. Dans mon cas, c'est le hasard qui a joué, ou l'intuition, mais avec l'utilisation consciente de techniques appropriées par des éducateurs bien formés, cet apprentissage pourrait profiter à plusieurs autistes. Pourtant, rien n'est encore gagné.

La non-acceptation extrême et l'élimination physique des autistes

Parler de l'autisme comme d'une *autre intelligence* est assurément positif. Mais est-ce pour autant rassurant ? Voir l'autisme comme une maladie terrible ou une déficience, c'est établir une relation de supériorité dans laquelle des gens sont *plus* et d'autres, *moins*. En un sens, c'est réconfortant si on est dans le bon camp. Cependant, parler d'une autre forme d'intelligence, c'est établir une relation d'égalité qui risque de déranger, sinon de choquer car, il y a peu, les autistes étaient souvent internés. Uta Frith avait soulevé la question : « Et même les aspects de la maladie qui sont a priori si positifs, telles les remarquables compétences que l'on observe parfois chez les enfants autistiques, ne semblent plus du tout normaux dès qu'ils sont vus comme les signes d'une intelligence "autre"[10]. »

Nous voici au cœur du problème. L'histoire de l'humanité n'a rien pour nous rassurer ! De légères différences culturelles ont suffi pour déclencher de terribles expéditions guerrières et des génocides planifiés. Les cultures humaines « insuffisamment agressives» sont pourchassées et dominées, exactement comme les garçons moins agressifs sont intimidés dans les écoles. Cela se passe encore maintenant, comme le montre le cas du Tibet. Inutile d'aller aussi loin. En ce pays des «plus brillants exploits», les Béothuks, peuple autochtone de Terre-Neuve, ont été exterminés par les colons, exterminé au moyen de parties de chasse à l'homme[11]. L'Ouest des États-Unis a été conquis en appliquant le slogan «Le seul bon Indien est l'Indien mort». Bien sûr, les choses ont changé: il n'y a plus de Béothuks. Les vertébrés supérieurs ont subi le même sort, considérés comme des compétiteurs pour l'espace et les ressources. Avec toutes sortes de justifications autres que la subsistance, on les a pourchassés jusqu'à l'extinction ou, à tout le moins, jusqu'à la réduction sévère de leurs populations.

Alors une «intelligence autre»... Cela peut être insécurisant: nous sommes des Mutants, des Intraterrestres, des Atlantes. Danger! Serait-ce cette peur d'une autre intelligence qui aurait justifié notre internement pendant des siècles? Qui justifierait encore les violences faites aux autistes dans les écoles et dans la société, leur exclusion? Qui pousserait tant de gens à vouloir nous guérir à tout prix et le plus rapidement possible? Tentera-t-on de nous dénier le statut de personne en soutenant qu'au mieux nous ne faisons que mimer l'intelligence vraie et la conscience véritable? Uta Frith a mis le doigt sur une grave question.

On ne se débarrasse évidemment plus aussi facilement des enfants autistes qu'au XVIIIe siècle. Mais des chercheurs travaillent à créer un test de dépistage génétique de l'autisme chez l'enfant à naître. Quelle sera donc la finalité de ce test, sinon de proposer l'avortement à la future mère? «Vous savez, madame, cet enfant sera atteint d'une maladie incurable terrible, il sera malheureux et son entourage aussi. Il coûtera cher aux contribuables. Alors...» Un tel test existe déjà pour la trisomie et il est offert aux femmes enceintes du Québec. Pourquoi donc, si ce n'est pour favoriser la destruction du plus grand nombre possible d'enfants trisomiques avant qu'ils ne naissent? Je suis révolté que des médecins pervertissent ainsi leur profession. Une pareille menace d'extermination physique pèse-t-elle sur nous aussi¿ Le mercredi 15 septembre 2010, le *Téléjournal* de Radio-Canada diffusait un reportage où la mère d'un petit garçon autiste confiait à la caméra que, si elle l'avait su, elle se serait probablement fait avorter. Mon souper a mal passé! «Chère maman, tu aurais dû te faire avorter, je ne vaux pas de vivre»... Comment accepter les autistes dans un monde où tant de gens ne s'acceptent pas eux-mêmes, où l'on crée des crèmes anti-âge pour les fillettes de huit à douze ans, et où l'on «botoxe» des enfants de treize ans par «prévention[12]»¿! L'acceptation de la différence n'est-elle qu'un slogan vide¿ Cette acceptation ne se mérite-t-elle qu'après qu'un groupe a montré sa force économique¿ Notre société serait-elle en train de régresser furieusement¿ Peut-être est-il vrai que les autistes ont peur du regard des neurotypiques. Mais la culture neurotypique a elle aussi peur des autistes: elle n'a pas la conscience tranquille, alors la conformité lui procure une certaine tranquillité...

Les autistes ont contribué, peut-être pour beaucoup, aux progrès faits par l'humanité dans l'acceptation de l'autre. Peut-être fallait-il même être autiste pour aller au front et se sacrifier pour la cause des droits humains. Mais il reste beaucoup à faire, et les dérives sont toujours possibles[13]. Il est des pays où il ne fait pas bon être autiste aujourd'hui...

Notes

1. *Pretending to Be Normal. Living with Asperger's Syndrome* (1999). Jessica Kingsley Publishers.

2. Op. cit., p. 126.

3. Mottron, L. (2004). *L'autisme: une autre intelligence*. Spimont (Belgique): Mardaga, p. 181.

4. Le diagnostic reçu à l'Hôpital Douglas a été confirmé par Chantal Belhumeur et aussi par le docteur Laurent Mottron, de l'hôpital Rivière-des-Prairies.

5. Aucune de ces choses ne m'offusque. Je n'ai même pas été choqué lorsqu'une étudiante un peu punk est venue en classe avec son grand rat domestique! Il était charmant et parfaitement tranquille du reste. Mais je peux comprendre que d'autres ne réagissent pas comme moi.

6. Poirier, N. et Kozminski, C. (2008). *L'autisme, un jour à la fois*. Québec : Les Presses de l'Université Laval, collection Chronique sociale, p. 103.

7. Op. cit., p. 107. Les caractères en italiques sont en gras dans la citation d'origine.

8. Rioux-Soucy, L.-M. et Gravel, P. « Bienvenue à Autismapolis. Voyage intérieur au cœur d'une autre intelligence », dossier sur l'autisme paru dans *Le Devoir*, le samedi 10 octobre 2009, p. A6.

9. Op. cit., p. A7.

10. Frith, U. (1992). *L'énigme de l'autisme*. Paris : Éditions Odile Jacob, p. 79.

11. Voir Assiniwi, B. (1973). *Histoire des Indiens du Haut et du Bas Canada*. Montréal : Leméac.

12. *Rue Frontenac*, le 24 février 2011, p. 3 et 4.

13. Bien qu'ils se fussent déroulés à Vancouver, les Jeux paralympiques n'ont pas du tout été couverts par les médias canadiens, pas même aux bulletins d'information. Pourtant, ces athlètes font preuve d'un immense courage. En comparaison, les Jeux olympiques de Vancouver ont été couverts jusqu'à l'écœurement et, en d'innombrables occasions, le courage des athlètes normaux a été glorifié. Est-ce à dire que notre société aime bien les handicapés physiques en autant qu'ils demeurent dans leur trou ou, comme l'a dit un commentateur radiophonique québécois, qu'« ils n'exhibent pas leurs infirmités en public » ? Par ailleurs, les politiques eugéniques existent toujours. En 2010, le Canada a refusé la citoyenneté à une famille française établie ici depuis quelques années parce que leur fille était atteinte de paralysie cérébrale, même si les parents étaient prêts à prendre en charge la totalité des frais médicaux de l'enfant. À la faveur de pressions exercées lors de la campagne électorale de 2011, la famille a finalement été acceptée.

INCIDENTS DE FRONTIÈRE

Autistes et surdoués sont à risque de vivre ce que le docteur Laurent Mottron nomme bellement des «incidents de frontière». Ces incidents proviennent en partie du «déphasage» dont parlait Jeanne Siaud-Facchin. Tout le monde vit des situations désagréables, mais ce qui distingue autistes et surdoués c'est la fréquence et le caractère insolite que peuvent avoir ces incidents. Lorsque le milieu où ils arrivent est déjà problématique, il peut y avoir collision frontale! En quelques «morceaux choisis», voici l'histoire d'un extraterrestre débarquant sur une planète peu accueillante...

Musicologue en formation

Dans l'ensemble, j'ai beaucoup apprécié la formation reçue dans le cadre de mon baccalauréat en musique. La grande majorité des professeurs donnait un bon enseignement, et j'ai déjà témoigné du profit tiré de certains cours. Cela dit, il y a un bémol. Lors de ce baccalauréat, j'ai suivi tous les cours d'histoire offerts, y compris Histoire du jazz et Panorama des musiques du monde. Je dévorais la musique! Cependant, quelques cours m'ont procuré un sentiment de décalage. J'ai été lent à réaliser qu'une part de ce malaise venait du fait que des professeurs de musicologie avaient délaissé depuis longtemps toute forme de pratique musicale (en interprétation, composition ou édition de partitions); un professeur l'exerçait toujours mais semblait amer, un autre n'avait jamais été musicien. Sans surprise, alors, cette perte de contact avec la réalité musicale provoquait de vains palabres visant à définir ce qu'est la musique ou, je cite, à savoir «où est la musique quand elle ne sonne pas». Une professeure affirmait même que «la musique est faite pour en parler»: non, madame, la musique est d'abord faite pour être jouée et chantée!

Malgré la brillante virtuosité intellectuelle de certains profs, tout cela ne débouchait sur aucune avancée réelle. On avait égaré la musique dans l'inextricable labyrinthe du commentaire.

Une autre part de mon malaise venait d'une tendance selon laquelle moins un professeur pratiquait la musique, plus il se sentait en droit de démolir tel ou tel compositeur. Nul besoin que le compositeur ridiculisé soit mort ou étranger : André Prévost, qui enseignait la composition, a vécu un calvaire de plusieurs années aux mains d'une collègue dominatrice et sans génie ; collègue qui, par ailleurs, a déclaré en classe « avoir voulu être compositeur ». Il était choquant d'entendre ces gens incapables d'écrire la plus modeste mélodie décréter que tel compositeur célèbre n'était qu'un « balayeur de rues » ! La musique d'André Mathieu (1929-1968) a commencé à être diffusée plus de trente après son décès grâce au travail soutenu du pianiste Alain Lefèvre. Je ne peux répéter ici les propos méprisants sur Mathieu que tenaient certains de mes profs lorsqu'ils daignaient évoquer son nom. Ce ne sont assurément pas eux qui donnaient le goût à un jeune musicien de s'intéresser à Mathieu, encore moins d'oser le jouer ; et je mesure aujourd'hui l'ampleur du combat d'Alain Lefèvre contre des préjugés incrustés depuis des décennies.

Certains profs étaient convaincus que les étudiants devaient souscrire à leurs opinions, sans discuter. Ces exigences de servilité, de soumission et de conformisme n'ont rien pour stimuler un étudiant Asperger, surtout lorsque s'y ajoutent des effluves d'injustice ; elles le poussent au contraire à chercher de l'air ailleurs, là où il y en a. J'ai dû manifester mon agacement, car une prof qui se sentait investie de la mission de gendarme de la musique contemporaine académique a tenté de me rééduquer : « Tu n'aimes que la musique qui te rassure. Tu ne comprends pas les réalités difficiles de la condition humaine. » (Vraiment, l'art d'avoir tout faux !) Culture d'intimidation et d'exclusion, disais-je. J'en tirerai une leçon : lorsque j'enseignerai, j'éviterai les jugements personnels. Mes étudiants me diront même très discret sur mes goûts. Je répondrai : « Je donne le cours pour vous, pas pour moi. Vous êtes libres d'apprécier ou non une musique. »

En mai 1985, j'ai terminé mon baccalauréat avec une moyenne cumulative de 89 %. Aurais-je alors dû poursuivre ailleurs ou faire autre chose ? Avec le recul, je crois pouvoir dire que j'étais en quelque sorte hypnotisé par le fait d'être étudiant. Depuis la maternelle, je n'avais pas quitté l'école. C'était devenu un rituel, comme ceux de mon enfance, une situation répétitive que je n'avais même pas l'idée d'interrompre. Par ailleurs, je sentais que j'avais autre chose à acquérir et me suis inscrit à la maîtrise en musicologie.

Maîtrise en folie

Pour le mémoire de maîtrise, j'avais un beau sujet : une étude du rythme chez le compositeur autrichien Anton Bruckner (1824-1896). Mais ma directrice voulait que je le « dépasse » ; elle m'a convaincu de mener une recherche interdisciplinaire liant le rythme musical avec les rythmes de l'environnement. Quel naïf ai-je été d'embarquer dans cette galère ! Cela n'avait plus rien à voir avec un mémoire de maîtrise : c'était un sujet de doctorat, voire le travail d'une vie entière. Ma directrice m'a forcé la main en obtenant que je passe directement de la maîtrise au doctorat, sans remettre de mémoire. De la folie totale ! Non seulement ce serait une première à la faculté, mais il n'y avait aucune balise, aucun encadrement. J'allais servir de cobaye, à mes risques et périls. Je me suis tout de même mis au travail. Aujourd'hui, je me rends compte que ma directrice ne m'a dirigé en rien. Je lui remettais un chapitre, elle ne le commentait pas, comme si tout était parfait. Jamais elle ne me faisait de critiques. Je lui confiais régulièrement mes doutes ; elle me disait de poursuivre en affirmant que j'allais participer à la naissance d'une « nouvelle musicologie ». Je me suis présenté à l'examen de synthèse sans qu'elle m'y ait préparé, sans savoir de quoi il allait être question. Par bonheur, j'ai obtenu une excellente note, mais quand même...

À l'automne 1989, au bout de deux ou trois ans de ce régime de travail à l'aveuglette, j'ai été convoqué devant un jury pour l'examen de mon projet doctoral, étape précédant la fin de la rédaction et la soutenance. J'avais demandé qu'il y ait un juge externe afin d'évaluer la dimension biologique de mon travail, mais il n'y en avait pas. Après délibérations, le président du jury m'a dit que «ce genre de thèse se fera dans dix ou quinze ans» mais que, pour l'instant, il s'objectait à ce que je poursuive dans cette voie. Je devais tout recommencer, me rabattre sur un sujet «sécuritaire» (comme le rythme chez Bruckner!), ou abandonner et recevoir tout bonnement mon grade de maîtrise. Bon. Ce sont des choses qui arrivent: plusieurs doctorants en ont vécu de semblables. Mais la suite fut vraiment bizarre. Le président du jury s'est mis à discourir sur la religion: «J'ai été croyant. Même que j'étais en communauté. Mais j'ai abandonné tout ça.» Que venait donc faire la religion là-dedans ? ! Constatant mon malaise, il m'a suggéré d'aller «étudier à l'université des Sauvages»! Après la religion, le racisme. J'ai dû rire tant j'étais déconcerté, car il a brutalement mis fin à la séance en disant: «Antoine, tu es une maudite tête de cochon!» Peut-on croire que de tels gens touchent de gros salaires et passent pour des experts ?

En relisant le texte que j'avais soumis à l'époque, ses faiblesses criantes me sautent au visage au premier coup d'œil. Mais comment se fait-il que ma directrice les ait laissées passer ? Comment se fait-il qu'aucun des juges présents n'ait pu me préciser en quoi consistaient ces faiblesses ? Naturellement, dans un contexte aussi tordu, j'ai décidé de ne pas poursuivre, dégoûté de l'université. Partie remise en 2006.

Petits dérangements

En janvier 1991, la présentation publique de *Paysage*, dont j'étais si heureux, a eu d'étranges conséquences. Dans *Le Devoir*, un article avait annoncé l'événement Portes ouvertes de la faculté de musique en mentionnant seulement l'interprétation de *Paysage*. Or, d'autres œuvres furent aussi présentées ce jour-là, dont certaines de professeurs compositeurs. J'ai su que ces derniers n'avaient pas du tout apprécié que je leur «fasse de l'ombre». Je n'y étais évidemment pour rien, mais je venais d'être pris en grippe. Des professeurs de musicologie assistaient au concert. Peut-être ont-ils été déroutés ? Le digne président de mon jury doctoral est venu me voir ensuite et, devant des amis, s'est adressé à moi en allemand! Je n'ai aucune idée de pourquoi il agissait ainsi et n'ai rien compris à ce qu'il me disait, mais les gens présents lors de l'incident n'en revenaient pas: «Un vrai imbécile.» Mon ex-directrice, elle, m'a dit: «C'est très musical.» Un compliment? Quelques jours plus tard, j'ai été stupéfait de l'entendre déclarer lors d'une conférence que «la musique doit renoncer à être musicale, elle doit aller au-delà de ce qui est musique». N'importe quoi.

Depuis mon entrée en musique, j'avais été un «bon premier de classe». Mais voilà que je m'affirmais d'une façon trop indépendante! Cette première prise de parole m'a exposé tout de go aux situations paradoxales que j'allais vivre par la suite. D'un côté, le public a apprécié cette œuvre qui, de l'autre côté, m'a valu l'incompréhension d'une certaine élite. J'ai fait des démarches auprès de pianistes donnant des concerts à plusieurs pianos, mais on a préféré jouer d'inutiles transcriptions d'œuvres symphoniques. Ainsi, malgré l'accueil élogieux du public, *Paysage* n'a jamais été repris.

Lorsque *Bourrasque* a été publiée à Paris, une employée de l'UQÀM s'est fâchée contre moi: «Pourquoi as-tu fait éditer ta pièce en France? Le Québec n'est pas assez bien pour toi? Tu te prends vraiment pour un autre!» Sympathique! Alors, je précise, pour que nous nous amusions ensemble. D'une part, il n'y a pas beaucoup d'éditeurs de musique contemporaine au Québec. D'autre part, c'est à des éditeurs québécois que j'avais envoyé mon dossier en premier lieu. Je me suis même déplacé pour en rencontrer un. Ce dernier m'a dit: «Veux-tu vraiment que j'édite tes pièces? C'est vrai que je publie de la musique contemporaine québécoise, mais ça ne se vend pas. Quand j'ai vendu cinq ou six exemplaires d'une œuvre, c'est beau.» Très invitant. Puis, il s'est mis à me parler de compositeurs québécois qu'il publiait et, là, ses propos sont devenus fort étonnants pour quelqu'un qui devrait en faire la promotion. Je le cite, sans les noms: «Untel est un *nobody*; tel autre, des compositeurs comme ça, il y en a des centaines juste en Allemagne.» Il m'a ensuite vanté les mérites d'un compositeur qu'il publiait, en mettant l'accent sur le fait qu'il n'était pas canadien. J'ai entendu de sa musique, du style « gentillet moderne » avec un soupçon de jazz. Il y en a aussi des centaines qui composent ainsi : pourquoi alors vanter cet Européen et dénigrer les Québécois ? À la suite de ces propos, je n'ai pas baissé les bras et suis allé voir ailleurs. En quoi ai-je mal agi ?

Un jour, *Bourrasque* a été diffusée à la radio, et un flûtiste l'a entendue sans comprendre le nom du compositeur. Ce musicien a téléphoné au poste pour obtenir les informations, puis m'a contacté. Emballé par *Bourrasque*, il m'a fait part de son étonnement : à l'audition, il avait cru qu'il s'agissait d'une œuvre scandinave. Mais non, je suis montréalais, comme lui. Je l'ai donc rencontré pour lui donner un exemplaire de la partition. Le temps a passé sans que j'aie de ses nouvelles. Alors, je me suis décidé à le recontacter, et la conversation a été étrange. Ce flûtiste qui avait été si enthousiasmé par la pièce m'a demandé de lui en faire une version « raccourcie » ! Je lui ai fait remarquer qu'il venait de jouer en concert une œuvre italienne très difficile d'une durée de près d'une heure. Alors, pourquoi pas mes douze petites minutes ? Il m'a alors répondu sur un ton méprisant qu'il ne la jouerait pas. Je ne comprenais pas. Mais j'ai fini par saisir. Avant de donner l'œuvre italienne, il avait obtenu une bourse du gouvernement pour aller en Italie la travailler auprès du compositeur. Ce n'était pas nécessaire mais, pour lui, c'était l'occasion de se faire payer un voyage aux frais des contribuables. Il était bien sûr impossible d'obtenir une telle bourse pour étudier avec moi, qui demeure dans la même ville. Par contre, si j'avais été scandinave, il aurait répété son manège et aurait joué *Bourrasque*. Voilà un effet paradoxal des programmes de subventions étatiques.

Un drôle de triomphe

Gisèle Guibord a été invitée à donner l'intégralité d'*Une Messe pour le Vent qui souffle* le mercredi 12 août 1998 dans le cadre du Festival d'orgue de l'oratoire Saint-Joseph. Cette année-là, les organisateurs avaient décidé de mettre l'accent sur la musique d'orgue canadienne, et désiraient confier un des concerts de la série à Gisèle pour souligner son engagement envers la musique d'ici. Gisèle a accepté. Quelques jours avant le concert, elle travaillait l'œuvre à l'oratoire et m'a téléphoné en catastrophe. Les claviers de l'orgue ne vont que jusqu'au sol aigu alors que quatre des cinq mouvements de la *Messe* grimpent jusqu'au do suivant! Les claviers de l'instrument de Saint-Marc s'y rendent, comme ceux de plusieurs autres orgues. La panique passée, nous avons truqué les registrations et décidé de couper quelques notes dans les tourbillons des premier et dernier mouvements. Grâce au talent de Gisèle, ces modifications passaient très bien.

Le concert a attiré une belle assistance, et pour la première fois, des critiques se sont présentés à l'exécution d'une de mes pièces, dont l'imprévisible Claude Gingras. Je lui ai offert un exemplaire de la partition pour qu'il la suive en concert, chose qu'il dit faire souvent. Au concert, j'étais assis au jubé de l'orgue avec une partie du public qui payait sa place plus cher pour voir l'organiste travailler. Monsieur Gingras était tout proche de l'orgue, presque collé à la console. La *Messe* occupait la seconde partie du concert, et Gisèle jouait avec brio. Du coin de l'œil, je voyais le critique se tortiller. Lorsque quelqu'un s'est mis à tousser bruyamment au cours de l'*Offertoire*, il m'a lancé un regard énigmatique. L'œuvre a été très bien reçue : Gisèle et moi avons eu droit à une longue ovation. Un homme m'a remis la partition prêtée à Claude Gingras en me disant que ce dernier avait déjà quitté. J'ai cru qu'il n'avait pas apprécié.

Le lendemain, mes parents m'ont appelé pour me demander si j'avais lu sa critique. Je ne l'avais pas lu, alors ma mère m'en a fait la lecture. Elle a commencé par le titre : *Révélation de la Messe d'Antoine Ouellette*. Puis, elle a enchaîné. Je n'en croyais pas mes oreilles : le texte, très long, était dithyrambique ! En voici des extraits :

«L'auditoire des récitals d'orgue de l'oratoire a eu hier soir la révélation d'une grande œuvre. *Une Messe pour le Vent qui souffle*, d'Antoine Ouellette, est incontestablement l'une des créations les plus fortes, les plus originales et les plus impressionnantes produites ici jusqu'à maintenant. Il se peut même qu'il s'agisse là d'une des œuvres les plus intéressantes du répertoire d'orgue contemporain, tous pays confondus. La *Messe* d'Antoine Ouellette étonne tout d'abord par la place qu'elle occupe dans l'attention de l'auditeur (...), 50 minutes où l'intérêt ne flanche pas un seul instant. »

Puis, ayant suivi la partition, il a pointé divers aspects techniques de l'œuvre. Pourtant, il n'avait pas remarqué les modifications de Gisèle. Reconnaissant que Patrick Wedd avait donné la première de l'œuvre et l'avait aussi enregistrée, il a écrit ces mots injustes : « Aussi bien dire que l'œuvre a connu sa véritable création hier soir. » La *Messe* avait déjà été jouée plusieurs fois par plusieurs organistes. Est-ce à dire que le critique considérait que sa présence ce soir-là conférait une aura toute particulière à ce concert ? Arthur Kaptainis, critique de *The Gazette*, était aussi élogieux :

> *Last night, Gisèle Guibord played a huge work by Antoine Ouellette, a Montrealer who is not only alive and well but well worth hearing (...). His style managed to be neither derivative nor bombastic (...), and his work of five movements and almost 50 minutes bids fair to be considered a major Canadian opus of the 1990s (...). The rhapsodic deluge was always supported by inspiration (...). Ouellette was the hero of this evening.*

Le musicologue Jean-Pierre Noiseux a soutenu sur les ondes de Radio-Ville-Marie que ma *Messe* avait été le sommet de cette série de concerts. Le compositeur Marc Hyland en donna une recension positive dans la revue *Circuit*; Hélène Laberge rapporta ce succès dans *L'Agora* (*Antoine Ouellette, compositeur. La reconnaissance d'une grande œuvre*), et l'événement trouva même écho dans les pages de la revue française *L'Orgue* sous la plume de François Sabatier.

J'étais évidemment heureux de ce succès critique qui venait couronner le succès public que mon œuvre rencontrait depuis 1991. Tout de même, j'étais curieux de voir quelles retombées cela pourrait bien avoir. J'ai donc constitué et envoyé un dossier à toutes les sociétés de concerts d'orgue du Québec. Le dimanche 14 février 1999, Gisèle a repris la *Messe* dans le cadre des concerts d'orgue de l'église Saint-Marc. En cette dernière occasion, je l'ai sentie un peu désabusée. Elle m'a confié qu'elle était snobée depuis longtemps par le milieu québécois de l'orgue, raison pour laquelle elle avait décidé de se détacher progressivement tant de cet instrument au profit de la harpe que du répertoire sérieux au profit d'un répertoire plus léger. Elle avait invité plusieurs organistes au concert à Saint-Marc, mais aucun ne s'était présenté, ce qui l'avait beaucoup déçue. Et puis, plus rien. *Une Messe pour le Vent qui souffle* n'a jamais été reprise, ni en entier ni même en partie ! Je ne m'expliquais pas du tout ce black-out total.

En fait, c'était encore mon délai de réaction qui jouait contre moi car, au fond, je savais très bien ce qui s'était passé. Une semaine après le concert de Gisèle, j'ai assisté au récital de Raymond Daveluy à l'oratoire. À l'entracte, j'ai entendu deux organistes discuter ensemble :

— La *Messe* de Ouellette, c'était pas si bon que ça !

— Ouais, pis c'est pas lui qui va nous montrer à composer pour notre instrument !

Le merveilleux monde de la musique classique ! Quelle élévation spirituelle ! Là, j'aurais dû intervenir, me présenter à eux et leur dire : « Je n'ai aucunement composé la *Messe* pour vous montrer comment composer pour l'orgue. C'est une œuvre d'amour née de mon mariage. » J'étais diffamé, mais j'ai gardé le silence, comme au secondaire.

Qui étaient donc ces gentils toutous ? Je ne les connaissais pas ni n'avais eu affaire à eux auparavant. J'ai vu la photo de l'un d'eux plus tard dans un journal. C'était l'organisateur d'un autre festival d'orgue. J'apprendrai aussi que Gisèle devait justement rejouer ma *Messe* dans ce cadre, mais que ce charmant personnage avait annulé son concert au dernier moment sous prétexte que « le public n'était pas prêt pour une telle œuvre ». Ce musicien était malade de jalousie !

Quelques jours après l'exécution de la *Messe* à l'oratoire, j'ai reçu le téléphone d'un type des Amis de l'orgue du Québec. Sur le coup, je me suis dit qu'il voulait peut-être me proposer d'autres concerts dans la province. Mais rapidement, monsieur s'est plutôt mis à me toiser : « Il faudra que tu réécrives ta *Messe* : il y a des notes trop hautes ! » Je lui ai dit qu'elle avait été jouée sur plusieurs instruments sans aucun problème et que, si les claviers d'un orgue ne s'y rendaient pas, il était facile d'adapter, comme il en va pour beaucoup d'autres œuvres d'orgue. J'ai vraiment détesté cette conversation, qui constituait un acte d'agression. Les semaines suivantes, j'ai réalisé que le sublime monde de l'orgue québécois avait fait front commun contre ma *Messe*. Je n'ai pas reçu un seul accusé de réception pour les nombreux dossiers que j'avais envoyés. Rien. La dernière bêtise fut cette *Chronologie de la musique au Québec* : aucune mention de la *Messe* dans la colonne *Musique sacrée*, alors que l'ouvrage abonde en espace blanc. Je suis en bonne compagnie puisque ce livre biscornu n'inclut ni le folklore, ni la musique populaire, ni le jazz, etc.

Intimidation, exclusion, consanguinité : pourquoi ces virtuoses des intrigues de corridors se lamentent-ils donc sur le déclin de la musique classique alors qu'ils le favorisent ?

Faiblesse passagère

Très rarement, il me prend l'envie de faire partie d'un groupe. Peut-être un reliquat de neurotypicité. En 1995, un regroupement de compositeurs m'a invité à me joindre à eux. J'ai accepté, attiré par le nom du groupe qui touchait des cordes sensibles et par ma tendance à prendre les expressions au pied de la lettre. J'espérais trouver là une confrérie d'esprit, un lieu où je pourrais échanger avec d'autres à partir d'intérêts communs. On m'a bien accueilli, et certains membres avaient beaucoup d'esprit ; cela m'a tant séduit que je laissais passer mon trouble lorsque cet humour prenait des résonances déplorables. Un membre se moquait de ses employeurs : « Une gang de tapettes ! » Un autre raillait la « maudite juiverie internationale ». L'humour peut m'être un piège, mais je croyais avoir appris.

Délai de réaction : j'ai été lent à réaliser que les projets du groupe ne se concrétisaient pour ainsi dire jamais. J'ai aussi été très lent à saisir les non-dits entre membres. Le jour du choc est néanmoins arrivé. Depuis le début, un vieil homme partici-pait à titre de mécène. C'est fou ce qu'il devait nous trouver des commandites de prestige grâce à ses contacts parmi des gens influents et même des ministres! Évidemment, il n'a rien livré. En réalité, le mécénat ne l'intéressait pas du tout: son fantasme était plutôt d'être reconnu comme compositeur par le groupe. Encore aurait-il fallu que compositeur il soit. Or, sa production se limitait à deux ou trois pièces écrites, et quelques autres qu'il disait «jouer de mémoire». Seigneur! Dans sa jeunesse, monsieur avait rêvé de devenir pianiste et compositeur («J'aurais voulu être un artiiiiiiste») mais, devant les difficultés, il y avait renoncé au profit d'une carrière de fonctionnaire. À la retraite, sa lubie avait refait surface, et il frayait avec nous pour obtenir notre admiration.

Comme je suis transparent, il a vu que j'avais compris. Là, le pus est sorti. Monsieur s'en est pris à moi dans des termes haineux: «Toi, Ouellette, tu te prends pour un autre parce que tu enseignes à l'université! Mais [en me pointant du doigt d'une façon menaçante], je peux faire mieux que toi n'importe quand!» L'écume aux lèvres, il a ajouté: «Moi, j'ai travaillé pour mériter mon argent!» J'ai dit: «Et moi, je ne travaille pas?» Il m'a répliqué: «Non! Quand j'étais jeune, moi, je....» Puis, il s'est attaqué à ma personne parce que je ne suis pas de sa classe sociale, que j'ai des revenus modestes, que je n'ai pas de relations avec des gens importants et tout le reste. Abasourdi, j'ai éclaté de rire. Rouge de colère, il s'est levé pour m'agres-ser; un membre l'a retenu. Et la lumière fut: j'ai réalisé qu'il y avait longtemps que monsieur ruminait contre moi auprès des autres. J'ai pris mes affaires, j'ai quitté et rompu tout contact avec ces gens.

L'envie de faire partie d'un groupe me tenaille encore à l'occasion. Je ne ferme pas la porte mais, avant de m'engager, je méditerai cette perle de sagesse de Woody Allen: «Je n'accep-terais jamais de faire partie d'un groupe qui m'accepte comme membre!»

Sisyphe doit toujours recommencer

Après la tournée de *L'Amour de Joseph et Marie*, j'ai expédié des dossiers au sujet de l'oratorio aux principaux orchestres symphoniques québécois afin d'en susciter des reprises. Encore une fois, je n'ai pas reçu d'accusé de réception de leur part. Reste qu'en musique classique la tournée de l'oratorio avait constitué l'événement le plus marquant de l'année 2000 dans les régions du Québec : jamais avant ni depuis une œuvre québécoise nouvelle de cette dimension n'a été donnée quatre fois et en tournée, en plus d'être diffusée par Radio-Canada. Dans la revue de la SOCAN, un article faisait le bilan de l'année en création musicale dans les régions. Signé par une musicologue, l'article ne contenait pas un seul mot sur l'oratorio ! L'auteure ne pouvait évidemment pas ignorer la tenue d'une tournée très bien publicisée. Je passe sur la marque de haine à mon égard mais pas sur celle, inexcusable, à l'égard des nombreuses personnes qui y avaient participé. Je n'avais rien fait à cette personne pour être ainsi discriminé. Malgré un accueil public et critique enthousiaste, *L'Amour de Joseph et Marie* n'a jamais été redonné depuis. Quel paradoxe !

En relisant mon récit, je me suis dit que j'avais rêvé, que jamais *L'Amour de Joseph et Marie* n'avait été joué pour vrai. Ni *Paysage*, ni *L'Esprit envoûteur*, ni la *Messe*... Et pourtant, je possède les preuves concrètes que je n'ai pas rêvé ! Alors, pourquoi ce traitement ? C'était à n'y rien comprendre et cela devenait paniquant à force de répétitions. Je contribuais à donner des possibilités nouvelles de rayonnement à la création musicale classique. En quoi cela pouvait-il menacer qui que ce soit ? C'était tout le contraire ! Or, non seulement je n'arrivais pas à profiter de mes réalisations, mais chacune me méritait des ennemis, des gens à qui, pourtant, je n'avais causé aucun mal. L'absurdité totale. Mais Sisyphe doit toujours recommencer sa tâche.

J'ai reçu en redevances de droits d'auteur la fabuleuse somme de cinq cents dollars, pour quatre concerts devant des salles pleines et pour une œuvre de soixante-dix minutes pour solistes, chœurs et orchestre symphonique. Comment gagner sa vie ainsi ¿ Tout de même, en 1999, j'ai obtenu un signe de reconnaissance. À la suite d'un concours, le Centre de musique canadienne m'a nommé parmi ses compositeurs agréés. Cet organisme faisant la promotion de la musique de compositeurs canadiens d'hier et d'aujourd'hui, ma musique y trouvait une vitrine. Signe de la situation de la musique canadienne, les subventions de l'organisme sont gelées depuis de nombreuses années, et il fonctionne avec des effectifs insuffisants compte tenu des exigences de sa mission.

Je ne me plains de rien. En vérité, je ne peux me plaindre ni du public ni des musiciens qui ont joué ma musique, car ils l'ont pour ainsi dire toujours bien rendue. Mais j'observe et constate que la musique classique au Québec possède une riche tradition d'exclusion remontant au XIXe siècle. Calixa Lavallée fut l'une des premières victimes des fiers-à-bras de cette mafia musicale. Ce compositeur n'est célèbre que parce qu'il a composé l'hymne national canadien, autrement sa musique est inconnue. Malgré sa combativité, sa santé a été affectée par l'indifférence et l'hostilité qu'il a rencontrées dans son propre pays, au point d'avoir à s'exiler aux États-Unis, où il a fait une grande partie de sa carrière. Mais la guigne s'est acharnée : il est décédé en 1891, à quarante-six ans seulement, et plusieurs de ses partitions, dont les plus ambitieuses, ont été détruites dans un incendie. Ce qui reste de son œuvre, surtout de la musique de salon et de fanfare, ne lui rend guère justice.

Deux sources (dont l'une très fiable puisqu'il s'agit d'un avocat) m'ont indiqué qu'il circulerait dans certains de nos orchestres symphoniques des listes noires de compositeurs québécois. Malgré la solidité de ces sources, je ne peux concevoir qu'une telle pratique existe réellement tant c'est ignoble, révoltant et répugnant[1]. Pourtant, les quelques noms que je sais y figurer ne sont effectivement jamais joués par ces orchestres. Peut-être ai-je moi-même l'honneur d'y figurer ¿ Bref, la politique ressemble à un champ fleuri.

Ma foi, peut-être suis-je un peu paranoïaque. Un résidu du syndrome de stress post-traumatique ¿ Tout de même, Carole (nom fictif), personne positive et équilibrée entre toutes, qui s'est dévouée pendant des décennies à ce milieu, m'a confié qu'elle était devenue paranoïaque à force d'être témoin d'incidents peu catholiques. Alors... Il s'agit d'un domaine très difficile, et certaines gens semblent prendre un malin plaisir à y rendre les choses plus déplaisantes encore. À chacun son talent!

Le cours de l'or

En 2004, j'ai obtenu une bourse d'études doctorales : libéré de l'enseignement, j'ai pu me consacrer à plein temps à ma thèse, et le travail a avancé rondement. Lorsque j'ai repris l'enseignement à l'automne 2005, je me suis aperçu que j'avais fait d'énormes progrès. Mais je me suis aussi aperçu que l'atmosphère avait changé au département, et j'y sentais une vive tension. Alors que le département élaborait un nouveau programme, toutes sortes de rumeurs circulaient. Quelqu'un m'a encore dit que je faisais « trop d'ombre à certains » : décidément, je dois être un grand arbre... Des professeurs ont subitement pris leur retraite, d'autres se sont trouvé des postes ailleurs. Les programmes de musicothérapie et de musicologie allaient être abolis (et, par le fait même, presque tous les cours que je donnais). C'est dans ce contexte anxiogène, agrémenté de l'intrigue relevée au premier chapitre, que j'ai soutenu mon doctorat.

Le recteur de l'UQÀM lui-même m'avait dit que l'obtention d'un Ph. D. avec mention d'excellence « valait de l'or ». Désireux d'améliorer ma situation professionnelle, j'ai testé cette affirmation en soumettant mon dossier à une université où un poste de professeur en musicologie avait été ouvert. J'ai été retenu parmi les quatre finalistes et convoqué à une entrevue. Ce fut une expérience très *spéciale*. L'entrevue se déroulait devant l'assemblée des professeurs du département de musique et en présence de deux représentantes étudiantes. Lorsque j'ai évoqué le sujet de ma thèse, un professeur s'est exclamé : « C'est pour les flyés, ça! » Une représentante étudiante m'a demandé, et je cite : « Es-tu prêt à boucher des trous ? » Belle attitude universitaire! J'ai compris que le nouveau professeur serait appelé à donner des cours autres que ceux pour lesquels il serait embauché. J'ai répondu que ma polyvalence musicale me permettait beaucoup de choses, mais que je ne pouvais pas donner le cours de trombone... Après un temps d'attente incongru de plusieurs semaines, le poste a finalement été octroyé à un autre finaliste. Lors de la journée d'entrevues, j'avais remarqué que ce candidat avait droit à un traitement de faveur. La secrétaire du département l'accompagnait, et je l'avais entendue lui dire : « Tu vas voir, tout va bien aller. » J'ai su par après que ce candidat était quelqu'un de l'endroit et que le poste lui avait déjà été promis. Autrement dit, les entrevues n'avaient eu lieu que pour respecter le protocole ; les autres candidats faisaient office de figurants. Ce genre de pratique est-il répandu ? Un type a marchandé un poste de professeur en échange de faveurs sexuelles et l'a obtenu. Pas très beau... Le choix des nouveaux professeurs devrait vraiment être fait par des comités tout à fait indépendants.

Sphinx

Il y a un prix social à payer quand on est autiste, comme une amende parce qu'on est un peu trop différent. Vient un moment où expérience, compétence, expertise, réalisations et projets ne suffisent plus. Ce qu'il faut, c'est un solide réseau social, professionnel en l'occurrence, beaucoup d'entregent, des contacts suivis, l'assiduité à des activités stratégiques, peu importe qu'on en ait envie ou non, un sens aiguisé de la flatterie ciblée, de la courtisanerie. Mais tout cela, c'est précisément ce qui est le plus difficile pour une personne autiste. C'est d'ailleurs précisément là où Mozart et Bartók ont échoué. L'un et l'autre sont décédés dans la gêne ; on peut même parler de misère pour Bartók. Quant à moi, j'avoue que c'est surtout sur ce plan que je constate les limites de ma condition.

Tout d'abord, j'ai trouvé des collaborateurs pour des projets particuliers, mais personne pour m'assister dans la tâche de promotion. J'ai dépensé beaucoup d'énergie, de temps et d'argent pour faire seul ce travail harassant. Au fil des ans, j'ai croisé plusieurs personnes qui auraient été en mesure de m'aider, mais rien ne s'est matérialisé. Peut-être n'ai-je pas envoyé suffisamment de signaux clairs à cet effet, peut-être que ces personnes avaient mieux à faire ailleurs, peut-être aussi pensaient-elles que les choses allaient si bien pour moi que j'arrivais à me débrouiller seul. Ces collaborations sont néanmoins précieuses, sinon essentielles. Je souhaite que se matérialise ce soutien personnel, malgré la maladresse sociale qui me handicape.

Par ailleurs, j'éprouve une énorme difficulté à saisir les dessous, les non-dits, les phrases qui signifient autre chose que ce qu'elles disent. Je prends à la lettre ce qu'on me dit, de manière franche, et j'agis en conséquence... alors qu'en réalité ce n'est pas du tout ça qu'on attend de moi, sans me le dire explicitement, en tournant autour du pot. Aujourd'hui, je suis certain d'avoir souvent agi ainsi, sans méchanceté de ma part mais en donnant mauvaise impression ou, du moins, l'impression, fausse, d'être imprévisible. Il est probable que j'ai éloigné de moi, de cette façon, des gens qui cherchaient à m'aider. Je reconnais donc ma part de responsabilité dans mes difficultés, quoique je n'en aie pas été formellement responsable.

Dans les récits légendaires de plusieurs cultures, des personnages menant une quête doivent affronter un sphinx qui leur impose l'épreuve de résoudre des énigmes. S'ils réussissent, ils passent et poursuivent leur route. C'est une image des pièges dans les relations humaines : nous sommes des sphinx les uns pour les autres. Ceux qui parviennent à composer avec les énigmes des autres réussissent socialement. Mais à ce jeu, les autistes ne sont pas doués, et les surdoués, guère plus. Je me demande tout de même pourquoi les relations humaines ne sont pas plus limpides. Pourquoi les gens ne mettent-ils pas cartes sur table et laissent-ils plutôt à leurs interlocuteurs la délicate tâche de déchiffrer des énigmes ? Je l'ignore. Les neurotypiques sont beaucoup plus habiles dans le décodage. Pourtant, je ne suis pas du tout certain qu'ils se comprennent si bien entre eux en jouant ces jeux compliqués et obscurs. Ces jeux sont des sources potentielles de conflit.

Comme le Prince Mychkine, je trouve des excuses à tous ! Mais la méchanceté existe. Les gens qui ont recouru à de l'intimidation à mon endroit, pour de la *musique*, emploieraient bien mieux leurs énergies en luttant contre les injustices de ce monde qui n'en manque pas. Rétrospectivement, je suis sidéré par la lâcheté avec laquelle ils s'en sont pris à une personne devant composer avec un «handicap sévère et permanent». Ce n'est pas ainsi, ni en cautionnant ces actes par le silence, que l'humanité évoluera vers un monde meilleur.

Un monde meilleur... Tout en révisant le présent texte, je travaille à une troisième sonate pour violoncelle et piano[2], avec une joie intense qu'il m'est difficile de décrire : la joie d'assembler des sons, de les faire fleurir ; celle de combiner rythmes pulsés et libres en de nouveaux alliages temporels ; de mettre en valeur une sorte de trille de mon invention, une sonorité inédite pour le violoncelle ; de prendre un soin amoureux à écrire chaque note, chaque silence – car mes partitions sont écrites à la main avant d'être éditées avec un logiciel informatique ; la joie de créer une chose belle et de m'approcher encore un peu plus de ce «rêve musical» que je porte en moi. C'est cette joie que je désire partager.

Notes

1. Cette pratique existe bel et bien : Hélène Buzzetti, du *Devoir*, a montré que le gouvernement conservateur agit à Ottawa en boycottant certains journalistes qui ont osé poser des questions dérangeantes. Elle-même croit figurer sur cette liste noire. L'exemple vient donc de haut.

2. Vers 1984, j'ai cessé de nommer des pièces *sonate, symphonie, concerto,* etc. Cette nouvelle sonate est une exception parce qu'elle forme avec les deux précédentes une trilogie cohérente, qui pourrait être donnée ainsi en concert. Cela dit, les trois pièces demeurent indépendantes.

LE MONDE ASPERGER (VIII)
LA CHANCE D'ÊTRE AINSI

Un dernier mot sur la dissociation

Tout au long de ce livre, j'ai décrit diverses manifestations de la tendance de mon esprit à la dissociation, en précisant que, contrairement à ce qui en est de la schizophrénie, cette tendance demeure douce, «amicale», malgré certains inconforts. Je reviens une dernière fois sur le sujet. Norm Ledgin écrit:

> «Un raisonnement illogique est un trait commun aux enfants et aux adultes Aspergers. On discerne ce défaut quand ils s'expriment de deux façons différentes sur une même question et ne se rallient jamais à un compromis, ou bien encore quand ils sont incapables de distinguer le réel de l'imaginaire dans une conversation[1].»

C'est à la fois vrai et faux. D'une part, j'aime bien jouer le jeu d'épouser un moment le point de vue opposé, histoire de voir où il peut me mener. Peut-être me ramènera-t-il à ma conviction initiale, peut-être la renforcera-t-il; peut-être aussi l'aura-t-il enrichie, élargie. Dans la vie quotidienne, je me rallie volontiers à des compromis; cependant, il arrive qu'en moi deux idées contradictoires coexistent sans compromis mais pacifiquement, l'une étant minoritaire par rapport à l'autre, comme dans le couple art-science. Je n'ai pas peur d'assumer quelques petites contradictions, mais je peux affirmer que je suis une personne conséquente et intègre sur les choses essentielles. L'univers est si grand qu'un seul point de vue fait plutôt maigre. Par ailleurs, nous n'avons qu'une vie à vivre: alors, je suis conscient de ma petitesse et de ma finitude, de mon unicité aussi. Ce que Ledgin identifie comme un « défaut » n'en est pas un : c'est l'expression, très particulière et très différente de chez les neurotypiques, de la souplesse de l'esprit autiste. On lui dénie la souplesse non parce qu'elle n'existe pas mais bien parce qu'on ne la cherche pas au bon endroit.

Malgré les difficultés que j'ai rencontrées, j'ai conscience d'avoir bénéficié de chances dans mon histoire personnelle qui, même en l'absence de diagnostic précoce, m'ont été favorables. J'ai été pleinement accepté par mes parents, malgré ma bizarrerie. J'ai grandi dans un milieu stable : mes parents forment un couple uni et nous n'avons connu qu'un déménagement. Mon grand-père m'a enseigné très tôt les lettres et les chiffres à la manière d'un jeu. J'ai fait mon cours secondaire avec une méthode pédagogique personnalisée. Par ailleurs, mes intérêts particuliers, la biologie et la musique, sont socialement acceptables, malgré l'originalité de les avoir combinés et malgré le fait que la musique que je compose ne s'inscrit dans aucun courant institutionnel. Un Asperger qui a comme passion la compilation de dates de naissance part davantage défavorisé. Mais si les conditions lui sont favorables, il peut canaliser cette passion vers la généalogie ou la recherche historique.

J'ai aussi eu la chance d'éviter la consommation de drogues, ces substances censées être illégales mais qui sont en fait très accessibles. Déjà dans mon adolescence, il était presque normal d'en essayer. Ma répulsion était instinctive mais heureuse : l'autisme ne fait pas bon ménage avec les drogues. Il semble que nous soyons beaucoup plus à risque d'avoir des réactions psychotiques en les consommant même en petites quantités. C'est que nous vivons déjà un état altéré de conscience, naturellement, gratuitement ! J'ai eu connaissance du cas d'un jeune homme qui avait été hospitalisé pour un délire schizoïde. En le questionnant, le personnel soignant a appris qu'il consommait tous les jours de la marijuana. La chose a mis la puce à l'oreille d'un psychologue spécialisé qui a demandé une nouvelle évaluation, dont le résultat fut un diagnostic d'Asperger.

Ces chances m'ont permis de me développer en tant qu'Asperger. Sans elles, la vie m'aurait posé plus de difficultés. Car, je le rappelle, adolescent et jeune adulte, j'étais peu parlant, heureux dans une sorte de mutisme.

Quelques suggestions

Alors, sans faire de mon cas un cas d'espèce qu'il serait possible de généraliser, je formule quelques petites suggestions qui pourraient aider des Aspergers et des gens TED à s'épanouir.

- Aux parents : ne vous sentez pas coupables ! Vous ne l'êtes pas, et l'autisme n'a rien d'une affaire de culpabilité.
- Je recommande aux parents d'accepter l'enfant tel qu'il est, de tolérer ses étrangetés et de lui donner du temps. J'insiste sur le temps ! La maturité viendra, mais plus tardivement : ce n'est pas si grave. L'acceptation est essentielle et précieuse comme outil de développement.
- Il serait bien d'intégrer le jeune Asperger aux tâches domestiques : cuisine, entretien, etc.
- Je suis très sceptique quant à l'idée de nous normaliser. Faire d'un Asperger un « faux neurotypique » peut être rassurant pour les parents et commode pour les éducateurs, mais cela revient à brimer sa nature et peut lui causer plus de mal que de bien.
- Les discours négatifs, surdramatiques relatifs à la condition autistique devraient être délaissés, ou à tout le moins atténués, au profit d'un discours mettant en valeur les forces que cette condition comporte, afin que les jeunes Aspergers puissent les connaître, les développer, et cultiver une saine estime d'eux-mêmes. Un enfant n'est qu'un enfant : il ne peut porter le poids du monde sur ses épaules.
- Je suggère aux familles où vit un enfant Asperger de viser la plus grande stabilité possible. Cela peut être très difficile dans le monde actuel. La stabilité demeure néanmoins un élément positif chez l'enfant autiste. Lui imposer des changements qu'il ne comprend pas, sous prétexte de le « préparer à la vraie vie », renforcera son anxiété. Il s'habituera aux changements dans son environnement, mais il est inutile de lui en imposer sans raisons sérieuses.

- Autant que possible, un enfant Asperger devrait aller à l'école régulière, surtout si du personnel spécialisé est disponible. Il faudra porter attention au *bullying*. La dernière réforme de l'éducation fait une grande place au travail en équipe. Ce n'est pas la méthode idéale pour les Aspergers, surtout lorsqu'elle est appliquée de manière systématique. Les familles qui en ont les moyens pourraient voir ce que proposent les écoles privées comme méthodes pédagogiques : certaines pourraient offrir un meilleur cadre aux élèves Aspergers. Il existe aussi des écoles spécialisées pour enfants TED. La formule est intéressante mais, si le respect existe, il est bon que les Aspergers apprennent au contact d'élèves neurotypiques ; l'inverse est tout aussi vrai.

- Souvent difficile pour les jeunes neurotypiques, l'adolescence représente un champ de mines pour les Aspergers, notamment en raison des pressions du groupe ou de la tentation des drogues. C'est donc une étape où la compréhension et l'acceptation des proches sont importantes.

- Un suivi individuel auprès d'une personne spécialisée serait utile pour aider le jeune Asperger. Plus que d'un thérapeute, un Asperger a besoin d'un mentor, d'une personne avec qui établir un lien de confiance, de quelqu'un qui le comprend et qui peut le guider, le conseiller.

- L'apprentissage de la gestion de l'anxiété est très important. L'idéal est de l'entreprendre tôt.

- Il ne faut pas enrober la médication d'un tabou : ce serait se priver d'un outil qui, combiné au précédent, peut changer notre vie pour le mieux. Si elle est indiquée, la médication est à déterminer avec le médecin. Le mot « antidépresseur » ne doit pas faire peur : il est d'ailleurs impropre puisque le spectre d'action de ces médicaments dépasse largement la dépression. Pour ma part, de petites doses ont transformé positivement ma vie.

- Les ressources actuelles en autisme vont d'abord aux enfants autistes et à leurs familles. Cependant, ces enfants grandissent et deviennent adultes. À cette étape, les autistes sont quasiment laissés à eux-mêmes. C'est une lacune, surtout relativement à l'emploi. Des services devraient être mis sur pied, ou renforcés s'ils existent déjà, pour aider les autistes à trouver un emploi, à le conserver, et pour contribuer à leur bonne intégration dans les milieux de travail. Les autistes ont des forces très intéressantes pour les employeurs : encore faudrait-il que ces derniers le sachent.

Fièrement autistes !

Je raconte ici ma vie, mon cheminement artistique et mes réalisations, pour que l'on voit et sache ce qu'un autiste Asperger peut faire. Je souhaite que de telles démarches individuelles puissent devenir collectives.

Les autistes ont une forte tendance à l'isolement. De toute façon, à peu près rien n'existe pour les aider à se rencontrer. Afin de briser cet isolement, il faudrait que soient créés des lieux où nous puissions nous rencontrer, échanger sur nos situations de vie, partager nos difficultés et nos réussites, nous entraider et attirer l'attention du public sur nos accomplissements. Je suis convaincu que cela ferait tomber beaucoup de préjugés et dédramatiserait la condition autistique. De tels groupes pourraient s'inspirer du modèle de La clé des champs. Ils fonctionneraient sur le même principe du « pour et par » et proposeraient des sessions thématiques de culture humaine et de gestion de l'anxiété. Pour nous, ce serait un beau défi. Une mission impossible ? Le défi n'était pas moindre pour les gens souffrant de troubles anxieux qui, en certaines périodes de leurs vies, avaient peur même de sortir de chez eux. Je rêve donc de créer un tel mouvement, que je nommerais Fièrement autistes !

Aujourd'hui, ce sont surtout des personnes neurotypiques qui parlent en notre nom et organisent des activités pour nous. En 2009, j'ai participé à la marche annuelle pour l'autisme et me suis rendu compte que, quoique bien intentionnée, l'activité était conçue d'une façon qui ne nous ressemblait guère ; elle ressemblait plutôt aux parents et aux intervenants neurotypiques. Par exemple, la marche était accompagnée d'un bataillon de tambourinaires jouant à tue-tête. Au départ, les enfants TED étaient fascinés par les instruments de musique. Mais au fur et à mesure que la marche se déroulait, alors que les neurotypiques se dandinaient au son de cette musique tonitruante, les autistes devenaient exaspérés. Certains se bouchaient les oreilles ; moi-même, qui en ai entendu d'autres, j'ai été tenté à plusieurs reprises de quitter la marche, parce que je me sentais étranger à cette activité qui pourtant me concernait. Ne le prenez pas mal ! Il serait important que les activités dédiées aux autistes leur ressemblent davantage.

L'acceptation originelle

Ayant longtemps ignoré ma condition, j'ai dû faire mon petit bout de chemin tant bien que mal dans un univers qui n'est pas vraiment le mien. Je suis parvenu par la force des choses à acquérir des habiletés, à faire face à des situations souvent difficiles pour les Aspergers. Ma condition m'a valu d'être abusé et discriminé : des gens ont recouru à toutes sortes de violences pour me faire « entrer dans le rang », puis m'ont exclu parce que je n'y entrais pas. Cela m'a fait beaucoup souffrir, et rien ne me garantit que je suis désormais à l'abri de la malice de certaines personnes. Mais je n'ai jamais désiré être autre et j'ai donc résisté à toutes les tentatives d'intimidation.

Vouloir « guérir » l'autisme est louable. Mais au fond, de quelle motivation procède cette idée, sinon de celle de normaliser les gens en médicalisant leurs différences, de les intégrer coûte que coûte à un monde neurotypique, « le meilleur des mondes » (ce qu'il n'est d'ailleurs pas) ? Je crois qu'il y a mieux à faire en passant par l'acceptation et en mettant en œuvre ce qu'il faut pour assumer la condition autistique de la plus belle façon. Cela ne se dessine pas encore à l'horizon, mais il viendra peut-être un jour où l'idée de normaliser les autistes semblera aussi inappropriée que celle de blanchir les Noirs. Dire qu'il existe des « traitements » pour blanchir la peau des Noirs ! En Asie, il en existe aussi pour débrider les yeux afin qu'ils ressemblent davantage à ceux des Blancs...

Peut-être qu'un jour l'autisme quittera le domaine du *pathologique* ou du *médical* pour celui du *développement atypique* chez l'enfant et du *profil atypique* chez l'adulte. Peut-être aussi parlera-t-on d'*identification* de personnes autistes plutôt que de *diagnostic*. Peut-être que les *troubles envahissants du développement* seront plutôt nommés *troubles du spectre autistique* ou, mieux encore, *condition autistique*. Lors d'une conférence, j'ai entendu le psychanalyste jungien Guy Corneau parler des autistes et des Aspergers comme de gens neufs vivant dans des univers parallèles. Il ajoutait que, si on les écoutait au lieu de les exclure et de les médicaliser, ils seraient des guides vers de nouveaux horizons.

Restera alors la dimension handicapante, liée au fait de former une toute petite minorité devant composer avec des cadres scolaire, institutionnel et professionnel neurotypiques, c'est-à-dire devant composer avec un stress adaptatif permanent. Mais peut-être aussi aura-t-on alors modifié ces cadres afin que toute personne puisse s'épanouir.

C'est curieux à dire, mais peut-être y a-t-il eu une sorte de consentement initial à ce que je naisse Asperger, un accord donné pour créer un être différent, comme une volonté de parcourir d'autres voies. Pour ma part, je crois que nous sommes tous les résultats d'un choix, et que l'univers lui-même a été un choix.

De la science-fiction : Autismapolis

Depuis quelques décennies, le nombre de cas d'autisme augmente un peu partout dans le monde. Certains verront là une preuve que l'autisme est causé par des facteurs environnementaux (négatifs, évidemment !). Pourtant, si on adopte un moment l'idée que l'autisme est une autre forme d'intelligence, l'augmentation du nombre d'autistes pourrait être une réponse de l'humanité aux défis inédits qui se posent à elle. Et cette réponse pourrait bien être positive, adaptée et pertinente. Par exemple :

- Les autistes aiment souvent l'informatique et plusieurs y excellent. Or, l'informatique fait désormais partie intégrante de la vie humaine.

- La présence d'un nombre grandissant d'autistes favorise le respect de la différence humaine, cela sans que ce respect passe par le poids économique d'un «groupe différent» (le poids économique des autistes est encore très faible).
- Les autistes tendent à accepter l'autre comme il est: cela vaut pour les humains et pour les autres vivants. Cette attitude est positive dans un contexte de problèmes majeurs liés à l'environnement.
- Les autistes sont moins agressifs et envahissants vis-à-vis de l'autre. Nous vivons dans un «village global» où les cultures se frottent entre elles d'une façon qui n'a aucun précédent historique. L'attitude des autistes constitue donc un modérateur aux manifestations d'agressivité pouvant être favorisées par cette situation.
- Les autistes sont souvent des ascètes qui ont peu de besoins ; ils sont rarement des consommateurs compulsifs. Des réformes au système économique mondial sont indispensables, à défaut de quoi de nouvelles crises (aussi graves sinon pires que les précédentes) seront inévitables. La «sagesse» économique des autistes se révélerait alors positive.
- Les autistes ont en moyenne moins d'enfants que les neurotypiques. C'est l'une des grandes différences avec ces derniers: en général, et sans nécessairement refuser cette perspective, les autistes ne tiennent pas à avoir d'enfants. Je touche ici le tabou des tabous, alors je m'en tiens à ce simple constat. En 1989, Uta Frith écrivait que «les individus autistiques n'ont que très rarement des enfants[2]». Mais cette observation est biaisée puisque, à l'époque, la recherche portait d'abord sur des autistes présentant aussi de la déficience intellectuelle. Lorsqu'il a présenté les conclusions de son étude en 2010, le docteur Guy Rouleau a précisé: «Les autistes sont donc bel et bien susceptibles de transmettre leur maladie [sic!] à leurs enfants, mais peu d'entre eux fondent une famille[3].» Pourtant, même s'ils ont moins d'enfants, la proportion d'autistes augmente! Il y a peut-être là une stratégie

de l'espèce humaine visant à freiner son insoutenable croissance démographique.

Je ne dis pas que les autistes sont *meilleurs*; je dis simplement que l'augmentation de leur nombre pourrait avoir des effets bénéfiques. Ne nous craignez pas! Nous sommes compagnons de route, et nous espérons autant que vous un monde où il fera bon vivre pour tous.

Allons un peu plus loin. Après tout, je peux me le permettre puisque tant de choses terribles ont été écrites sur nous. Il se pourrait que cette augmentation soit l'amorce d'un processus de transformation évolutive de l'espèce humaine; un processus qui, s'il se maintient, pourrait mener vers une nouvelle humanité, basée sur de nouvelles valeurs, une nouvelle culture et un lien nouveau avec la Terre. Alors, comment serait le monde si les autistes étaient aussi nombreux que le sont les neurotypiques aujourd'hui? C'est de la science-fiction, mais l'exercice est amusant. Ce monde ne serait pas le paradis (nous ne sommes pas des anges), mais il serait différent. Familier aussi, malgré tout. Ses grandes lignes pourraient ressembler à celles-ci.

Ce ne serait pas un monde robotisé, mais la technologie y serait omniprésente, l'informatisation poussée vers de nouveaux développements. La connaissance serait une valeur primordiale, la connaissance à des fins pratiques mais surtout celle liée au savoir, à la recherche fondamentale. La connaissance serait d'abord un plaisir. Les découvertes et les inventions seraient du domaine public, comme Marie Curie a tenu à ce qu'il en soit ainsi pour les siennes.

La population serait moins nombreuse. Les villes seraient presque silencieuses et aucunement suréclairées: la nuit, on verrait les étoiles. Les villes seraient aussi plus tranquilles et sécuritaires. Les bâtiments seraient plus uniformes et symétriques (mais pas nécessairement de formes conventionnelles), certainement plus écologiques. Les villes seraient plus discrètes, presque fondues dans le paysage. L'énergie serait produite non par des mégastructures mais par des technologies légères d'utilisation très décentralisée. Les matériaux et les ressources seraient intégralement recyclés, et les dépotoirs n'existeraient pas. Le rythme de vie serait plus calme, et le concept de tourisme tomberait en désuétude. Paradoxalement, les choses évolueraient avec plus de fluidité.

Les méthodes adéquates enfin trouvées, mises au point et perfectionnées par l'expérience de vie, le système éducatif serait très différent, basé sur le mentorat et donc davantage personnalisé, pour permettre à chaque enfant de se développer à sa manière, à son rythme. Généralisée, l'excentricité ne poserait pas de problème. Il y aurait beaucoup de routines individuelles, mais peu de routine collective. Les frontières seraient floues, plus théoriques que réelles, des vestiges en fait. Les célébrations d'identité collective seraient d'ailleurs rares, peut-être inexistantes. Il n'y aurait pas le même culte de la médaille, du trophée, de la récompense, du prestige. Si l'argent continuait d'exister sous la forme que nous lui connaissons, il n'aurait pas le même statut : il serait relégué à celui de pure utilité et servirait strictement au bien de tous. Son accumulation n'aurait pas de sens. Les citoyens auraient des besoins modestes et peu d'envies ; le logement, la nourriture, les soins de santé, l'éducation seraient presque gratuits pour tous.

L'âge de la majorité serait plus élevé. Les élus seraient moins les représentants de partis politiques que des gens sages, possédant d'excellentes qualités de discernement. Les personnes âgées seraient non seulement respectées mais actives, notamment auprès des jeunes. Très décentralisé, le mode de gouvernance donnerait la primauté à la personne plutôt qu'aux institutions. Ces dernières seraient peu envahissantes, de petite taille, reliées entre elles en temps réel par l'informatique. Il y aurait peu de lois, mais elles seraient davantage respectées et fermement fondées sur la justice et l'équité. Ce serait un monde moins agressif : il n'y aurait ni guerres, ni meurtres, ni pendaisons – disons moins, pour ne pas trop idéaliser ! Les budgets liés à la sécurité et au militaire seraient nettement inférieurs, comme le nombre nécessaire de policiers, d'avocats, et de juges. Y aurait-il encore des prisons ? Dans ce monde, il y aurait moins d'empathie, mais plus de compassion, non seulement entre humains mais aussi entre les humains et les autres formes de vie. Les animaux n'y seraient pas considérés comme de simples «biens meubles». On n'y laisserait personne souffrir indûment ou sans lui porter secours. L'être humain ne se verrait plus comme le dominateur, mais comme un berger respectueux de toutes formes de vie et dont le rôle serait d'arbitrer les conflits entre espèces.

Dans un tel monde, je trouverais la vie moins étrange, moins violente et moins anxiogène. Peut-être les neurotypiques trouveraient-ils ce monde ennuyant! Mais peut-être aussi que l'humanité est déjà engagée en cette voie, parce que les autistes, de plus en plus nombreux, parviennent à faire sentir leur influence même s'ils sont convaincus du contraire.

Notes

1. Ledgin, N. (2008). *Syndrome d'Asperger. Ces autistes qui changent le monde*. Paris: Éditions Salvator, p. 74.
2. Frith, U. (1992). *L'énigme de l'autisme*. Paris: Éditions Odile Jacob, p. 129.
3. Propos rapportés par *Cyberpresse*, le 28 août 2010.

ÉPILOGUE

Un sens caché

En écrivant ce livre, j'ai commencé à déceler dans mes compositions quelques traits que je peux relier à la condition autistique. Ces traits touchent autant l'harmonie, la mélodie, le traitement instrumental, la forme, la polyphonie, le rythme que mon rapport avec le texte dans mes œuvres chantées, etc. Ces traits ne sont pas nécessairement spectaculaires mais, mis ensemble, ils font la singularité de ma musique. Un jour, la pianiste Anne-Marie Dubois m'a demandé la partition d'*Horizon* puis a décidé d'en monter le troisième mouvement, *Gloria*. Son interprétation éclatante m'a comblé. Curieusement, elle disait ne pas comprendre la pièce qu'elle jouait si bien: «Je saisis les mélodies, je vois les harmonies et la forme, mais tout est différent!» En exergue de la partition est inscrite cette citation des *Confessions* de saint Augustin: «Rien de plus connu, rien de plus familier, et pourtant, cela même se dérobe: un pays neuf à découvrir!» Telle est ma musique dans son ensemble, et pas qu'*Horizon*: tout y semble familier, mais tout y est aussi différent. Un peu différent, juste de l'autre côté du miroir.

Une autre chose m'a frappé. Pendant longtemps, j'ai composé en cachette, sans le dire et sans même chercher à faire jouer mes pièces. Ce n'est qu'à vingt-neuf ans qu'une de mes œuvres, *Paysage*, a été donnée en concert public. Jusque-là, c'était un jardin secret que je cultivais en toute indépendance d'esprit: je composais à ma seule manière ce que j'avais le désir d'écrire, sans interférences académiques ni biais provoqués par le désir et la nécessité de rencontrer des attentes extérieures. Ainsi, mon style s'est épanoui tout en préservant son innocence et son autonomie. Comme chercheur, je constate aujourd'hui que, par ce rare concours de circonstances, mes pièces forment un corpus possédant non seulement une valeur propre mais aussi une validité pour une recherche scientifique sur l'expression de l'esprit Asperger dans la création artistique.

Explorer plus profondément cette piste m'entraînerait vers des considérations trop techniques qui déborderaient du cadre que je me suis fixé. Je me limiterai à un aspect en guise d'exemple : celui de la répétition.

La répétition

Les Aspergers développent des routines, des rituels, des comportements répétitifs. Sans verser dans la manie, j'ai un peu ce comportement, et je l'avais davantage à l'enfance. Des Aspergers présentent des troubles de comportement proches de la compulsion ou de l'obsession, comme défaire et refaire son lit ou vérifier à répétition si les portes de la maison sont bien verrouillées. Cela ne va pas jusque-là pour moi, mais j'ai quand même une petite tendance. Des idées, musicales ou autres, peuvent me tourner dans la tête jusqu'à me fatiguer physiquement, comme en un carrousel fou. Par ailleurs, certains Aspergers font de la palilalie (répétition de ses propres paroles) ou de l'écholalie (répétition des paroles des autres)[1]. Ce n'est pas très marqué, mais je me suis rendu compte que j'avais tendance à faire de la palilalie. À partir de ce moment, j'ai fait des efforts pour limiter cette tendance ou, du moins, pour bien la maîtriser parce qu'ainsi elle peut être utile dans la pédagogie. Cet aspect Asperger se retrouve dans ma musique sous diverses formes.

Tout d'abord, j'utilise la répétition lorsque me vient une idée musicale que je trouve intéressante. Habituellement, l'étape initiale de travail sur une pièce consiste à saisir cette idée et à la répéter en boucle. Ce processus peut être mental, mais je peux aussi me mettre au piano et jouer inlassablement cette idée en enfonçant la pédale forte. Il arrive alors que Louise soit exaspérée de m'entendre et me dise d'arrêter parce que sa tête aussi va tourner! Après cette étape de «contemplation», je laisse peu à peu l'idée se décliner en toutes sortes de variations : après la germination, c'est la pousse de la plante et la floraison. Je répète à nouveau longuement les variations qui me plaisent. Je note par écrit idée et variantes : plus tard, je ferai un tri et songerai à une mise en forme. Germination, pousse, floraison : c'est peut-être pourquoi je donne des noms de plantes à certaines de mes œuvres : *Épervière*, *Roseraie*, *Bouleaux blancs*, *Perce-neige*, *Fougères*, etc. Ces titres évoquent les processus biologiques et la beauté du vivant, mais ils correspondent aussi au processus de composition. Les plantes, les fleurs : tiens, serait-ce là un trait féminin ?

L'usage de la répétition ne se limite pas à ce travail de laboratoire. Contrairement à de nombreux collègues qui tentent à tout prix d'éliminer le principe de répétition parce qu'ils le considèrent comme une «solution de facilité» (l'absence de répétition est même devenue un cliché de la musique *contemporaine*), ce principe est présent dans ma musique, sans que j'en abuse pour autant. Il se manifeste par exemple sous la forme d'une mélodie qui revient périodiquement ou d'une figure rythmique obstinée. Je n'ai donc rien en soi contre le principe de répétition : certaines musiques que j'apprécie beaucoup l'utilisent hardiment. Pour moi, il n'y a presque rien de plus beau que les psaumes chantés en grégorien : la même mélodie, simple et dépouillée, reprise sur toutes les strophes du texte, crée une ambiance méditative extraordinaire. J'admire aussi la musique de Steve Reich, souvent qualifiée de répétitive parce que basée sur la répétition obsessionnelle de courts motifs soumis à des transformations très progressives. Dans son principe, elle fait très Asperger, bien que rien n'indique que Reich le soit lui-même. Je pense que la volonté d'éviter à tout prix la répétition est l'une des plus mauvaises «bonnes idées» toujours présente dans la musique *contemporaine*. Je doute même que ce soit une idée vraiment musicale. Quelques personnes ont qualifié ma musique de «répétitive» (habituellement de façon péjorative). Elle l'est dans une certaine mesure mais, à nouveau, tout compte fait, elle reste moins répétitive qu'une part importante du répertoire classique (j'évite presque les reprises textuelles), et bien moins encore que la musique que les gens préfèrent aujourd'hui : la musique pop.

Dans le même ordre d'idée, on m'a souvent dit que mes pièces font entendre des «mélodies en écho» et que ce serait une caractéristique de mon style. Je pense que c'est vrai. J'ai mis en plusieurs occasions dans mes partitions des indications du genre «comme un écho qui se dissipe». Ce sont habituellement de courtes cellules musicales, souvent rapides, répétées plusieurs fois en diminuant en intensité comme si elles s'éloignaient. Cette signature sonore est apparue dès certaines pièces composées autour de l'âge de vingt ans. Plusieurs pièces ultérieures en font emploi selon différentes manières, depuis de courts motifs atomisés jusqu'à des mélodies soutenues en canons parfaits (technique d'origine médiévale qui donne l'impression d'une mélodie jouée ou chantée en écho). Plus radicalement encore, trois œuvres nécessitent un dispositif électroacoustique couplé à des instruments (des clarinettes en l'occurrence) pour créer de l'écho artificiel: la clarinette joue une mélodie et le dispositif en donne l'écho retransmis par des haut-parleurs[2].

Finalement, plusieurs de mes pièces forment des paires composées de façon rapprochée dans le temps, comme si l'une répondait à l'autre à la manière d'un écho. Les deux œuvres d'une même paire peuvent être très différentes (et n'utiliser aucune idée musicale commune), mais elles sont nées presque d'une même impulsion: *Paysage* et *Gravures*, *Bourrasque* et *Une Messe pour le Vent qui souffle*, *L'Amour de Joseph et Marie* et les *Symphonies sacrées*, *Bouleaux blancs* et *Perce-neige*. Mais dans d'autres cas, la paire est soudée d'une manière beaucoup plus manifeste (on y trouve des idées communes): le *Gloria d'Horizon* et le *Gloria* de *L'Amour de Joseph et Marie*, *Le chat* et *Le chat rêve*, *Fougères 1* et *Fougères 2*, la version chorégraphique de *Sattvika: l'Oiseau danse* et sa version symphonique. Donc, des comportements et des paroles en écho, transmutés en musique sous toutes sortes de formes.

Ma musique présente certains traits obsessionnels. Plusieurs de mes pièces sont basées sur un nombre restreint de sons, chose assez rare en musique *contemporaine*. La première à le faire fut le *Cantique des créatures* en 1982[3], puis la *Suite celtique* l'année suivante. Il y a là l'effet de la révélation de la musique médiévale, mais cette révélation était aussi intérieure : j'y ai trouvé ma voie personnelle. En 1987, *Paysage* portait cette technique à grande échelle, avec un langage bien mieux maîtrisé. En 2003, j'ai terminé *Joie des Grives*, œuvre foisonnante et complexe pour orchestre symphonique. Lorsqu'elle sera jouée en 2008, les auditeurs auront l'impression d'une œuvre atonale. Or c'est tout l'opposé : *Joie des Grives* n'utilise que sept notes (do, ré, mi, fa dièse, sol, la, si bémol : aucune autre !), et la note do est entendue ou sous-entendue du début à la fin, comme si toute la pièce était une plongée dans les profondeurs de cette seule note, les autres étant ses harmoniques. Ce sont les jeux des timbres et des rythmes, de même que les détails innombrables de cette musique (le goût des autistes pour les détails...) qui peuvent masquer cette limitation volontaire. J'adore faire résonner mille vibrations sur peu de sons. Par ailleurs, je me suis rendu compte que la note mi répétée était souvent chargée d'angoisse, comme une cloche anxieuse. Je ne sais pas d'où vient cette association, mais elle se manifeste avec force dans certaines de mes pièces les moins « confortables », comme *Perce-neige* ou le second mouvement de *Roseaux*. Peut-être me faudra-t-il exorciser cette note obsédante...

Les autistes montrent des intérêts particuliers puissants. Je constate la présence marquée d'une harmonie précise dans mes œuvres. C'est un accord qui superpose le majeur (traditionnellement associé à la joie) et le mineur (traditionnellement associé à la tristesse). Cette harmonie est si présente qu'elle fonde une grande partie de mon langage harmonique. Ce dernier n'est donc ni tonal (car il faut se décider entre le majeur et le mineur) ni atonal. Cette harmonie peut être parfaitement équilibrée, paisible, flottant comme en apesanteur : les forces dissociatives (majeur et mineur) sont harmonisées. Mais ailleurs, elle se charge de tension et crée des dissonances appuyées : les forces dissociatives s'exercent, l'équilibre intérieur est menacé ou rompu. Cela reflète musicalement ma difficulté à harmoniser mes propres forces intérieures, difficulté que j'ai mise en lumière dans mon autobiographie. Ma musique m'indique que cette harmonisation n'est jamais toute gagnée.

Un *art brut* musical ?
Ou : il n'y a plus d'histoire, seulement une présence

Jusqu'à récemment, je me heurtais à un problème : je n'étais pas en mesure d'expliciter en mots la différence de ma musique. La question m'a souvent été posée : « Comment définis-tu ta musique ? Comment nommes-tu ton style ? », sans que j'arrive à formuler une réponse claire. Ma musique n'appartient pas au domaine de la musique populaire, du folklore ou du jazz. J'ai toujours été rebuté à l'idée de la qualifier de *contemporaine*, bien qu'au sens strict du terme elle en soit, mais je trouve cette musique trop institutionnalisée (sa prétention à représenter la « musique de notre temps », alors qu'elle l'est à peine) : la musique commence à vivre lorsqu'elle s'évade de ces cages dorées. Ma musique est plus proche du domaine de la musique *classique*, encore que d'une façon générale[4]. Par défaut, j'ai été tenté de dire qu'elle était de la *nouvelle musique classique*, tout en restant insatisfait[5]. Bref, elle est mal à l'aise face aux catégorisations, comme je le suis moi-même en tant qu'homme dans la société.

Tiendrait-elle alors de l'*art brut* ? Selon le *Larousse* 2009, l'*art brut* est « un art spontané pratiqué par des personnes ayant échappé au conditionnement culturel : autodidactes, déviants mentaux ou médiums ». Je réponds à ces critères : je suis autodidacte en composition, et je suis « déviant mental » (expression qu'il est pour le moins étonnant de lire dans un ouvrage de 2009). Néanmoins, mon art est savant. Mais c'est le cas en arts visuels : l'*art brut* peut être savant et sophistiqué. Par contre, l'artiste brut crée à partir de lui-même : il ne cherche pas à s'identifier à une tradition, un courant ou une culture. L'artiste brut se place d'emblée en marge du collectif et de l'institutionnel.

C'est mon cas. Connaissant bien les musiques qui se créent aujourd'hui, je suis conscient que la mienne n'appartient pas à un quelconque *mainstream*. Or elle ne cherche pas du tout à le faire. En tant qu'Asperger, je suis insensible aux modes, aux conventions, aux préconçus, aux compromissions nécessaires pour sacrifier au culte de la *réussite* et du *prestige*. Il m'indiffère que la musique doive posséder une signification historique. Je connais bien l'histoire de la musique et l'enseigne toujours avec plaisir. Mais l'histoire est derrière moi, dans le sens où la connaissance que j'en ai ne dirige en rien mon acte de composer. La musique relève de l'imagination, c'est la création d'un monde imaginaire ; elle ne relève pas d'un déterminisme historique. À mon sens, les compositeurs qui ont prétendu assumer le sens de l'histoire se sont fourvoyés. Par contre, il y a un risque : peut-être que les commentateurs n'arriveront pas à situer commodément un tel art dans l'histoire. Les musicologues adorent ce petit jeu-là. Pour eux, ma musique risque d'apparaître comme une sorte d'ovni et, pour cette raison, ils hésiteront à la considérer à sa juste valeur, voire à s'y intéresser.

Or, c'est précisément là que réside sa pertinence dans le contexte présent. Dans son bilan des forces des Aspergers, Tony Attwood soulignait que «paradoxalement, les Aspergers développent un avantage qualitatif dans [certaines] interactions sociales». Quelle est la situation actuelle de la musique ? Depuis déjà plus d'un siècle, les technologies de diffusion de la musique se sont intégrées à notre vie quotidienne. Ces technologies font désormais de la musique une *présence* beaucoup plus qu'une *histoire* : les musiques de toutes les époques et de toutes les cultures sont immédiatement accessibles. Cette ubiquité nouvelle de la musique en a annihilé presque toute dimension historique. Par ailleurs, appartenant à un passé toujours plus lointain, les références de la musique classique occidentale échappent de plus en plus au public, même cultivé, comme des vestiges d'un temps révolu. Ce n'est pas en soi un mal, car même les meilleures idées et les traditions les plus riches parviennent toujours à la fin de leur vie utile. Or, bien que ma musique ait des racines dans la musique classique occidentale, ces références ne l'ont jamais déterminée dans ses formes ou son expression. Le public qui ne les connaît pas n'en a de toute façon pas besoin pour apprécier mes œuvres. L'absence de perspective historique, ou historisante, dans ma musique correspond à cette situation caractéristique d'une ère nouvelle, qu'elle accepte de bon cœur.

Ce n'est qu'en écrivant ce livre que j'ai vraiment pu réaliser ce qu'est ma musique. Elle s'est développée à partir d'intérêts particuliers, non d'influences. Elle est peu référentielle : les références que certains croient y entendre sont les leurs, non les miennes (et ces références encombrent leurs oreilles). Elle ne se réclame d'aucune filiation, sinon de celle, fort atypique, d'un maître inconnu du XIIᵉ siècle dont, peut-être, je poursuis l'œuvre avec des moyens très différents. Une musique de nulle part? Non: la musique d'une personne. D'une personne qui s'adresse à une autre personne, non à un auditoire ou à un groupe, donc sans désirer prendre les détours du collectif: une musique personnaliste. Par ailleurs, elle porte le chant d'un homme «spécial»: un autiste Asperger surdoué, un musicien venu des sciences, un homme qui a été blessé à une étape de sa vie mais qui chemine sur la voie de la résilience. Cette musique est comme une petite passerelle vers un univers parallèle, une autre manière d'être humain.

Une recherche à élargir

Je souhaiterais donc poursuivre ma recherche, selon trois axes. Le premier: approfondir l'investigation de ma propre musique. En partant de ce corpus, ce travail pourrait permettre de préciser des traits déjà reconnus du syndrome d'Asperger, voire d'en découvrir de nouveaux. Le deuxième axe: trouver de la musique d'autres compositeurs diagnostiqués autistes (incluant des Aspergers), l'analyser, la comparer à la mienne, et voir si des traits communs émergent au-delà des différences de style et de personnalité (question: existe-t-il une musique autiste qui serait distincte de la musique neurotypique?). Le troisième: examiner la vie et la carrière d'artistes autistes (incluant des Aspergers) pour constater les effets professionnels, positifs et négatifs, de cette condition. Une telle recherche contribuerait à une meilleure compréhension de l'esprit autiste et à la mise en valeur de nos réalisations. Je souhaite que l'occasion m'en soit donnée.

La personne en premier (bis)

Tout au long de ce livre, j'ai plaidé que la *folie* – l'ensemble des états naturellement altérés de conscience – peut constituer une force et recéler des richesses. Mais j'ai tout autant souligné qu'elle peut induire une fragilité. Comme toutes les personnes touchées, je dois en demeurer conscient et m'accorder de faire attention à moi. *Take care*, disent les anglophones.

Car la *folie* n'est pas du tout un jeu. Il en existe des formes très difficiles à apprivoiser et très souffrantes pour l'individu comme pour son entourage. En général, les épisodes psychotiques de la dépression, de la maladie bipolaire ou de la schizophrénie sont incompatibles avec la créativité. L'apathie causée par certaines de ces conditions lui enlève toute énergie, alors que la fébrilité causée par d'autres la consume en projets chimériques voués à l'effondrement. Même l'autisme, «folie douce», comporte des risques, et la personne autiste vit en permanence comme un funambule en équilibre au-dessus du vide.

Le cas des artistes du passé qui ont sombré dans la psychose le montre: leur production s'est arrêtée ou, au mieux, s'est interrompue pour reprendre avec le retour d'un niveau suffisant de santé. Penser le contraire est très romantique mais concorde mal avec les faits. Je trouve choquant que cette vision pousse encore aujourd'hui un certain public à exiger des artistes *fous* qu'ils aillent «plus loin» dans leur folie: plus loin, il n'y a plus de création, que du délire, de la souffrance extrême et improductive, quelque chose d'infiniment triste et pitoyable. Aucun artiste, aussi *fou* soit-il, ne devrait suivre ces conseils irresponsables, et encore moins s'y croire lié. Leur seul aboutissement est l'hôpital psychiatrique pour l'artiste, alors que le public, lui, se trouvera rapidement un autre «héros de l'art» pour satisfaire son besoin morbide de voir quelqu'un se détruire en public. L'art a beau être un univers magnifique, il ne justifie en aucun cas un tel sacrifice de soi.

Il y a un danger à trop m'attarder: celui d'être identifié et réduit à l'autisme, celui aussi de m'y identifier et de m'y réduire moi-même. Alors, je le redis: nous, autistes, sommes d'abord des personnes. Et je me dis: «Tu es autiste, mais ce n'est qu'un aspect de toi. Tu n'es pas un malade, encore moins une maladie: tu es une personne. Ne l'oublie jamais. Et rappelle-le à ceux qui l'oublieraient.» Le bilan que j'ai tracé en ce livre n'explique pas tout; mes propos ne visaient pas même à imposer une interprétation de mes compositions, surtout pas une interprétation finale et fermée, plutôt un point de départ, une invitation à la découverte et à la rencontre. À ce sujet, près des deux tiers de mes pièces n'ont pas été jouées à ce jour, certaines comptant parmi mes meilleures. Que j'aimerais enfin rencontrer des interprètes aussi *fous* que moi! Autrement, il reste toujours une belle part de mystère dans une personne, dans les créations qu'elle offre, dans son cheminement. Et il est bien qu'il en soit ainsi.

Notes

1. Voir Attwood (2003), p. 83.
2. Ces trois pièces sont *Pieds nus dans l'aube*, *La légende du peuple des airs* et *Gravures*.
3. Cette pièce sera intégrée aux *Symphonies sacrées* (quatre motets pour chœur a cappella), opus 24.
4. J'ai discuté des ambiguïtés du mot «classique» en musique dans un article intitulé «Vous avez dit, classique?», paru dans la revue *Mœbius*, numéro 117, printemps 2008, p. 81 à 93.
5. Je ne sais pas si c'est moi qui ai inventé cette expression. Peut-être pas. J'ai commencé à l'utiliser au début des années 1990 et elle figure sur la pochette du disque SNE d'*Une Messe pour le Vent qui souffle* paru en 1995. Lors du concert à la mémoire de Jacques Hétu, le 19 février 2010, quelqu'un a rendu témoignage au compositeur en reprenant cette expression d'une façon telle que j'ai constaté qu'elle avait rencontré un certain succès. Cependant, la personne en question ne lui avait pas donné la même signification, alors je précise. Par «nouvelle musique classique», je n'entends pas le fait de composer à *nouveau* selon les formes traditionnelles (fugue, sonate à deux thèmes, valse, scherzo, etc.); une telle conception procède de l'idéalisation d'un passé révolu. Pour moi, une *nouvelle musique classique* implique une *nouvelle expression musicale*. Il s'agit de s'inspirer des idéaux classiques pour créer de *nouvelles formes* qui tiennent de la fantaisie telle que définie par le théoricien Marx et dont j'ai fait état à propos de *Paysage*.

Remerciements

Mon premier merci est pour Chantal Belhumeur, docteure en psychologie, qui a lu, relu, lurelu maintes fois mon manuscrit avec patience et m'a fait de judicieux commentaires au fil de ce travail. De même, je remercie l'équipe de Triptyque, notamment Robert Giroux et Lucie Bélanger, pour leur ouverture d'esprit et leurs suggestions qui m'ont guidé dans la « traduction culturelle » de mon texte pour un public neurotypique. Je ne crois pas que la rigidité souvent attribuée aux autistes ait interféré dans nos échanges !

Merci au docteur Laurent Mottron de m'avoir fait l'honneur de préfacer le livre.

Merci à Gislaine Hébert, consultante chez Action main-d'œuvre, qui m'a gentiment poussé dans le dos pour que je remplisse certains formulaires (mon cauchemar !), dont celui qui m'a permis d'obtenir une bourse du Conseil des arts et des lettres du Québec pour mener à bien l'écriture de ce livre. Merci au CALQ pour cet appui précieux.

Un immense merci à La clé des champs pour l'aide inestimable qu'on m'y a apportée. Je salue tout spécialement Jacqueline L'Abbé, qui m'a coaché lors de la préparation à la soutenance doctorale et qui m'a aidé à me relever de la crise de juin 2006. Merci aussi au personnel médical qui m'a accompagné dans le long processus vers le diagnostic, en commençant par le docteur Jean-Marc Bourque de l'hôpital Douglas.

Je remercie du fond du cœur les personnes qui m'ont guidé sans relâche, à commencer par mes parents, pour lesquels j'ai une admiration totale. Je remercie tout particulièrement Louise, mon épouse, pour son soutien constant, sans oublier un petit clin d'œil à mes amis félins, Tibert, Pinotte, Caroline et Napoléon, qui ensoleillent ma vie !

J'adresse un merci spécial aux interprètes valeureux qui ont accordé de l'intérêt et consacré leurs efforts à ma musique : il m'est impossible de les nommer ici, mais je les assure de ma pensée. Je salue à l'avance ceux qui se joindront à l'aventure.

RÉFÉRENCES

SUPERVISION SCIENTIFIQUE :

Chantal Belhumeur, docteure en psychologie

TITRES :

American Psychiatric Association (1996). DSM-IV. *Manuel diagnostique et statistique des troubles mentaux.* Paris : Masson.

Attwood, T. (2003). *Le syndrome d'Asperger et l'autisme de haut niveau.* Paris : Dunod.

Ferrari, P. (2007). *L'autisme infantile.* Paris : Presses universitaires de France, collection Que sais-je ?, numéro 3508.

Frith, U. (1992). *L'énigme de l'autisme.* Paris : Éditions Odile Jacob. Édition originale en anglais : 1989.

Holliday Willey, L. (1999). *Pretending to Be Normal. Living with Asperger's Syndrome.* Londres et Philadelphie : Jessica Kingsley Publishers.

Juhel, J.-C. (2003). *La personne autiste et le syndrome d'Asperger.* Québec : Les Presses de l'Université Laval. En collaboration avec G. Héraud.

Ledgin, N. (2008). *Syndrome d'Asperger: ces autistes qui changent le monde.* Paris : Éditions Salvator.

Lovett, J.P. (2005). *Solutions for Adults with Asperger Syndrome.* Fair Wind Press.

Mottron, L. (2004). *L'autisme : une autre intelligence.* Spimont (Belgique) : Mardaga.

Poirier, N. et Kozminski, C. (2008). *L'autisme, un jour à la fois.* Québec : Les Presses de l'Université Laval, collection Chronique sociale.

Rioux-Soucy, L.-M. et Gravel, P. « Bienvenue à Autismapolis. Voyage intérieur au cœur d'une autre intelligence », dossier sur l'autisme paru dans *Le Devoir*, le samedi 10 octobre 2009, pages A1, 6, 7 et 12.

Rogé, B. (2003). *Autisme, comprendre et agir. Santé, éducation, insertion.* Paris : Dunod.

Siaud-Facchin, J. (2008). *Trop intelligent pour être heureux ? L'adulte surdoué.* Paris : Odile Jacob.

PUBLICATIONS D'ORGANISMES EN SANTÉ MENTALE :

Psychomédia.qc.ca: site Internet d'information et de vulgarisation en psychologie.

Publications de la Fédération québécoise de l'autisme et des autres troubles envahissants du développement (FQATED). Notamment la revue *L'Express*. Site : www.autisme.qc.ca

Publications de Autisme et troubles envahissants du développement Montréal (ATEDM). Notamment le bulletin *Image*. Site : www.autisme-montreal.com

Publications de La clé des champs, réseau d'entraide pour troubles anxieux. Notamment les guides d'intervention. Site : www.lacledeschamps.org

Action main d'œuvre (Montréal). Programme À l'emploi. Site :www.actionmaindoeuvre.ca

Concept ConsulTED. Site : www.conceptconsulted.com

Liste des œuvres musicales d'Antoine Ouellette

Orchestre
Pieds nus dans l'aube (opus 12)
Comme un ciel d'automne... (opus 20)
L'Amour de Joseph et Marie : oratorio pour le troisième millénaire du christianisme (solistes, chœur et orchestre) (opus 23)
Perce-neige (opus 29)
Joie des Grives (opus 32)
L'Oiseau danse (opus 40)

Orchestre à cordes, avec soliste(s)
Sonate saint François. Avec piano principal (opus 8)
L'Esprit envoûteur. Avec flûte en sol et harpe solistes (opus 9)
Siyotanka. Avec flûte (ou flûte amérindienne) soliste (opus 35)
Roseaux. Avec cor anglais soliste (opus 38)

Claviers
Trois Préludes. Pour piano (opus 2.1)
Bonheurs. Pour piano (opus 2.3)
Livre de Sonates pour piano (opus 7)
Paysage. Pour quatre pianos (opus 10)
Horizon. Pour piano (opus 17)
Une Messe pour le Vent qui souffle. Pour orgue (opus 18)
Épervière. Pour piano (opus 19)
Toute paisible. Pour piano (opus 33)

Autres instruments seuls
Solitudes. Pour violoncelle (opus 1.2)
Psaume. Pour violoncelle (opus 5)
Suite celtique. Pour harpe (opus 6)
Bourrasque. Pour flûte (opus 16)
Présence. Pour saxophone alto (opus 22)
Musique sous les étoiles. Pour basson (opus 25)

Deux ou trois instruments
Trois Sonates pour violoncelle et piano :
    Sonate romanesque (opus 1.1)
    Sonate boréale (opus 4)
    Sonate liturgique (opus 42)
Conte. Pour clarinette et piano (opus 2.2)
Au jardin de Gethsémani. Pour flûte, violoncelle, piano électrique (opus 3)

Trois fleurs des chants. Pour clarinette, violoncelle et piano (opus 21)
Bouleaux blancs. Pour trompette et orgue (opus 28)
Le chat rêve. Pour clarinette et piano (opus 31)

PETITE FORMATION
Gravures, pour Benjamin Chee Chee. Trois clarinettes, piano, percussion, voix (opus 14)
Roseraie. Avec hautbois et alto solistes (opus 26)
Fougères 1 et 2. Pour orchestre de guitares (opus 34)
Magnolia. Pour flûte bansuri, tampura, percussions (opus 37)
Sattvika: l'Oiseau danse. Pour saxo soprano, flûte bansuri, tampura, percussions (opus 39)

CHŒUR A CAPPELLA
Symphonies sacrées. Quatre motets (opus 24)

MUSIQUE SCÉNIQUE ET CONTE
L'Ange de Bethléem (opus 11)
La légende du peuple des airs (opus 13)
Le chat. Conte urbain en musique (opus 30)

ÉCRITS PUBLIÉS
Le chant des oyseaulx (opus 36)
Musique autiste (opus 41)

Visitez mon site : www.antoineouellette.org

Des partitions de mes œuvres sont offertes
pour achat, location et consultation
au Centre de musique canadienne.
www.centremusique.ca

TABLE

PRÉFACE du docteur Laurent Mottron   9

AVANT-PROPOS   11

NOVEMBRE 2007   13
Un petit quelque chose de diffus / L'impossible identification / La personne en premier / Un long chemin vers une étrange lumière / Un diagnostic apaisant / Pourquoi ce livre ?

LE MONDE ASPERGER (I)
CE QU'EST LE SYNDROME D'ASPERGER   33
Portrait clinique de l'autisme Asperger / Des oursons ! / Autisme et quotient intellectuel / On peut être autiste et surdoué ! / De la surdouance

L'ENFANT IMPRÉVISIBLE   47
Violon et chanson / Une enfance qui tourne et scintille / Innocence et inquiétude / Nouveau quartier / La ronde des sens / La parole glissante / Lectures / Jouer dehors / La folie des lois / Et aujourd'hui...

LE MONDE ASPERGER (II)
LE SYNDROME D'ASPERGER : UNE DÉFINITION À PARFAIRE   71
L'expérience de vie / Regard et empathie / Répétition et succession / D'autres particularités / De retour chez Hans Asperger

VIOLENCE SECONDAIRE   83
De Elvis à L'eloup / Autonomie et violence / La réalité troublante du bullying / Mais quelle différence ? / Portrait d'un diplômé du secondaire

LE MONDE ASPERGER(III)
LES CAUSES DE L'AUTISME ET DU SYNDROME D'ASPERGER   97
La thèse de la maladie / La piste de l'environnement / La piste génétique / La chambre des miroirs devient la chambre de torture

JARDIN SECRET   113
La quincaillerie musicale / Écouter la musique / La musique pour survivre à la violence / Composer en cachette / Chaos / Apprendre de soi / La flûte enchantée

LE MONDE ASPERGER(IV)
L'AUTISME EST-IL VRAIMENT UNE MALADIE ?   133
Pourquoi le syndrome d'Asperger est-il considéré comme une maladie ? /
La vie est étrange / L'enfer, c'est les autres ! / Anxiété et agressivité / Mais
l'autisme est-il vraiment une maladie ? / La surdouance serait-elle une
maladie ?! / La neurotypicité serait-elle aussi une maladie ?!

PAYSAGES   155
Araignées, chiens et chats / Vers les sciences / Débats scientifiques / Pianos
en un paysage / Dialogue avec le vent / La Terre, la Lune et la fin du monde /
Avec les oiseaux / *Joie des Grives*

LE MONDE ASPERGER (V)
DE BONNES NOUVELLES   177
Les forces de l'Asperger / Des forces anormales ! / Pronostic à long terme /
Deux cultures / Accommodements raisonnables recherchés

LES Z'AUTRES   191
De la solitude et d'étranges sentiments / Soigner les malades / À la Woody
Allen / Un bon public / Demande en mariage / Œuvre publique / Louise /
Musique d'ailleurs / De l'eau sur le pont

LE MONDE ASPERGER (VI)
NOTRE HISTOIRE   213
Notre histoire / Le Prince Mychkine / Présence des autistes dans l'imaginaire / La folie des génies ? / L'autiste créatif / Sisyphe entre optimisme et
tristesse

SACRÉE MUSIQUE !   229
Sous le charme / De l'électricité dans un jardin / Saint Grégoire et Saint-
Cyr / Le grégorien comme révélateur / *Une Messe pour le Vent qui souffle* /
Un autre projet sacré / Rêve ou réalité ? / Une création épique / « On ne
peut servir à la fois Dieu et l'argent » / La religion se danse-t-elle ?

LE MONDE ASPERGER (VII)
DIRE ET ACCEPTER   249
Premières réactions / L'importance de dire / Un peu, beaucoup, passionnément / L'acceptation / La conséquence d'un diagnostic tardif / Après
l'acceptation et le dire / La non-acceptation extrême et l'élimination
physique des autistes

INCIDENTS DE FRONTIÈRE   265
Musicologue en formation / Maîtrise en folie / Petits dérangements / Un
drôle de triomphe / Faiblesse passagère / Sisyphe doit toujours recommencer / Le cours de l'or / Sphinx

LE MONDE ASPERGER (VIII)
LA CHANCE D'ÊTRE AINSI   283
Un dernier mot sur la dissociation / Quelques suggestions / Fièrement
autistes! / L'acceptation originelle / De la science-fiction: Autismapolis

ÉPILOGUE   295
Un sens caché / La répétition / Un *art brut* musical? Ou: il n'y a plus
d'histoire, seulement une présence / Une recherche à élargir / La personne
en premier (bis)

REMERCIEMENTS   305

RÉFÉRENCES   307

LISTE DES ŒUVRES MUSICALES D'ANTOINE OUELLETTE   309

ESSAI
aux Éditions Triptyque

Allard, Francine et Jasmin, Claude. *Interdit d'ennuyer*, 2004.

d'Antoine, René. *Petit référentiel de l'auteur-compositeur*, 1996.

Aubé, Jacques. *Chanson et politique au Québec (1960-1980)*, 1990.

Baillargeon, Richard et Côté, Christian. *Destination ragou.Une histoire de la musique populaire au Québec*, 1991.

Bertrand, Pierre. *Du philosophe* (épuisé), 1988.

Bizzoni, Lise et Prévost-Thomas, Cécile (dir.). *La chanson francophone contemporaine engagée*, 2008.

Bleton, Paul (dir.). *Les hauts et les bas de l'imaginaire western*, 1997.

Boky, Colette et Barrière, Mireille. *Colette Boky. Le chant d'une femme*, 2008.

Breton, Gaétan. *Les orphelins de Bouchard*, 2000.

Breton, Gaétan. *Tu me pompes l'eau! Halte à la privatisation*, 2002.

Brisson, Marcelle. *Le bruissement du temps. Le dynamisme du vieillissement*, 1992.

Brisson, Marcelle et Côté-Gauthier, Suzanne. *Montréal de vive mémoire: 1900-1939*, 1994.

Caccia, Fulvio et Lacroix, Jean-Michel (dir.). *Métamorphoses d'une utopie. Le pluralisme ethno-culturel en Amérique: un modèle pour l'Europe?* En coédition avec les Presses de la Sorbonne Nouvelle, 1992.

Caccia, Fulvio (dir.), avec Bruno Ramirez et Lamberto Tassinari. *La transculture et ViceVersa*, 2010.

Clément, Michel. *L'aire du soupçon. Contributions à l'histoire de la psychiatrie au Québec*, 1990.

Cloutier, Martin et François Nault (dir.). *Georges Bataille interdisciplinaire. Autour de la «Somme athéologique»*, 2009.

Clozel, Claire-Marie. *Pourquoi les petits garons ne sont pas des petites filles... Un secret bien gardé*, 2007.

Coppens, Patrick. *Ludictionnaire*. Illustrations de Christian Desrosier, 1981.

Coppens, Patrick. *Ludictionnaire II*. Illustrations de Michel Hulin, 1990.

Côté, Gérald. *Les 101 blues du Québec*, 1992.

Couture, Carole. *Richard Desjardins. La parole est mine d'or*, 1998.

Couture, Francine (dir.). *Les arts et les années 60*, 1991.

Dame, Hélène et Giroux, Robert. *Poésie québécoise, évolution des formes*, 1990.

Darol, Guy. *Frank Zappa*, 1997.

Désilets, André. *L'écologie humaine. Psychologie de l'agir humain*, 1985.

Des Rosiers, Joël. *Théories caraïbes. Poétique du déracinement*, 2009.

DesRuisseaux, Pierre. *Magie et sorcellerie populaires au Québec*, 1976.

DesRuisseaux, Pierre. *Dictionnaire des croyances et des superstitions*, 1990.

DesRuisseaux, Pierre. *Pop Wooh, le livre du temps. Histoire sacrée des Mayas quichés*. En collaboration avec Daisy Amaya, 2002.

Drapeau, Renée-Berthe. *Féminins singuliers*, 1986.

Forest, Jean. *Chronologie du québécois* (épuisé), 1998.

Forest, Jean. *Bible et psychanalyse, sœurs ennemies?* Après-dire de Jean-Paul Gilson, 1999.

Forest, Jean. *Anatomie du parler québécois*, 1999.

Forest, Jean. *Psychanalyse littérature enseignement. À la recherche du scénario de l'aventure*, 2001.

Forest, Jean. *Dis-moi papa... c'est quoi un père?* 2001.

Forest, Jean. *L'incroyable aventure de la langue française*, 2003.

Forest, Jean. *La terreur à l'occidentale (tome 1): Oradour-sur-Glane ou la terrifiante ère chrétienne*, 2005.

Forest, Jean. *La terreur à l'occidentale (tome 2): Dresde ou le XXe siècle et la diabolisation de l'Allemagne*, 2005.

Forest, Jean. *Les anglicismes de la vie quotidienne des Québécois*, 2006.

Forest, Jean. *Pamphlet pour les décrocheurs*, 2006.

Forest, Jean. *Le grand glossaire des anglicismes du Québec*, 2008.

Francœur, Louis. *Le théâtre brèche*, 2002.

Gagnon, Jeanne et Jasmin, Pierre. *Notes d'espoir d'un « joueur de piano ».Pierre Jasmin se raconte à Jeanne Gagnon*, 2006.

Gaulin, Philippe. *Le culte technomédical*, 2003.

Gaulin, Philippe. *Traiter, cent ans après la psychanalyse de Freud, dans une société technomédicale*, 2006.

Gaulin, Philippe. *Freud et l'affaire de l'Inconscient*, 2010.

Germain, Michel. *La voie du Minotaure*, 1996.

Germain, Michel. *Penser la nature humaine*, 2000.

Germain, Michel. *Le sacre de la matière*, 2002.

Gervais, André. *Sas*, 1994.

Giroux, Robert et Lemelin, Jean-Marc. *Le spectacle de la littérature. Les aléas et les avatars de l'institution*, 1984.

Giroux, Robert. Parcours. *De l'imprimé à l'oralité*, 1990.

Giroux, Robert (dir.). *La chanson dans tous ses états*, 1987.

Giroux, Robert (dir.). *La chanson prend ses airs*, 1993.

Giroux, Robert (dir.). *En avant la chanson!* 1993.

Giroux, Robert (dir.). *La chanson : carrières et société*, 1996.

Giroux, Robert, Havard, Constance et LaPalme, Rock. *Le guide de la chanson québécoise*. 1999.

Gosselin, Michel. *Le scénario télévisuel de fiction*, 1993.

Hayward, Annette et Whitfield, Agnès (dir.). *Critique et littérature québécoise*, 1992.

Hébert, Robert. *Le procès Guibord*, 1992.

Hamel-Beaudoin, Françoise. *La vie d'Éva Senécal*, 2004.

Hamel-Beaudoin, Françoise. *Reginald Aubrey Fessenden : le père de la téléphonie sans fil*, 2005.

Harvey, François. *L'interview avec Dieu. Manifeste pour un troisième millénaire*, 1997.

Imbeault, Jean. *L'événement et l'inconscient*, 1989.

Janoff, Douglas Victor. *Pink blood. La violence homophobe au Canada*. Traduit de l'anglais dir. Diane Archambault, 2007.

Joubert, Lucie et Hayward, Annette (dir.). *La vieille fille. Lectures d'un personnage*, 2000.

Joubert, Lucie. *L'humour du sexe. Le rire des filles*, 2002.

Joubert, Lucie. *L'envers du landau. Regard extérieur sur la maternité et ses débordements*, 2010.

Julien, Jacques. *Robert Charlebois, l'enjeu d'« Ordinaire »*, 1987.

Julien, Jacques. *La turlute amoureuse. Érotisme et chanson traditionnelle*, 1990.

Julien, Jacques. *Parodie-chanson ou L'air du singe*, 1995.

Julien, Jacques. *Richard Desjardins, l'activiste enchanteur*, 2007.

Julien, Jacques. *Archiver l'anarchie. Le capital de 1969*, 2010.

Kharrat, Souad. *Gibran le prophète, Nietzsche le visionnaire. Du Prophète et d'Ainsi parlait Zarathoustra*, 1993.

King, James. *La vie de Margaret Laurence*. Traduit de l'anglais par Lynn Diamond, 2007.

Klimuszko, Lisa. *Nos amis les artistes... de la chanson québécoise*, 1997.

La Chance, Michaël. *L'Inquisitoriale. Fugue solaire dans les îles & plateaux du langage*, 2007.

La Chance, Michaël. *Corrida pour soi seul*, 2008.

La Chance, Michaël. *Mytism. Terre ne se meurt pas*, 2009.

Laforte, Conrad. *La chanson de tradition orale. Une découverte des écrivains du XIXe siècle*, 1995.

Lagacé, Francis. *Le gai boire. Les 100 vins de l'an 2000*, 1999.

Lamothe, Maurice. *La chanson populaire ontaroise : 1970-1990*, En coédition avec Le Nordir, 1994.

La Rochelle, Réal. *Callas : la diva et le vinyle. La POPularisation de l'opéra dans l'industrie du disque*, 1988.

La Rochelle, Réal. *Cinéma en rouge et noir. 30 ans de critique de cinéma au Québec*, 1994.

La Rochelle, Réal. *Opérascope. Le film-opéra en Amérique*, 2003.

Leduc, Mario. *Plume Latraverse, masqué/démasqué*, 2003.

Legentil, Danielle. *Tuyau de castor et tuque de laine*. Illustrations de Francis Back, 1986.

Lemelin, Jean-Marc. *Œuvre de chair. De l'âme et du corps*, 1990.

Lemelin, Jean-Marc. *Signature. Appellation contrôlée*, 1988.

Lemelin, Jean-Marc. *Le sens. Pour une science subjective*, 1994.

Lemelin, Jean-Marc. *Le sujet ou Du nom propre*, 1996.

Lemelin, Jean-Marc. *La vie après le capital. Manifeste sans parti*, 2009.

Lemieux, Charlotte. *La banlieue du vide*, 1988.

Lisciandro, Frank. *Jim Morrison. Un festin entre amis*. (Trad. par François Tétreau) En coédition avec Le Castor Astral éditeur, 1997.

Lonergan, David. *La Bolduc. La vie de Mary Travers*, 1994.

Marquis, André. *Le style en friche. L'art de retravailler ses textes*, 2008 (1998).

Marsolais, Gilles. *Le film sur l'art, l'art et le cinéma: fragments, passages*, 2005.

Mativat, Daniel. *Le métier d'écrivain au Québec (1840-1900)*, 1996.

Mativat, Daniel et Vachon, Louis. *Dictionnaire de pensées politiquement tordues*, 2005.

Mativat, Daniel. *L'humour ado. 1000 détournements de proverbes et pensées célèbres*, 2001.

Michon, Jacques (dir.). *Éditeurs transatlantiques*, 1991.

Miville-Deschênes, Monique. *Chansons de cours-nu-pieds et Propos à la volette*, 2001.

Monette, Pierre. *Macadam tango*, 1991.

Monette, Pierre. *Le guide du tango*. En coédition avec Syros/Alternatives, 1992.

Monette, Pierre. *L'immigrant Montréal*, 1994.

Montoya, Yvon et Thibeault, Pierre (dir.). *Frénétiques. 13 intellectuels répondent à la question : « Quelle est votre perception de la culture au Québec à l'aube du XXIe siècle ? »*, 1999.

Nault, François et Martin Cloutier (dir.). *Georges Bataille interdisciplinaire. Autour de « La somme athéologique »*, 2009.

Ouellette, Antoine. *Le chant des oyseaulx. Comment la musique des oiseaux devient musique humaine*, 2008, 271 p.

Ouellette, Antoine. *Musique autiste. Vivre et composer avec le syndrome d'Asperger*, 2011, 313 p.

Paquin, Nycole (dir.). *De l'interprétation en arts visuels*, 1994.

Pascal, Gabrielle (dir.). *Le roman québécois au féminin (1980-1995)*, 1995.

Payant, Robert. *Les chanteux. La chanson en mémoire. Anthologie de 50 chansons traditionnelles*, 1998.

Pelinski, Ramòn (dir.). *Tango nomade. Études sur le tango transculturel*, 1995.

Pépin, Clermont. *Piccoletta. Souvenirs*, 2006.

Pourbaix, Joël. *Dans les plis de l'écriture*, 1987.

Rajotte, Pierre (dir.). *Le récit de voyage au XIXe siècle québécois*, 1997.

Rivière, Sylvain (dir.). *Chapeau dur et cœur de pomme. Lawrence Lepage, photographies d'Alexandre Zelkine*, 2000.

Rivière, Sylvain (dir.). *On peut pas tout dire. Raymond Lévesque*, 1997.

Robert, Danièle. *Les chants de l'aube de Lady Day*. Préface de Stanley Péan, 2002.

Royer, Jean (dir.). *L'écrivain(e) dans la Cité ? Actes du colloque 1999 de l'Académie des lettres du Québec*, 2000.

Sirois, Antoine. *Lecture mythocritique du roman québécois*, 1999.

Sirois, Antoine. *Mythes et symboles dans la littérature québécoise*, 1992.

de Surmont, Jean-Nicolas. *La Bonne Chanson. Le commerce de la tradition en France et au Québec dans la première moitié du XXe siècle*, 2001.

Théry, Chantal. *De plume et d'audace. Femmes de la Nouvelle-France*. En coédition avec les éditions du Cerf, 2006.

Vachon, Marc. *L'arpenteur de la ville. L'utopie situationniste et Patrick Straram*, 2003.

Vaillancourt, Claude. *Le paradoxe de l'écrivain. Le savoir et l'écriture*, 2003.

Valcke, Louis. *Vous avez dit «la Belgique»?*, 2011.

Varesi, Anthony. *Bob Dylan au fil des albums*. Traduit de l'anglais par François Tétreau, 2006.

Varin, Claire. *Clarice Lispector. Rencontres brésiliennes*, 2007.

Wagner, Jean. *Guide du jazz. Histoire et esthétique du jazz*. En coédition avec Syros/Alternatives, 1992.

Wolf, Marc-Alain. *Quand Dieu parlait aux hommes. Lecture psychologique de la Bible*, 2004.

Wolf, Marc-Alain. *Dialogue avec le sujet psychotique*, 2005.

Yergeau, Robert. *À tout prix. Les prix littéraires au Québec*, 1994.

GARANT DES FORÊTS
INTACTES

Tous les livres des Éditions Triptyque sont désormais imprimés sur du papier 100 % recyclé postconsommation (exempt de fibres issues des forêts anciennes) et traité sans chlore.

L'impression de *Musique autiste* a permis de sauvegarder l'équivalent de 10 arbres de 15 à 20 centimètres de diamètre et de 20 mètres de haut. Ces bienfaits écologiques sont fondés sur les recherches effectuées par l'Environmental Defense Fund et d'autres membres du Paper Task Force.

Marquis imprimeur inc.

Québec, Canada

2011